《尚書》學文獻集成·朝鮮卷

錢宗武 主編

20

鳳凰出版社

第二十册目録

洪範羽翼
卷之二十 …… 三
次三曰農用八政 …… 三
餅 …… 一二
饘粥 …… 一四
餻 …… 一五
酪酥 …… 一六
羹 …… 一七
醯醢 …… 一九
膳羞 …… 二〇

飴餳……二一
蜜……二二
醬……二三
鱠膾……二三
肴……二五
珍味……二六
酒醴……二七
飲酒……三八
醉酒……五二
惠酒……五五
麯蘖酒媒……六一
宴樂……六二
賜宴飲……六八
賜生餼……七〇
附財用……七一

財計……七六
州縣財林駉……七七
國用同人……七九
東南財賦同人……八二
提舉同人……八五
會計司同人……八六
粮料院……八七
封樁庫　豐儲庫……八八
打套局……八九
省費……九〇
節用……九二
反……九三
賦税……九四
貢獻……一〇六
附户口……一一一

奴僕……一一五
附户部尚書……一一八
户部侍郎……一二〇
户部郎中……一二二
度支郎中……一二三
金部郎中……一二四
倉部郎中……一二五
監倉……一二六
庫務……一二七
監當……一二七
三司……一二八
卷之二十一……一三一
二曰貨……一三一
綾……一三三
縠……一三五

絹……一三五
紗……一四一
縑……一四二
繡……一四三
錦……一四六
羅……一五三
絲……一五五
縷……一五六
綵……一五七
綬……一五七
布……一五八
紵……一六四
綿……一六五
絮……一六六
帛……一六九

綺……一七一
冠……一七二
冠禮……一八三
冕……一八五
弁……一八九
帽……一九〇
巾……一九三
幘……一九六
笄……一九九
簪……二〇〇
傘……二〇一
蓋……二〇二
衣……二〇六
賜緋……二二八
褐……二四二

笏……二二五八
帶……二二六四
囊……二二六九
黛……二二七三
燕脂……二二七四
粉……二二七五
袴……二二七六
履……二二七九
屐……二二八六
靴……二二八九
屩……二二九〇
屧……二二九二
韈……二二九三
贅幣……二二九五
楮幣……二二九六

內帑林駉……二九八
商賈……三〇一
四轄……三〇三
左藏庫……三〇九
文思院……三一〇
太府寺……三一一
少卿……三一二
寺丞……三一二
主簿……三一三
卷之二十四……三一四
三　八政……三一四
五曰司徒……三一四
教民化俗反……三一六
國學……三二五
州縣學……三三五

幸學……三三八
入學……三四一
學政……三四三
太學博士……三四四
太學正……三四六
太學録……三四六
國子祭酒……三四七
司業……三五〇
監丞……三五一
博士……三五二
監簿……三五五
正録……三五六
書庫官……三五六
學官……三五七
教授……三五九

經筵侍讀……三六三
侍講……三六八
説書……三七四
臺諫兼經筵……三七五
修注兼經筵……三七六
宮觀兼經筵……三七六
經筵林駉……三七八
翰林……三八〇
翰林承旨……三八四
翰林學士……三八六
直學士院……三九三
秘書省　秘書監……三九九
少監……四〇三
丞……四〇四
郎……四〇五

幸秘省……四〇六
校書郎……四〇七
正字……四〇九
著作郎……四一〇
著作佐郎……四一二
館閣 林駉……四一四
殿學士……四一六
閣職……四一七
考校 林駉……四二〇
科舉部 校文主司……四二三
座主門生……四二七
科舉……四二九
制科……四四二
宏詞科……四四四
宏詞 黄履翁……四四六

法科　特科……四四八
及第……四四九
下第……四五八
狀元……四五九
明經黄履翁……四六五
同年……四六七
士風林駉……四七〇
志士士烈壯……四七二
儒……四七六
隆儒林駉……四八〇
儒吏林駉……四八二

《尚書》學文獻集成·朝鮮卷 第二十册

洪範羽翼

禹汝楙 著

馬士遠
孫永選 整理

卷之二十

次三曰農用八政

蔡沈曰：『八政者，人之所以因乎天。』又曰：『八政曰農，所以厚生也。』臨川吴氏曰：『二之次爲三，三洛書文之在左者，先身而後及於人，故以八政配數之三。』陳氏經曰：『八政或言事，或言官，互見也。』史氏漸曰：『政莫大於是。舜總之九官，周分之六卿，箕子列而爲八，名雖異，實無殊也。』陳氏雅言曰：『人之生不可以無養，故君之治民莫先於以政養之，此八政所以厚民生而居五事之次也。八政之目，自一曰食至六曰司寇、七曰賓、八曰師，此治内之事也，此治外之事也，治内之事則必致其詳，治外之事則不過兩端而已。唐孔氏曰：『八政用於民，以緩急爲次，食貨祀賓師，指事爲名。三卿舉官爲名者，三官所主事多，若以一字爲名，則所掌不盡。故舉官名以見義。

一曰食

三八政，一曰食。蔡沉曰：『食者民之所急。』淅玉，炊金，雲子，雪花。食草之實，炊穀爲飯。《外紀》：『太古之民，未知稼穡，食草木之實，未有火化。飲禽獸之血，而茹其毛。』《周書》：『黄帝妃始。炊穀爲飯。』

需于食，不家食。《易・需》九五：『需于酒食，貞吉。』《象》：『酒食貞吉，以中正也。』《大畜》：『不家食吉，養賢也。』

君子以飲食，君子以節食。《需》：『雲上於天。』《需・象》：『君子以飲食。』《頤・象》：『山下有需〔一〕。頤，君子以節飲食。』真德秀曰：『三爵之過，猶爲非禮，萬鍾之奉，適以賈禍。』

食舊德，食侃侃。《訟》六三：『食舊德。』《象》：『從上吉也。』《漸》六二：『飲食侃侃，《象》不素飽也。』

義不食，在中饋。《明夷》初九：『君子于行，三日不食。』《象》：『君子于行，義不食也。』《家人》六二：『無攸遂，在中饋。』孟子曰：『婦人之禮，精五飯，冪酒漿。』

〔一〕今按：『需』，《周易》作『雷』。

困于酒食，井渫不食。《困》六三，《象》：『困于酒食，中有慶也。』《井》九三，《象》：『井渫不食，行惻也。』

木巽火而烹飪，鼎折足而覆餗。《鼎象》：『以木巽火，烹飪也。聖人烹以享上帝，而大烹以養聖賢。』九三：『鼎耳革，雉膏不食。』九四：『鼎折足，覆公餗。』《象》：『覆公餗，信如何也？』

葛伯仇餉，殷民將食。《書》：『乃葛伯仇餉。』《孟》：『湯居亳，葛伯不祀。湯使遺之牛羊，葛伯食之。湯使亳衆往爲之耕。老弱饋食，葛伯奪之。有童子以黍肉餉，殺而奪之。』殷民好草竊奸宄，用以容，將食無災。

不遑暇食，重民惟食。文王自朝至于日中昃，不遑暇食。《無逸》。重民五教惟食。《武成》。

飲食醉飽，退食自公。爾乃飲食醉飽。《酒誥》。《詩・羔羊》：『退食自公。』曷飲食之。《杕杜》。還予授子之粲兮。《緇衣》。使我不能餐兮，使我不能息兮。《狡童》。不素餐兮，不素食兮，不素飧兮。《伐檀》。於我乎，夏屋渠渠，今也每食無餘，於我乎，每食四簋，今也每食不飽。《權輿》。民之失德，乾餱以愆。《伐木》。民之質矣，日用飲食。《天保》。有饛簋飧。饛，滿貌。《大東》。如食宜饇飽。《角弓》。

式食庶幾。《車舝》。飲之食之。《綿蠻》。人可以食，鮮可以飽。《苕之華》。父母何食，父母何嘗。《論》：『君子食無求飽。有酒食，先生饌。恥惡食者，未足與議也。君子無終食之間違仁。』孝賢，禹也，惡飲食而致孝乎鬼神。孔子：『食不厭精。食不語，食而不食。色惡不食，臭惡不食，失飪不食，不時不食，割不正不食，不得其醬不食。肉雖多，不使勝食氣，有盛饌，必變色而作。侍食於君，君祭，先飯之，君賜食，正席先嘗之，雖蔬食必祭，必齊如也。食於有喪者之側，未嘗飽也。』一簞食、一瓢飲，人不堪其憂。回也不改其樂。孟曰：『食志乎？食功乎？』曰：『食志。』曰：『然則子非食志也，食功也。』飢者易爲食，渴者易爲飲。飢者甘食，渴者甘飲，是未得飲食之正也，飢渴害之也。士無事而食，不可也。謂樂正子曰：『子之從子敖來，徒餔啜也。』晉平公之於亥唐也，食云則食，雖蔬食，未嘗不飽。故理、義之悦我心，猶芻豢之悦我口。一簞食，得之則生，不得則死。嘑爾而與之，行道之人不受也，蹴爾而與之，乞人不屑也。苟非其人，簞食見於色。飲食之人，則人賤之矣，爲其養小以失大也。飲食之人無有失也，則口腹豈適爲尺寸之膚哉。飽乎仁義也，所以不願人之膏粱之味也。任人有問屋廬子曰：『禮與食孰重？』曰：『禮重。』曰：『以禮食則飢而死，不以禮食則得食，必以禮乎？』孟子曰：『取食之重者與禮之輕者而比之，奚翅食重。』往應之曰：『紾兄之臂而奪之食，則得食，不紾則不得食，則將紾之乎？』七十者食肉，黎民不饑，然而不王者未之有也。食前方丈。《中》：『人莫不飲食也，鮮能知味也。』《大》：『心不在焉，食而不知其味。』《禮記·禮運》：『五味、六和、十二食，旋相爲質也。酸苦辛鹹，加滑與甘。』以炮以燔，以烹以炙。《禮運》：『孔子曰：「昔者先王，未有火化。食草木之實，鳥獸之肉，飲其血，茹其毛，後聖有作，然後以炮以燔，以烹以炙，以爲醴酪。」』

有膾無脯，有脯無膾。《内則》：『大夫燕食，有膾無脯，有脯無膾。士不貳羹胾，庶人耆老不徒食，必有饌。』

食於季氏，食於施氏。《玉藻》：『孔子食於季氏，不辭，不食肉而飧，季氏之饋失禮。』《雜記》：『孔子曰：「吾食於少施氏而飽，少施食我以禮，吾祭，作而辭曰：疏食不足祭也。吾飧，作而辭曰：疏食也，不敢以傷吾子。」』

饎人，庖人。《周禮》：『饎人，主炊官也。掌共王及后之六食。六食，六穀之飯。凡祭祀共盛。凡賓客共其簠簋之實，饗食亦如之。宜玉食。庖人掌共六畜、六獸、六禽，辨其名物，以共王之膳，與其薦羞之物，及后、世子之膳羞，歲終則會，王及后之膳禽不會。』

膳夫，食醫。《周禮》：『膳夫掌王之食飲膳羞，凡王之饋，食用六穀，膳用六牲，飲用六清，羞用百二十品，珍用八物，醬用百有二十罋。王日一舉，鼎十有二物，皆有俎，以樂侑食。膳夫授祭，品嘗食，王乃食。王齊，日三舉，大喪則不舉，大荒則不舉，大札則不舉，天地有災則不舉，邦有大故則不舉。王燕食，則奉膳、贊祭。歲終則會，唯王及后、世子之膳不會。』《周禮・食醫》：『食齊視春時，飯宜温。飲齊視冬時。飲宜寒。』

食舍肉，食吾餘。《左傳・隱元》：『潁考叔聞之，有獻於公，公與之食，食舍肉，曰：「小人有母，皆嘗小人之食，未嘗君之羹」云云。隱三鄧后曰：「人將不食吾餘，必爲人所賤。」』

戒食不召，比置三嘆。《襄十四》：『衛獻公戒孫文子、寧惠子食，皆服而朝，日旰不召，而射鴻於囿，二子怒。』《昭廿六》：魏子，饋入，召之，閻没、女寬比置三嘆曰：『饋之始至，恐其不足，是以嘆。』中置自咎曰：『豈將軍食之而有不足，是以再嘆。』及饋之畢，願以小人之腹爲君子之心。

肉食者謀之，肉食者慮之。《莊十》：『齊師伐我，曹劌請見，鄉人曰：「肉食者謀之，又何間焉？」劌曰：「肉食者鄙，未能遠謀。」』東郭祖朝上書，請聞國家之計，晋獻公曰：『肉食者慮之，藿食何預焉？』祖朝曰：『肉食一旦失於廟堂之上，藿食者寧得無肝膽塗於地乎。』《類苑》。食言多矣，能無肥乎？

後雖悔之，不可食已。

饋盤飧，與簞食。《僖廿三》：『重耳及曹，僖負羈之妻，夫子必反其國，反其國必得志於諸侯，乃饋盤飧，置璧焉，公子受飧反璧。宣子田於首山，舍于翳桑，見靈輒餓，問其病曰：『不食三日矣。』食之，舍其半，問之曰：『官三年矣，未知母之存否，今近焉，請以遺之。』使盡之，而爲簞食與肉，置諸槖以與之，既而與爲公介，倒戟以禦公徒而免之，問何故，對曰：『翳桑之餓人也。』問其名居，不告而退，遂自亡也。《宣二》。

子公食指，慶封泛祭。《宣四》：楚人獻黿於鄭靈公，子公之食指動曰：『他日我如此，必嘗異味』云云。染指於鼎，嘗之而出。餘見黿門。《襄廿八》：『慶封來奔，叔孫穆子食慶封，慶封泛祭，穆子不説泛祭，遠散所祭不共。使工爲之誦《茅鴟》，逸詩，刺不共。既而奔吴，富於其舊。』《詩》：『陳饋八簋，乃裹餱粮。』酈生曰：『王者以民爲天，民以食爲天。』

嘗食典御，熟食遞馱。魏侍中侯刚，本以善烹調，爲嘗食典御，以有德於太后，頗專咨用事。開元三年，以郭虔瓘爲安西四鎮經略大使，請募關中兵萬人，請安西皆給遞馱熟食，將作大監韋湊疏曰：關中常宜充實，豈宜更募，饒勇遠資荒服，又萬人征行六千餘里，咸給遞馱熟食，道次州縣，將何以供？虔瓘卒無功。

以宋王憲而賜帶，以姚思藝而爲使。七年，上從複道，見衛士食畢而棄其餘於竇，怒欲殺之，宋王憲曰成器：『陛下窺人過失而殺之，臣恐人人不自安，且陛下惡棄食者，爲食可以養人也，今以餘食殺人，無乃失其本乎？』上釋之，是日宴飲，自解紅玉帶賜之。天寶九載，以姚思藝爲檢校進食使。發明：菲飲食而致孝乎鬼神，所以爲禹。自朝至于日中昃，不遑暇食，所以爲文王。明王以一口腹之微，至於水陸珍羞列數千盤，費中人十家之産而又置使以領之，未幾逆胡反叛出次咸陽，距宫闕不四十里，猶未得食，僅有民獻糲飯雜麥豆，皇孫輩争以手掬，又命軍散詣村落求食，迴視前日珍羞，果安在哉。

煮土而食，泥餅之食。隋煬時，江都民擣槁煮土而食。唐僖光啓三，秦彦殺高駢，廣陵城中無食，草根木實皆盡，以堇泥爲餅，食之。《説文》：『堇，黏土也。』

鳳翔城中之食盡，滄州城中之食盡。唐昭天復二，帝如鳳翔，是冬大雪，城中食盡，凍餓死者不可勝計，或卧未死，肉已爲人所割，市中賣人肉斤直錢百，犬肉直五百。李茂貞儲侍亦竭，以犬彘供御膳，上鬻御衣及小皇子衣於市以充用。諸王公主妃嬪，一日食粥，一日食湯餅。昭宣時，滄州城中食盡，丸土而食。

脱粟飯，脱粟飯。晏嬰、公孫弘。

胡麻飯，雕胡飯。劉阮入天台，仙女食胡麻飯。杜詩：『滑憶雕胡飯。』

青精飯，玉屑飯。以桐葉染黑飯，道家謂之青精飯，食以滋陽氣。《杜詩》：『豈無青精飯，使我顔色好。』晉二人遊嵩山，一人玉屑飯，授二人曰：『可一生無病。』

老人請遺食，丈夫當廟食。齊桓公見老人，命之食，老人曰：『請遺天下食。』公曰：『吾府庫有限。』老人曰：『不奪農時，即有食。』梁竦曰：『大丈夫生當封侯，死當廟食。』

飯而留錢，飯而留錢。姊夫不德，范丹飯而留錢，一介不取。郝廉飯而留錢。

一飯之報，一飯之賜。李固感古人，懷一飯之報。張文定公未嘗不衣冠食曰：『一飯君賜也。』

韓信寄食，陶潛乞食。淮陰少年，因衆辱之曰：『寄食於漂母，無資身之策。』淵明《乞食》：『感子漂母惠，愧我非信才。』

《淮南子》：『珍怪奇味，人之所美也，而堯糲粢之飯。』燦燦翻匙光耀雪，娟娟映碗色如銀。秋菰成黑米，精鑿傳白粲，玉粒足晨炊，紅鮮任霞散。常懷報一飯。苦摇求食尾。無食問樂土。廣文先生飯不足。山谷：『飽吃惠州飯。』東坡：『春醅暖更饢。』滿貌。澆書滿飲浮蛆甕，攤飯横眠夢蝶床。放翁。東坡以晨飲爲澆書，太白以午睡爲攤飯。

饔，熟食也。

餕饔，外饔。《公羊》：『餕饔未就。』《周禮·秋官》：『内饔掌王及世子、后膳，外饔掌外祭、祭祀及賓客食饔。』

佐饔，尸饔。《國語》：『佐饔者嘗焉，佐鬥者傷焉。』《詩・祈父》：『有母之尸饔。』晨露朝朝餐，夕餐秋菊之落英。

《選》：『握髮吐餐』，古詩上有加餐字。

傳餐，止餐。隋文日昃聽政，衛士傳餐而食。陳子昂云：『豈可以噎止餐。』

争餐，堂餐。李：『安能與群鷄，蹙促争一餐。』唐詔丞相尊位，而堂厨未給無餐。

莊子將死曰：『吾以天地爲棺椁。』弟子曰：『吾恐烏鳶之餐夫子也。』

餠

餠，麵食也。

籠餠，蒸餠。侯思止食籠餠，必令縮葱加肉，號『縮葱侍郎』，即今饅頭也。何曾位太常，蒸餠不坼作十字不食。

金餠，紅餠。齊褚彦回爲宋吏部尚書，有人求官，袖中將金一餠，彦回不受。《史》唐有文喜宴，僖宗賜進士各紅綾餠一枚。

一笥餠，一食餠。世祖微時，樊曄餠一笥，帝不忘微，遷河東都尉，因戲曰：『一笥餠得都尉，何如？』曄頓首。唐昭天復二，一日食餅。

泥餅，環餅。唐僖光啓三，以堇泥爲餅食之。晋人有寒具者，乃今環餅也。桓玄以書畫與客觀之，有食寒具者不濯手，執書畫污之，自是不設。

賣餅宅畔，賣餅海过。寧王宅畔有賣餅者，妻甚美，王取之經歲，問曰：『頗憶賣餅師否？』召之使見，泪下如雨。趙岐逃難四方，匿姓名，賣餅北海，孫賓石知其非常人，與俱歸，藏之複壁，後因赦免。

易餅，食餅。賀知章謁賣藥王老，問黄白術，持一大珠遺之，老人得大珠，令易餅與賀，賀心念寳珠何以市餅。叟曰：『慳吝未除，術何由成。』王羲之、吴卿選婿，坦腹東床食胡餅，神色自若。

賣餅，裂餅。宣帝每賣餅，所從買家輒大售。《漢記》。粔妝作人情以蜜和米煎作之。裂餅常所愛。言以此餅相贈爲人情也。陸放翁詩：『玉塵出磨飛屋梁，銀絲入釜須寬湯，寒醅發劑炊餅裂，新麻壓油寒具香。』

麵食，麵麥末。

《倦遊録》：『凡以麵爲食，煮之皆謂湯餅。』杜詩：『新麵來近市。』

饘粥

饘粥。饘，糜也。糜，粥也。

《正考父鼎銘》：『饘於是，粥於是，以糊予口。』

顔回之饘，黔敖之粥。顔回有負郭田五十畝，足以具饘粥。齊大饑，黔敖爲粥於路，以待餓者而食之，見餓者：『嗟！來食。』餓者不食，從而謝焉，終不食而死。曾子曰：『其嗟也可去，其謝也可食。』《説苑》。

查道蔬粥，陽城榆粥。查道館陶尉廉介，與妻採野蔬爲粥。陽城歲饑，不過鄰里，屑榆爲粥。

口香七日，聲啜數里。白居易在翰林，賜防風粥一甌，口香七日。尹吉甫家富，時歲饑，鼎鑊作粥，啜聲聞數里。

漢之進粥，晋之食糜。帝曰：『昨得公孫豆粥，飢寒俱解。』又曰：『倉卒蕪蔞亭豆粥，厚意久不報。』晋惠時天下荒亂，百姓餓死，帝曰：『何不食肉糜。』

橐饘，飯糜。《左》：『晋囚衛侯，甯俞職納橐饘焉。』橐，衣囊。饘，糜也。陳太丘有客使元方、季方炊，二子聽客議論，忘著箄，飯落釜，皆成糜，太丘曰：『如此但糜自可，何必飯也？』《世説》。

糠糜，食糜。韓：『飫於肥甘，慕彼糠糜。』韓：『桁掛新衣裳，盎棄食殘糜。』

隃糜，沙糜。漢尚書令僕承郎，日給隃糜墨大小二枚，坡詩：『隃糜給二方。』山谷：『炊沙作糜終不飽。』

寸田天地可供糜，隱。且問人間食肉糜。饑。

魯公食粥，少游食粥。顏魯公《乞米帖》：『拙於生事，舉家食粥，已數月矣。』少游：『日典春衣非爲酒，舉家食粥已多時。』

茗粥，飦粥。吴人采茶煮之，名茗粥。《孟》：『三年之喪，飦粥之食。』

餻

餻。餻糜。

九日以片餻搭小兒頭，乳飽祝云『百事皆高』。

棗餻，花餻。《藝苑》：『寒食以麵若蒸餅樣，團棗，附名棗餻。』趙宋九日以花餻、法酒賜近臣。

九日餻，九月餻。《歲時記》：『民間九日，餻上置小鹿數枚，號食鹿餻。』七月刈禾傷早，九月食餻正好，豐年之兆。

不敢題餻，不忍食餻。《聞見》：『録劉夢得《九日詩》，以五經無餻字，遂輟。』宋子京詩：『飆館輕霜拂曙袍，糗餈花飲斗分曹。劉郎不敢題餻字，空負詩中一世豪。』《嘉話録》：『袁師德，給事中高之子，九日出餻謂客曰：「某不忍食餻。」』

酪酥

酪酥。酪，乳漿。天竺國謂酒爲酥。

銀餤，瓊膏。唐憲宗作銀餤，乳酪爲之。唐懿宗迎佛骨入禁中，作瓊膏乳。

歐：『鮮膓甘鷄和楚酪。』谷：『日薦南蒓羹北酪。』

杜：『金城土酥净如練。』

玉來盤底碎，雪向日过消。莫詫三吴欺武子，好將一目解曹瞞。千里蒓羹下鹽豉，此中風味幾人知。

羹

羹。五味和羹。

《書・説命》：『若作和羹，爾惟鹽梅。』《詩・商頌》：『亦有和羹，既戒既平。』

烹人，羹齊。《周禮》：『烹人，祭祀共大羹、鉶羹。』《周禮》：『羹齊視夏時。羹宜熟。』

絮羹，芼羹。絮，調也，禮客絮羹。芼，以菜也，記芼羹、雉羹。

大羹不和，大羹不致。《樂記》：『大羹不和，有遺味者矣。』《左傳》桓二：『臧哀伯曰：「大羹不致，昭其儉也。大羹肉汁，不致五味。」』

嘗小人之羹，受衛人之羹。《左傳》隱元：『鄭莊公賜之食，潁考叔食舍肉，曰：「小人有母，皆嘗小人之羹，未嘗君之羹，請以遺之。」』《左傳》：『衛人饋叔向羹與一篋錦，叔向受羹反錦。』

菜羹必祭，藜羹不糁。《語》：『孔子菜羹必祭，必齊如也。孔子厄於陳蔡，藜羹不糁。』

豆羹得則生，豆羹見於色。《孟》：『一豆羹得之則生，不得則死。』《孟》：『好名之人能讓千乘之國，苟非其人，豆羹見於色。』

羹藜藿，羹沃醬。《淮南子》：『珍怪奇味，人之所美也。而堯藜藿之羹。』太宰子朱侍飯令尹子圉，令尹子圉啜羹而熱，授卮漿而沃之。明日，太宰子朱辭官而歸，子朱曰：『令尹輕行而簡禮。』上。

鱣羹，龍羹。江陵劉氏以賣鱣羹爲業，後生一兒，頭是鱓。元和元，賜群臣龍羹。

羊羹，梟羹。坡：『社公煩見餟，爲爾致羊羹。』漢五月五日，爲梟羹賜百官。

蒓羹，金羹。張翰見秋風，起思吴蒓羹。古詩：『蒓羹紫絲滑。』廣安縣有金羹，金羹謂鴨也。

錦帶羹，玉糝羹。杜詩：『香聞錦帶羹。』嘆將南海金齏膾，輕比東坡玉糝羹。

明皇賜羹，陸績知羹。《明皇・雜録》：『鄭平鬢髮斑白，上賜甘露羹食之，一夕鬢黑。』陸績繫獄，見飼羹，知母所調，曰：『母羹斷葱等，截肉必方，以此知之矣。』

魚羹，芹羹。宋高宗徙杭時，張雨詩曰：『光堯内禅罷言兵，幾翻御舟湖上行。東京鄰舍宋大嫂，就船猶得進魚羹。』古詩：『香芹碧澗羹。』杜詩：『香聞碧澗羹，惟欲討蒓羹，愧客茹蒸羹。』諺曰：『臘月煮笋羹，大人道便是。』詳見笋門。芹香亦可羹。垂綸鯽可羹。大用許和羹。金鼎待調羹。真味在藜羹。秋風憶鱠羹。汲泉燒笋作香羹。從來不啜小人羹。

葬殷之日，頓食鷄臛。後唐馬殷卒子希聲，葬殷之日，頓食鷄臛。無菜曰臛，有菜曰羹。

醯醢

醯人，醢人。《周禮》：『醢人，掌共五齊、七菹。齊、菹，醬屬。凡醢物。以共祭祀之齊菹，凡醢醬之物。賓客，亦如之。王舉，則共醢物六十罋，賓客之禮，共醢五十罋。』《周禮》：『醢人，掌四豆之實。朝事之豆，其實韭菹、醓醢、昌本、麋臡、菁菹、鹿臡、茆菹、麇臡；饋食之豆，其實葵菹、蠃醢、脾析、蠯醢、蜃、蚳醢、豚拍、魚醢；加豆之實，芹菹、兔醢、深蒲、醓醢、菭菹、雁醢、筍菹、魚醢。王舉，則共醢六十罋，賓客之禮，共醢五十罋。』

覆醢，與醯。孔子哭子路於中庭，問使者曰：『醢之矣。』遂命覆醢。記。子曰：『孰謂微生高直？或乞醯焉，乞諸其鄰而與之。』

女醯之掌齏，酸醯之聚蟁。醯人女醯，掌供五齏七菹。《荀子》：『醯酸而蟁聚焉。』《家語》：『今夫蘭本三年，湛之以陬倉之粟，四焉之易。柳文：『醯陬倉之粟以爲酸。』

斯彌食醯，鞫囚注醯。斯彌爲醯。來俊臣鞫囚，皆注醯于鼻。

鹿醢，既成，易之匹馬』云云。

醯醢以薦，《詩》以醯誤進。唐李景略宴僚佐，行酒，誤以醯進，判官任迪簡以李性嚴，强飲。

膳羞

致滋味爲饈。

膳夫，庖人。《周禮》：『膳夫掌王之膳羞。膳用六牲，羞用百有二十品。歲終則會，唯王及后、世子之膳不會。庖人掌共六畜、六獸、六禽，以共王之膳，與其薦羞之物，及后、世子之膳羞。共祭祀之好羞，共喪紀之庶羞，賓客之禽獻。歲終則會，唯王及后之膳禽不會。』

内饔，外饔。内饔掌王及后、世子膳羞之割、亨、煎、和之事，選百羞、醬物、珍物。辨腥、臊、膻、香之不可食者。外饔共其脯、脩、刑、膴，陳其魚腊。

腊人，籩人。腊人掌乾肉，凡祭祀共豆脯、薦脯，賓客、喪紀共其脯腊乾肉之事。籩人凡祭祀，共其籩薦饈之實。

瓊饈，珍饈。《李白序》：『瓊饈霞開，羽觴雷舉。』李白：『列鼎羅珍饈。』

飲食膳羞，豆曰庶羞。《禮》：『牛羊豕調以五味，盛於豆曰庶羞。』

盤饈，芳饈。荆公：『咄嗟見盤饈。』《蕭穎士序》：『羽觴芳饈。』紫駝之峰出翠釜，水精之盤行素鱗。橐駝脊上有肉如峰，極言珍羞之盛。

飴餳

飴，餳也，米蘖煎成乾餳。餳，飴屬。

瓊飴，玉飴。謝玄卿遇仙，設素麟脂、瓊飴酒。《黄庭經》：『服食玄滋，飲以玉飴。』

酥飴，露飴。坡：『小餅如嚼冰，中有酥共飴。』谷：『凱歸豈憚遠，三危如露飴。』

龍洞飴，膠牙餳。梁杞綱子入龍洞求珠，得食，如花蘂膏香美，見風日堅石矣。元日食膠牙餳，取膠固之義。

粥餳，蔗餳。寒食爲大麥粥，研杏仁爲酪，以餳沃之。坡：『新火發茶乳，温風散粥餳。』孫亮食梅，令黄門就藏吏取蔗餳，黄門着鼠屎餳中，以誣藏吏，吴主釋之。

稠餳，白糖。寒食日，都城賣稠餳、麥糕。西南夷有樹類棕，取其汁熬爲白糖。

蜜

蜜。蜂甘飴也。

崖蜜，苦蜜。蜂於崖石，作蜜宜入藥。杜詩：『崖蜜亦易求。』緑楓櫻桃詩，崖蜜珠滿盛。《本草》有苦蜜，蜂採黄蓮花爲之。坡：『蜂鬧黄蓮採蜜花。』

刀蜜，口蜜。財色於人，譬如刀有蜜，有割舌之患。《老》。李林甫：『口有蜜，腹有劍。』《史》。

口苦索蜜，鸞蜂碧蜜。梁武制於侯景，口苦，索蜜不得，乃曰『呵呵』而崩。《史》。唐德宗時，吴明國貢鸞蜂蜜，蜂如鸞鳳大者，重十餘斤，蜜色碧，食之長壽。《杜陽編》。

新安蜜嶺，任昉即停。任昉爲新安太守，郡有蜜嶺，舊爲太守所採，昉以冒險多毒物，故即時停之。《梁書》岑参詩：『武城剡蜜亦可餐。』剡即刺字。《本草》：『刺蜜生交河沙中，草頭有刺，刺上有毛，毛中生蜜，一名草蜜。』

醬

醬。醬，醢也。

孔子不得其醬，令尹沃以巵醬。《語》：『不得其醬，不食。』《淮南子》：『令尹子圉啜羹而熱，投巵醬而沃之，明日太宰子朱辭官而歸，子朱曰：『令尹輕行而簡禮，其辱人不難。』膳夫，食醫。《周禮》：『膳夫，凡王之饋，醬用百有二十甕。』音瓮。《周禮》：『食醫，醬齊視秋時。』醬宜凉。《孟倉曹步趾領酒醬二物滿器見遺》：『楚岸通秋屐，胡床面夕畦。藉槽分汁滓，甕醬落提携。飯糗添香味，朋來有醉泥，理生那免俗，方法報山妻。』酒醬造法，告其家人。《杜詩》。

孝悌食醢醬，跪嚴食螺醬。

鱠膾

朱子：『牛羊與魚之腥，聶而切之爲膾。』銀絲，錦縷，放筯，推盤，水晶，紅雪。膾。細切肉也。

少儀之鱠，内則之膾。牛與羊、魚之腥，聶而切之爲鱠，麋鹿爲菹，野豕爲軒，皆聶而不切。麕爲辟鷄，兔爲宛脾，皆聶而切之，切葱若薤，實諸醯以柔之。《内則》：『膾，春用葱，秋用芥。』方氏曰：『葱以氣達爲怱，芥以味辛爲介。春物方生，故宜食性之怱者；秋物方成，故宜食性之介者。肉腥細者爲膾，大者爲軒，切葱若薤，實諸醯以柔之。』

鱠不厭細，鱠炙所同。《論》：『孔子鱠不厭細。』《孟》：『公孫丑曰：「膾炙與羊棗孰美？」孟子曰：「膾炙哉。」公孫丑曰：「然則曾子何爲食膾炙而不食羊棗？」曰：「鱠炙，所同也；羊棗，所獨也。」』

玉膾佳味，華魴躍鱗。煬帝曰：『金齏玉膾，東南之佳味。』《潘岳賦》：『華魴躍鱗，素鱮揚鬐。饔人縷切，鸞刀若飛。應刃落俎，霍霍霏霏。紅鮮紛其初載，賓旅竦而遲禦。既餐服以屬厭，泊恬净而無欲，回小人之腹，爲君子之慮。』

杜詩：『鮮鯽銀絲鱠。』鱸鱠雪花飛。白樂天：『鱠長抽錦縷。』杜：『饔子左右揮雙刀，鱠飛金盤白雪高。』李：『雙鱠呀呷鬐鬣張，跋刺銀盤欲飛去。呼兒拂几霜刀揮，紅肌花落白日飛。』

化蝶飛，醒酒冰。《摭言》：『南孝廉者，善斫鱠。忽暴雨雷震一聲，鱠悉化胡蝶飛去。』

《直方詩話》：『山谷以水晶鱠爲醒酒冰。』

房琯病鱠，姜侯設鱠。房琯，邢和璞言：『病起於魚餐。』後公舍閬州，刺史具鱠邀房，其夕病鱠卒。

姜侯設鱠當嚴冬，洗魚磨刀魚眼紅。無聲細下飛碎雪，有骨已剁嘴春葱。都唾反，斫，判也。落碪何曾白紙濕，放筯未覺金盤空。도아《姜少府設鱠》。《七命》：『范公之鱗，乆出自九溪，赬尾丹鰓，紫翼青鬐。命文離，飛霜鍔，紅肌綺散，素膚雪落。』

《詩・六月》：『炰鱉膾鯉。』

肴

肴。葅也。

殽。豆實也。

《詩・楚茨》：『爾殽既將。』《正月》：『又有嘉殽。』《頍弁》：『爾殽既嘉，爾殽既時，爾殽既阜。』『雖無嘉殽，式食庶幾。』《車舝》。

殽核維旅，嘉殽脾臄。爾殽既馨，爾殽伊脯。其殽維何，炰鱉鮮魚。其蔌維何？維筍及蒲。坡賦：『有客無酒，有酒無肴。』

蘭肴，蕙肴。《邊讓》：『蘭肴山竦，椒酒淵流。』《九歌》：『蕙肴承兮蘭藉。』

載酒肴，易酒肴。揚雄，好事者，載酒肴問奇字。陶侃母，截髮易酒肴。

春盤雜酒肴。携酒共山肴。葵蔬共具肴。笋蕨薦盤肴。野菜和春肴。花香和酒肴。

有酒亦無肴。園蔬薦酒肴。

珍味

珍味。滋味也。

五味，八珍。五味：酸、鹹、甘、苦、辛。《大寶箴》張蘊古：『網八珍於前，所食不過適口。』

常珍，兼珍。楊修傳：『棄常珍而嗜乎異饌。』《後・章記》：『食無兼珍。』

臭味，滋味。季武子曰：『譬之草木，君之臭味也。伊尹負鼎俎，以滋味干湯。

麯生風味，必嘗異味。《開元記》：麯生風味，不可忘也。《左傳》：『食指動，必嘗異味』云云。

不知肉味，鮮能知味。孔子在齊聞《韶》，學之，三月不知肉味。《選》：『虞韶美而儀鳳兮，孔忘味於千載。』坡：『豈是聞韶解忘味，邇來三月食無鹽。』《中》：『人莫不飲食也，鮮能知味也。』

易牙知味，陸公知味。《孟》：『口之於味，有同嗜也；易牙先得我口之所喜者也。』古詩：『陸公知水味。』

酒醴

周《愛蓮詩》，杜康造酒得奇方，甘美人嘗賽蜜漿。瓮釀梨花常瀲灩，杯浮玉液更馨香。飲時自覺愁俱釋，醉后那知喜欲狂。還有黄封經七釀，四時榮捧進君王。《説文》：『酒，就也，所以就人性之善惡也。』一曰造也，吉凶所起造也。《釋名》：『酒，酉也，釀之米麯，酉懌久而味美也。』亦言踧也，能否皆强相踧侍飲之也。又入口咽之，皆踧其面也。凡黍爲酒，陽據陰，乃能動，故以麥釀黍爲酒。飲談。酒者，楪題天之美禄，帝王所以享祀祈福，扶老交歡，百补之會，非酒不行。清曰醥，甘曰酏，濁曰醠，厚曰醇，重釀曰酎，薄曰醨，一宿熟曰醴，美者曰醑，紅者曰醍，緑者曰醁，白者曰醝，麥酒不去滓而飲曰醪。《食貨志》王莽詔：

『酒百藥之長。』《記》：『凡尊，必尚玄酒。尊有玄酒，不忘本也。邵堯夫詩，玄酒味方淡。』儀狄作酒醪，少康作秫酒。《世本》。《戰國策》：『儀狄作酒，禹飲而甘之，曰：「後世必有以酒亡其國者，遂疏儀狄而絶旨酒。」』《孟》：『禹惡旨酒。』慶源輔氏曰：『惡旨酒，則物欲不行。』杜康善造酒，以酉日死，故酉日不飲酒會客。《焦氏易林》：坎之兑曰：『酒爲歡伯，除憂來樂。』

《詩》：爲此春酒。微我無酒。子有酒食。我有旨酒。釃酒有藇。美。釃酒有衍。多。有酒湑我。無酒酤我。君子有酒，旨且多；君子有酒，多且旨；君子有酒，旨且有。爲酒爲食。酒既和旨。式以其酒。不以其漿。旨酒思柔。爾酒既旨。雖無旨酒，式飲庶幾。祭以清酒。樂酒今夕。君子有酒，酌言嘗之；君子有酒，酌言獻之；君子有酒，酌言酢之；君子有酒，酌言醻之。瑟彼玉瓚，黄流在中。寶器不薦於褻味，黄流不注於瓦缶，盛德必享於禄壽，福澤不降於淫人。清酒既載。旨酒欣欣。爾酒既清，爾酒既多，爾酒既湑。清酒百壺。』

《易》：《需》之九五，《坎》之六四。《需》九五：『需于酒食，貞吉。』《象》：『酒食，貞吉，以中正也。』《習坎》六四：『尊酒簋貳用缶。』

《書·説命》：『若作酒醴，爾惟麯糵。』乃穆考文王曰：『祀兹酒。』

《禮記》：『酒者，所以養老也，所以養病也。』

一曰九醖，一名醇酎。漢制，宗廟八月飲酎，用九醖，皇帝侍祠，正月旦作酒，八月成，名曰酎，一曰九醖，一名醇酎。《西京雜記》。張晏曰：『酎之言純也。』武帝時，八月嘗酎，會諸侯廟中，出金助祭，所謂酎金也。顔師古曰：『酎，三重釀，醇酒味厚，故以薦宗廟。』《景記》。

無愁酒，百末酒。漢武作無愁酒，飲之令人無憂。《雜記》。《漢·禮樂志》：『《景星歌》：百末旨酒布蘭生。』師古曰：『百末，百草華之末也。旨，美也。百草華末雜酒，故香且美也。』晋灼曰：『芬香布外，若蘭之生也。』枚乘《七發》曰：『蘭英之酒，酌以滌口。』謝靈運詩：『蘭巵獻時哲，旨酒布蘭生。』《龍城録》：『百末，旨酒名。』

洪梁之酒，君山之酒。乃進洪梁之酒，酌以文螺之巵，巵出波衹之國，酒出洪梁之縣。帝飲三爵，色悦心歡。武帝思李夫人，容色愁怨侍者云。庚穆之《湘州記》：『君山有美酒，得飲之而不死爲神仙。』漢武齊居七日，遣欒巴將童男數十人求之，果得，進御未飲，方朔在旁竊飲，帝大怒，將殺之，朔曰：『既酒有驗，殺臣亦不死；無驗，安用酒爲？』帝笑而釋之，寺僧云：『春時往往聞酒香。』《風土記》。

獻葡萄之酒，設葡萄之酒。葡萄酒飲之醉，彌月不解。《博物志》。扶風獻凉州葡萄酒十斛于張讓，即拜凉州刺史。《三輔决録》。王母嘗下帝，設葡萄酒。《漢武内傳》。

酌葡萄之酒，賜葡萄之酒。李白進《清平詞》，太真以玻琴七寶杯，酌西凉葡萄酒飲白。《楊妃外傳》。太宗破高昌，收馬乳葡萄實於苑中，并得其酒法，酒成，凡有八色，芳辛酷烈，味兼醍醐，頒賜群臣。《唐言》。革囊操熟金波暖，金斛董成社瓮香。酥面泛花凝醉日，膏脂流液潤枯腸。取醉宿醒還試飲，快心不許百杯漿。馬乳。

千日酒，千里酒。《博物志》：『玄石飲酒，一醉千日。』劉玄石沽酒，酒家與千日酒飲之，至家大醉，具棺斂葬，酒家往索，亡已三年，掘冢開視，玄石始醒起于棺中。趙英飲之，以爲死，埋之，破棺出之，尚有酒氣。《怪録》。劉杳曰：『桂陽程鄉，有千里酒。』湯元鳳賦云：『三重五品，商溪擦里。』《梁書》。

曲阿酒，崑崙觴。劉藻爲東平别將，辭孝文于洛水之南，曰：『陛下輒當釃曲阿之酒以待百官。』帝大笑曰：『今未至曲阿，且以酒數石賜卿。』《魏書》。曲阿有美酒，曲阿在丹徒縣。魏賈瑺有蒼頭善别水，常令乘小艇於黄河中。以瓠接河源水，一日不過七八升，經宿氣中色赤如絳，以釀酒名崑崙觴。酒之芳味世中絶無，曾以三十斛上魏莊帝。《酉陽雜俎》。

騎驢酒，桑落酒。河東人劉白墮能釀酒，經月不醒，以其遠至號曰『鶴觴』，亦名『騎驢酒』。語曰：『不畏張弓拔刀，惟畏白墮春醪。』《伽藍記》。東坡詩曰『獨看紅蕖傾白墮』謂此。汝南王悦，兄清河王懌，爲元乂所害，悦了無讎恨之意，乃以桑落酒候伺之，乂大喜，爲侍中太尉。河中桑落坊有井，每至桑落時，以井水釀酒，甚佳。杜詩：『坐開桑酒。』一云廬山有桑落洲。庾信《從蒲州刺史乞酒詩》：『蒲城桑落酒。』《世説》。

燉煌酒，張氏醖。胡叟仕魏，以酒自適。叟小孤，言及父母則泪下，若孺子之號。春秋當祭之前，則先求旨酒，將至所知，至郭外空静處，設坐奠拜，盡孝思之敬。時燉煌泛潛，家善釀酒，每節，送一壺于叟，曰：『我給恒祭者，以其恒於孝思也。』《魏書》。祖長命妻張氏，事姑王氏甚謹，太安中，京師禁酒，張以姑老，私爲醖，爲有司所糾，王氏詣曹，自告曰：『老病須酒，在家私醖，王所爲也。』張氏曰：『張主家事，姑不知釀，其罪在張。』有司疑其罪，平原王陸麗，以狀奏高祖，義而赦之。上。

縹醪酒，玉薤酒。太宗引崔浩論事，語至中夜，大悦，賜浩縹醪酒十斛，水晶戎鹽一兩，曰：『朕味卿言若此鹽酒，故與卿同其味也。』《元魏書》。魏左相證能治酒，有名曰『醽渌』、『翠濤』，常以大金甖内貯盛，十年飲不歇其味。太宗詩：『醽渌勝蘭生，翠濤過玉薤。』千日醉不醒，十年芳不歇。蘭生即漢武酒，玉薤即煬帝酒。

進鵁腦酒，貢生春酒。肅宗張后專權，每進酒常置鵁腦酒，令人久醉健忘。《酉陽》。德宗即位五月甲申，劍南貢生春酒。

賜酴醿之酒，釀宜春之酒。李絳，字深之，曰：『今法令不及者，五十餘州。外戎内訌如此，水旱無年。』帝曰：『絳言骨鯁，真宰相也，遣使賜酴醿酒。』白帖。李泌，字長源，□里閭釀宜春酒，祭句芒神，祈豐年，帝著颠挹取。

唐召侍臣學士食櫻桃，飲酴醿酒，以花顔色似之爲名。

藍尾酒，婪尾杯。三杯藍尾酒，一楪膠牙湯。白。連飲三杯，爲藍尾。《石林燕語》。宋景文《守歲詩》：『迎新送故只如此，且進燈前婪尾杯。』處於坐末得酒貪婪故云。申屠澄與老父嫗及處女環火而坐，翁自外携酒至，曰：『此君冒塞且進一杯。』澄曰：『始自主人前，澄當婪尾。』《河東記》。

魚兒酒，龍膏酒。裴晋公盛冬，用龍腦凝結，刻小魚，沸酒一盞投一魚，隨即消。《釋名》：『魚兒酒。』順宗時處士伊初玄召入宮，飲龍膏酒，黑如純漆，飲之令人神爽，此本烏弋山，離國所獻。《杜陽編》。

澄明酒，無憂酒。武宗會昌元，夫餘國貢火玉，才人常用煎澄明酒，斯酒亦異方所貢，色如紫膏，飲之令人骨香。武宗起望仙臺，薦無憂酒。

太平酒，郢水醪。楊羲夢遊蓬萊山，仙公洛廣休語許主簿曰：『吾爲汝置酒四升在山上，可往飲之。此太平家酒，治人腸也。』諺曰：『欲得長生飲太平。』李德裕《述夢詩》：『荷净蓬池鱠，冰寒郢水醪。』凡學士初上賜食，皆蓬池魚鱠，夏至頒冰及酒，以酒味和冰而飲，禁中有郢水酒坊。《一品録》。

汁酒木，酹酒草。劉杳曰：『棂木名，其汁可以爲酒。《梁書》。孫會宗僕射，宅中集親表開宴。有一甥侄後至及門，見緋衣宫人衣襟皆是酒涴，咄咄而出，不相識，即席，訝無此官，沉思之，乃是行酒時階上酹酒，草草傾潑也。自此每酹酒，側身恭跪，一酹而已。《北夢瑣言》。

金液流暉之酒，延洪壽光之酒。王母會帝于嵩山，飲帝以護神養氣金液流暉之酒，又有延洪壽光之酒。《黄帝内傳》。

武王酒德，穆王酒膏。武王見三神曰：『予既沉潰紂于酒德。』《晏子海録》。穆王東巡大騎之谷，王母共玉帳高會，薦清澄琬琰之膏以爲酒。《拾遺記》。

唐之酒價，漢之醇酎。真宗問近臣曰：『唐之酒價幾何？』丁晋公曰：『每斗三百，臣讀杜甫詩曰：「速來相就飲一斗，恰有三百青銅錢。」』上大喜曰：『可爲一時之史。』《玉壺清話》。

酌瑶琨之酒，酣玄碧之酒。瑶琨去玉門九萬里，有碧草如麥，割之以釀酒，則味如醇酎，飲一合，三旬不醒。但飲甜淡水，隨飲而醒。帝坐神明之臺，設甜水之冰。酌瑶琨之碧酒，炮青豹之脯。《洞冥記》。安期生與神女會于圜丘，酣玄碧之香酒。《列仙傳》。

玉饋酒，瓊粘酒。西北荒中有玉饋之酒，酒泉注焉，廣一丈，長深三尺，酒味如肉，澄清如鏡，上有玉尊、玉籩，取一尊，一尊復生焉，與天同休，無乾時，飲此酒，人不死。謝玄卿遇神仙，設瓊粭之酒。《續仙傳》。

樓國仙漿，書生瑞露。拘樓國有仙樹，腹中有水，謂之仙漿，飲者十日醉。《物類相感志》。田璆、鄧韶遇書生曰：『某有瑞露之酒，釀于百花之中。』《嵩岳嫁女記》。

瓊蘇酒，酃渌酒。南岳夫人設王子喬瓊蘇緑酒。衡陽縣東二十里有酃湖，周二十里，深八尺，湛然緑色，取以釀酒，其味醇美，晋武平吴始薦酃酒於太廟。《郭仲堅湘中記》。〔一〕酃音零。《吴都賦》：『飛輕軒而酌緑酃。』

烏程酒，箬下酒。秦時有程林、烏金二家，善釀美酒，因以名。吴興箬溪，多生箭箬，南岸曰上箬，北岸曰下箬，取下箬水釀酒，酒極醇美。《吴興録》。張協《七命》：『酒則荆南烏程。』

郫筒酒，巴鄉清。成都五十里，名曰郫縣，以竹筒盛美酒，號曰郫筒。《成都記》。郫人刳竹釀於筒，苞以藕絲，蔽以蕉葉，信宿馨達于林外，斷之以獻，號郫筒酒。《風俗錄》。相傳山

〔一〕今按：此處疑爲：羅君章《湘中記》。羅含，字君章，號富和，東晋衡陽郡人。著《湘中記》三卷。據《湘中記》記載：『衡陽縣東二十里有酃湖，週二十里，深八尺，湛然緑色，土人取以釀酒，其味醇美。』

濤治郫，用�管釀酴醾作酒，兼旬方開，聲聞百步。杜子美：『酒憶郫筒不用酤。』李義山：『郫筒當酒壺。』魚復有巴鄉村，村人善釀，故俗稱巴鄉清。

宜城醪，宜春酎。《釋名》：『蒼梧，清酒名。』安城宜春縣出美酒，謂之宜春醇酎，隨歲舉上貢，刺史親付計吏。《安成記》。張華《輕薄篇》：『蒼梧竹葉清，宜城九醖酒。』陸韓卿詩：『渤海方淫滯，宜城誰勸酙。』昭明《將進酒》：『宜城溢渠碗，中山浮羽卮。』

沉釀川，頓遜國。漢鄭弘宿一堞，逢友人，以錢投水中，飲盡酣暢，皆得大醉，更爲沉釀川。崔豹《古今注》。南海有頓遜國，有酒樹似安石榴，採其花汁停瓮中，數日成酒，甘美。《南史》。

樹頭酒，草根酒。西南夷有樹頭酒，其樹類棕，實大如李，以麯納罐中，以索懸罐於實下，倒實取汁，流罐爲酒，名曰『樹頭酒』。《雲南志》。巴州以竹根爲酒注子，爲時珍貴也。《蜀記》。庾信謝趙王《賜酒詩》：『如聞傳上命，定是賜草尊。野爐燒樹葉，山杯捧竹根。』以竹根爲飲杯也。《江淹集》。

梨花春，梨花乾。杭州俗釀酒，趁梨花時熟，號『梨花春』，白樂天詩曰『青旗沽酒趁梨花』謂此。《長慶集》。杭州物産食貨，有梨花乾酒之上者。《杭州名經》。

象洞酒，椒花酒。象洞今屬武平縣，其地有美醖，邑人重之曰『象洞酒』。朱崖郡無水，人飲石汁，又有椒，似安石榴，花著瓮中，經旬成酒。《十道志》。南方人有女，數歲即大釀酒，俟陂水竭，置壺其中，密固其上，候女將嫁，取供賓客，謂之女酒，酒味絶美，居常不可致。房千里《投荒録》。

般若湯，嫁女酒。北僧謂酒爲般若湯，蓋廋詞避法禁。《酒録》。

酒則郢之富水，烏程之若下，滎陽之土窟春，富平之石洞春，劍南之燒春，河東之乾和、蒲桃，嶺南之靈溪、博羅，宜城之九醖，潯陽之湓水，京城之西市睦，蝦蟇陵之郎官清，河漠又有三勒漿。《國史補》。庵漠勒、毗梨勒、訶梨勒。

異酒。《山海經》：『槾汁甘爲酒。』烏丸有東墻酒，交州有椰子酒，南蠻有檳榔酒，真臘有朋芽四酒，辰溪有釣藤酒，赤土國有甘蔗酒，韃靼有馬潼酒，訶陵國以柳花爲酒，扶南有椰漿，又有蔗及土瓜根酒，古有崑崙酒。《雜俎》。

抛青春，金陵春。韓詩：『百年未滿不得死，且可勤買抛青春。』李白：『堂上三千珠履客，瓮中百斛金陵春。』

竹葉春，松醪春。《吴志》：『烏程酒名竹葉春。』杜詩：『山杯竹葉春。』裴鉶《傳奇》，酒名松醪春。

麯米春，卷白波。杜：『聞道雲安麯米春。』《資暇集》：『蠻中餘黨起西河白波谷，漢擒白波，戮之如卷席然，故酒席仿之，以快人情也。』

紅友，玉友。東坡自黄移汝，與单君錫步月于黄土，有餉紅灰酒者曰：『此紅友也。』坡曰：『彼知有紅友，不知有黄封。』因號爲東坡酒。劉跂字期立，命酒爲玉友。

味江，酒山。蜀有味江，蜀王征西番，野人壺酒獻王，王使投之江中，三軍飲之皆醉，因名。南昌國有酒山，肴泉，飲甚美，經月不醒。

井色如酒，萍能勝酒。衛青破月支，有井色如酒，因名酒井。《羊頭山記》。萍氏掌幾酒、謹酒。神農書萍能勝酒，取不沉溺也。

空桑穢飯，醖以稷麥，以成醇醪，酒之始也；烏梅女䴵，甜醹九酘，澄清百品，酒之終也。《酒經》。

蓮花酒，葡萄醅。《貨殖傳》：『大宛國造。』坡詩：『請君多釀蓮花酒。』李白：『遥看漢水鴨頭緑，恰以葡萄初發醅。』

《淮南子》：『夫酒者，入城門以爲七尺之閨也，超江、淮以爲尋常之溝也。』東風至而酒湛溢，或感之也。上。瓮漲春濤香艷艷，槽鳴曉溜色泠泠。《詩》：『且以酌醴。酒醴維醹。』

古有醴酪，不設醴酒。醴一宿成之酒也，酪乳漿也。楚元王爲穆生設醴，王楙即位，乃忘設焉。穆生曰：『醴酒不設，王之意怠。』杜詩：『楚筵辭醴日。』

玉醴，天醴。歐：『滑辣潑醅如玉醴。』坡：『玄泉傾海腴，白露洗天醴。』凍醴，甘醴。《魏》：『凍醴流澌，温酎若波。』《記》：『小人之交甘若醴。』洞庭春色，中山松醪。安城郡王以黄茹釀酒，名洞庭春色。東坡《中山松醪賦》：『顛倒白綸巾，淋漓宫錦袍。』

孔融與曹操書：『酒之爲德久矣。古先哲王，類帝禋宗，和神定人，以齊萬國，非酒莫以也。故天垂酒星之耀，地列酒泉之郡，人着旨酒之德。』

飲酒

《詩》：『巷無飲酒，豈無飲酒。飲酒之飫，飲酒温克。迨我暇矣，飲此湑矣。飲酒孔偕，飲酒孔嘉，維其令儀。凡此飲酒，或醉或否。豈樂飲酒，飲酒樂豈。』

《禮記·玉藻》：君子之飲酒也，受一爵而色酒如也。洒，禮度明肅之貌。二爵而誾誾斯，禮已三爵而油油以退。誾誾，意氣和悦之貌。油油，謹重自得之貌。

《樂記》：『夫豢豕爲酒，非以爲禍也，而獄訟益繁，則酒之流爲禍也。是故先王因爲酒禮，一獻之禮，賓主百拜，終日飲酒而不得醉焉，此先王之所以備酒禍也。故酒食者，所以合歡也。』

《論》：『不爲酒困，何有於我哉？惟酒無量，不及亂。』

齊桓具酒，齊桓飲酒。齊桓爲大臣具酒，管仲後至，桓公舉觴飲之，管仲半棄酒曰：『臣聞酒入者舌出，舌出者言失，言失者身棄，棄身不如棄酒。』《説苑》。桓公飲酒醉，遺其冠，恥之，三日不朝。管仲曰：『君胡不王之以政？』公發倉賜貧，論囹圄出薄罪，民歌曰：『君胡不遺冠乎？』《韓子》。

子重之諫，御者之進。楚莊攻宋，厨有臭肉，尊有敗酒，子重諫曰：『厨肉臭而不可食，尊酒敗而不可飲。三軍之士，皆有饑色。』王曰：『請有酒推之士，有肉饋之賢。』《王孫子》。

虢公出奔至澤中，御者進清酒服脯曰：『恐君必亡，所以儲也。』枕御者膝而卧，御以塊代其膝而去，虢公餓死。《賈誼書》。景公之飲，晏子之飲。景公飲酒移於晏子之家，晏子立于門曰：『公何爲非時而夜辱？』移於穰苴之家，答如晏子。移於梁丘據之家，左執琴，右擁竽，行歌而至。公曰：『樂哉！無彼二子，何以持國？無此一臣，何以樂身？』《晏子》。晏子飲景公酒，日暮，公呼具火，晏子辭曰：『《詩》曰：「側弁之俄」，言失德也，「屢舞傞傞」，言失容也，「醉而不出，是謂伐德」。嬰以卜其日，未卜其夜。』公曰：『善。』舉酒而祭，再拜而出。《説苑》。

子反之飲，叔孫之飲。《左・成》：鄢陵之戰，穀陽豎獻飲於子反，子反醉而不能見，王乃宵遁。《昭廿五》：叔孫婼聘于宋，明日宴，飲酒樂，公使昭子坐語相泣也，樂祈曰：『哀樂而樂哀，皆喪心也。心之精爽，是謂魂魄，魂魄去之，何以能久？』

《孟子》：『好飲酒，不顧父母之養，二不孝也。』般樂飲酒，我得志不爲也。

《易・未濟》上九：『有孚于飲酒，無咎。濡其首，有孚失是。』《象》：『飲酒濡首，亦不知節也。』

勾踐投酒，良將投酒。勾踐出行有獻酒一壺者，王曰：『吾獨飲之，若三軍何？』乃投于川，命三軍飲之，皆若醉。良將用兵，人有饋一簞醪者，必投之河，言將士遞流而飲之，其味同之也。《黄石公記》。

平原之飲子高，不仁之浮文侯。平原君飲子高酒曰：『昔有遺諺：「堯舜千鍾，孔子百觚，子路嗑嗑，尚飲十榼。」古之聖賢，無不能飲也，吾子何辭焉？』子高曰：『賢聖以道德兼人，未聞以飲食也。此言生於嗜酒者，蓋其勸厲奬戲之辭，非實然也。』《孔叢子》。魏文侯與大夫飲酒，使公乘不仁爲觴政，曰：『飲不嚼者，浮以太白。』文公飲而不盡嚼。不仁舉白浮君曰：『君已設令，令不行可乎？』君曰：『善舉白而飲。』《説苑》。

趙卒之飲，許伯之酌。趙王武臣爲燕軍所得，燕囚之，欲求分地，厮養卒請往耳餘遣之。燕王問之，對曰：『願請一卮酒。』已飲，又問之，復曰：『願請一卮酒。』因曰：『耳餘實欲燕殺之，分趙自立耳。』燕王歸趙王。《新序》。許伯入第，丞相皆賀，蓋寬饒不行，許伯請，乃往。許伯自酌曰：『蓋君後至。』寬饒曰：『無多酌我，我乃酒狂。』丞相笑曰：『次公醒而狂，何必酒也。』《漢書》。

盧植一石，鄭玄一斛。盧植飲一石。《漢書》。鄭玄飲一斛。《後漢》。

定國數石，文季五斗。于定國飲酒，至數石不亂。《漢書》。沈文季爲吴興太守，文季飲酒五斗，妻王氏飲酒三斗，對飲竟日，視事不廢。

華歆飲不亂，滿寵飲不亂。華歆能劇飲，至石飲不亂，江南號之曰『華獨飲』。《華嶠叔論》。王凌表滿寵，年過耽酒，不可居方任，寵既至，進見飲酒，至一石不亂，帝慰劳遣還。《魏略》。

徐邈之飲，劉伶之飲。徐邈，字景山，爲尚書郎，時科禁酒而邈私飲，邈曰：『中聖人。』太祖甚怒，坐刑。後問邈曰：『頗憶中聖人不？』對曰：『昔子及甈於穀陽，御叔罰於飲酒，臣嗜同二子，不能自懲。』《魏志》。曹公禁酒而人竊飲之，難言酒，故以白者爲賢人，清者爲聖人。鄒陽清者爲聖，酒賦濁者爲醴。西京清者聖明，雜記濁者頑騃。劉伶病酒，渴甚，從婦求酒，婦捐酒毁器，涕泣諫伶曰：『當祝鬼神，自誓斷之耳。』婦供酒肉於神前，請令祝誓，伶祝曰：『天生劉伶，以酒爲名。一飲一斛，五斗解酲。婦人之言，慎不可聽。』引酒進肉，隤然已醉矣。《世説》。客有詣伶，值其裸袒，伶笑曰：『吾以天地爲宅舍，以屋宇爲幝衣。』《晋記》。

阮籍不與飲，浚仲不與酒。王戎弱冠詣阮籍，劉公榮在座，阮曰：『勝公榮者，不得不與飲酒；不如公榮者，不可不與飲酒；唯公榮，可不與飲酒。』《世説》。浚仲曰：『勝公榮故與酒；不如公榮不可不與酒；唯公榮，可不與酒。』《晋陽秋》。

阮籍百錢，張翰一杯。阮籍步行，百錢掛杖頭。至酒店，便獨酣暢，雖貴盛不肯詣。《世説》。張翰曰：『使我有身後名，不如即時一杯酒。』

王忱大飲，孔群恒飲。王忱嗜酒，醉輒經日，自號上頓。世喭以大飲爲上頓，起自忱也。《宋明帝記》。鴻臚卿孔群好飲酒，王丞相語云：『卿何爲恒飲？不見酒家覆瓿布，日月糜爛？』《世説》。

伯仁大飲，主簿善飲。周伯仁風德雅望〔一〕，深達危亂。過江積年，恒大飲酒，嘗經三日不醒，時謂三日僕射。《世説》。桓公有主簿善飲酒，有酒輒令先嘗，好者謂青州從事，惡者

〔一〕今按：『望』，《世説新語》任誕第二十三作第『重』。

謂平原督郵。青州有齊郡，平原有鬲縣，從事言到臍，督郵言在鬲。上。

胸中壘塊，形神不親。王孝伯問王大：『阮籍何如司馬相如？』王大曰：『阮籍胸中壘塊。』王仲大嘆言三日不飲酒，覺形神不復相親。

金貂换酒，金龜换酒。阮孚爲散騎常侍，常以金貂换酒，爲有司所按。《三十六國春秋》。賀知章見李白，呼爲謫仙人，以金龜换酒。

方外司馬，酣飲參軍。謝奕爲桓温司馬，謂之方外司馬。孟嘉爲桓温參軍，好酣飲，温問有何好而嗜之，嘉曰：『公未得酒中趣爾。』李白詩：『但中醉中趣，勿與醒者傳。』

不肯飲酒，有時酌酒。宋明帝宴群臣，以南臺御史爲柱下史，糾不醉者，沈文季不肯飲酒，被驅下殿。《南齊書》。謝諫議不妄交接，有時酌曰：『入吾室者清風，對吾飲者明月。』

臧盾之飲，飲鏗之飲。梁武招延後進，置酒賦詩，臧盾以詩不成，罰酒一斗。蕭介染翰便成，文無加點。帝兩美之曰：『臧盾之飲，蕭介之文，即席之美也。』梁武招飲宴，書見行觴者，因迴酒炙以授之。及侯景亂，嘗爲賊擒，或救之問之，乃行觴者。上。

李元忠之飲酒，李氏子之節酒。李元忠每言寧無食，不可使我無酒。阮步兵乃吾師也，孔少部豈欺我哉？從自中書令，求爲太常卿，以其有音樂而多飲酒。故神武欲用爲僕射，久襄言其放達，不可委以臺閣，其子搔，請節酒，元忠曰：『我言作僕射，不勝飲酒樂，爾愛僕射時，宜勿飲酒。』孫騰、司馬子如嘗詣元忠，方坐樹下，對壺獨酌，使婢捲兩褥以質酒肉。《北史》。

不爲酒令，加帽酒上。湘東王爲京兆尹，與朝士宴集，屬王規爲酒令，對曰：『江左以來，梁未有兹舉書。』阮孚機諱好酒，貌短而秃。周文帝置酒十瓶，上皆加帽，孚因持酒歸，周文撫手大笑。《北史》。

斗酒學士，内醖學士。王績，字無功。求爲六合丞，以嗜酒不任事。高祖武德初，待詔門下省，故事，官給酒日三升，或問：『待詔何樂耶？』答曰：『良醖三升，差可戀耳。』侍中陳叔達聞之，日給一斗，時號『斗酒學士』。兵部李濤，小字社翁，時李昉爲翰林學士，月給内醖，兵部因春社寄昉詩：『社公今日没心情，爲寄治聾酒一瓶。惱亂玉堂將欲遍，依俙似到第王廳。』社酒號治聾酒。《賈氏談録》。

唱回波之樂，飲麯生之味。李景伯、景龍中爲諫議大夫，中宗内宴，唱回波之樂，喧雜失禮，景伯歌曰：『回波爾時酒巵，微臣職在箴規，禮飲三合三爵，君臣混雜非宜。』《唐書》。葉法真，居玄真觀，朝士詣之，滿坐思酒，忽有一關措稱麯生秀才，密以小劍擊之，手墜階下，化爲瓶榼，乃瓶醖醲也，咸笑飲之，其味甚佳，曰：『麯生風味不可忘也。』《開元紀》。

得酒一壺，飲酒一斗。上始入斜谷，天尚早，烟霧甚晦，給事中韋倜得制塾酒一壺，跪獻於馬首，上不爲之舉，曰：『始吾鄉宇之初大醉指一人，吾悼之，因以爲戒，迨今四十年未嘗甘酒味。』《柳氏舊聞》。

號爲醉聖，乃云嗜酒。 李適之飲酒一斗，夜則宴賞，晝決公務。《唐書》。李白嗜酒不拘小節，然沉酣中所撰文章未嘗錯誤，號爲醉聖。《天寶遺事》。元德秀罷魯山令，愛陸渾山水乃定居云，嗜酒陶然，彈琴自娱。

林蘊縱酒，元衡沃酒。 林蘊仕不稱意，縱酒自適，多忤時政，刑部尚書白居易贈詩戒之曰：『世上如今重檢身，吾儕恃酒似狂人。』西曹舊日多持論，慎莫吐他丞相裀。《天中傳》。武元衡之西川大宴，從事楊嗣復狂酒，逼元衡大觥，不飲，遂以酒沐之。元衡拱手不動，沐訖，徐起更衣。《乾饌子》。

崔魯之謝，景讓之飲。 崔魯酒後失態，慶州陸郎中以詩謝之曰：『醉詩〔一〕顛蹶醒時羞，麯糵催人不自由。叵耐一雙窮相眼，不堪花卉在前頭。』《摭言》。大中年，丞郎宴席，蔣伸在座，忽斟一杯言曰：『席上有孝于家，忠于國，及名重于時者，飲此爵。』李景讓起引此爵，蔣曰：『此宜其然。』《雜説》。

飲一盤之酒，賜桂花之醞。 王源中，文宗時爲翰林承旨，與諸昆季蹴踘于太平里第，毬

〔一〕今按：『詩』，《詩話總龜》卷四十一作『時』。

子擊起，誤中源中之額，薄有所損，俄有急召比至，上訝之，源中具以上聞，上曰：『卿大雍穆〔一〕，命賜酒二盤，每貯十金碗，每碗各容一升許，宣令并碗賜之，源中飲之無餘，略無醉容。』《摭言》。　同昌公主，上每賜御饌，其酒則有凝露漿、桂花醞。

自爲酒吃，不爲酒困。　焦遂口吃，對客不出一言，醉後酧酢如注射，時目爲酒吃。《拾遺》。　陸相扆出典夷陵，時有士子修謁，相國因命酒酌勸，此子辭曰：『天性不飲酒。』相曰：『誠如所言，已校五分矣。』蓋平生悔吝有十分，不爲酒困，自然減半也。《北夢瑣言》。

嗜酒有詩，飲酒益莊。　竟陵劉虛白，擢進士第，嗜酒，有詩云：『知道醉鄉無酒稅，任他荒却下丹田。』潘屼飲一斗，禮容益莊。

來獵酒，長夜飲。　五代韋思怒曰：『必是來獵酒也。』閩王延羲爲長夜之飲，銀葉爲酒杯賜飲群下。《五國故事》。

常楚錫之飲，楊陸澳之飲。　常楚錫爲翰林，或曰：『公剛直，私門何以爲樂？』常曰：『垂幃痛飲而已。』《南唐近事》。　楊陸澳飲酒，鶉衣髽髻爲蒼鶻。

刻木爲人，葬我成土。　時苗德冑爲壽春令，蔣濟作揚州治中，苗謁濟，濟醉不見，苗刻木爲人，葬我成土。

〔一〕今按：『穆』，《唐摭言》卷四十一作『睦』。

木爲人，署曰『酒徒蔣濟』，立于墻下，朝夕射之。《魏略》。鄭泉文淵嗜酒，臨卒謂同類曰：『必葬我陶家之側，化而成土，幸見取爲酒壺。』

出飲輿歸，各飲大醉。楊子拒妻者，劉懿公女也，有四男女，拒早亡，教遵閨門，動有法則。長子元琮出飲輿歸，母不見十日，乃數責之曰：『飲食有節，不至流湎者，禮也。汝乃沉荒，慢而無禮，身爲敗首，何以帥先諸弟？』《益部耆舊傳》。周顗飲酒一石，每稱無對偶，有舊對從北來，顗出酒二石，飲各大醉。及醒，使視客已腐脅而死。《晋書》。

友人穿腸，使人爛肝。張華既貴，知識來候，共飲九醞。左右爲張公轉側，友人無人爲之，華咄云此必死矣，酒果穿腸流床下。《世説》。張華爲醇酒，蘖出西羌，麯出北胡，釀酒清美，久含令人齒動，使人肝腸爛。當時謂之酌酒，或云醇酒，可爲長宵之樂。《拾遺記》。

施粉號醉妝，中酒曰酒惡。蜀王衍後宫皆戴金蓮花，酒酣免冠，髻鬖更施朱粉，號醉妝，國人效之。《侯鯖録》。金陵語中酒曰『酒惡』，則知李後主詩云：『酒惡時，拈蕊嗅。』用鄉人語也。

任大責重，飲藥責禮。靈帝好學，引見劉寬，常令講經，被酒睡伏，帝問：『太尉醉耶？』寬對曰：『任大責重，憂心如醉。』《後漢》。長水校尉孫季舒嘗與石崇酣燕，慢傲追度，崇欲表免，裴楷曰：『足下飲人狂藥，責人正禮，不亦乖乎？』《楷傳》。

季布使酒，灌夫使酒。季布爲河東太守，人有言其賢，孝文欲爲御史大夫。復有言使酒難近，留邸一月見罷。《史》。灌夫入爲太僕與衛尉，竇甫飲夫醉搏甫，夫爲人剛直使酒，不好面諛。《漢書》。

徐妃之嗜，陳君之嗜。梁元帝徐妃性嗜酒，帝還房必吐衣中。《南史》：陳暄嗜酒，與見〔一〕子秀書：『吾〔二〕以飲酒爲非，吾以不飲酒爲過。周伯仁渡江唯三日醒，吾不以爲少；鄭康成一飲三百杯，吾不以爲多。然洪醉之後，有得有失，成廝養之志，是其得也；使次公之狂，是其失也。吾嘗譬酒之猶水，亦可以濟舟，亦可以覆舟，故江諮議有言：「酒猶兵也。兵可千日而不用，不可一日而不備；酒可千日而不飲，不可一飲而不醉。」美哉！江公可與共論酒矣。何水部吾眼不識杯鐺，口不離瓢杓。汝寧與何同日而醒，與吾同日而醉乎？建營糟丘，吾將老焉，身没之後題吾墓曰：陳故酒徒，陳君之神道。』上。

門受羊酒，髻得叵羅。鄭羲爲兗州刺史，多所受納政以賄成。人有禮餉者，不與杯酒臠肉，西門受羊酒，東門酤買之。《後魏》。齊著作郎祖珽，有文字〔三〕，多技藝，而疏章無行，

〔一〕今按：『見』，《南史・陳慶之傳》附《陳暄與兄子秀書》作『兄』。
〔二〕今按：『吾』，《南史・陳慶之傳》附《陳暄與兄子秀書》作『汝』。
〔三〕今按：『字』，《資治通鑒》卷一百六十九作『學』。

嘗因宴失金叵綱，於斑髻上得之。

猪龍繫牌，醉龍卧路。蔡邕飲酒乃至一石，醉在路上卧，人名曰『醉龍』。《語林》。安禄山受帝眷，帝恐外人以酒毒之，遂賜金牌子繫於臂上。每王公召宴欲沃以巨觥，即以牌示之，云准敕斷酒。《天寶遺事》。

可以宴，可以餪；不可以沉，不可以湎。夫飲之禮，不脱履而即序者謂之禮，跣而立坐者謂之宴。能飲者飲，不能飲者已，謂之餪；齊顔色，均衆寡，謂之沉；閉門不出者，謂之湎。故君子可以宴，可以餪，不可以沉，不可以湎。《韓詩外傳》。

出有賜曰餞絡，還有勞曰軟脚尊。玄宗幸諸楊第，出有賜曰餞絡，還有勞曰軟脚尊。郭子儀自同州歸，代宗詔大臣就宅，作軟脚局，人出三百千。《大唐遺記》。

白擲劇飲，甚得師風；白擲劇飲，天性所得。元行恭，少頗驕恣，父文遥令與盧思道交，文遥謂思道曰：『小兒比日微有所知，是大弟之力，然白擲劇飲，甚得師風。』思道答云：『白擲劇飲，天性所得。』《北齊》。

能可嵬峩我，不可令嵬峩爾。北齊盧思道：『長安酒賤，斗價三百。能可嵬峩我，不可令嵬峩爾。』《談藪》。

陳完之飲，衛公之飲。《左・莊廿二》：陳公子完，飲桓公酒樂，公曰：『灾以火繼之。』

辭曰：『臣卜其晝，未卜其夜。』君子曰：『酒以成禮，不繼以淫義也；以君成禮，不納於淫仁也。』《襄十四》：孫文子如戚，孫蒯入使，公飲之酒，使太史歌《巧言》之卒章。蒯懼，告文子，公出奔，喻文子居河上而爲亂。

鄭伯有之飲，晋屠蒯之飲。襄州鄭伯有嗜酒，爲窟室而夜飲酒，擊鐘焉，子皙以駟氏之甲伐而焚之。《昭九》：『荀盈卒未葬，晋侯飲酒樂。』膳宰屠蒯，酌以飲工曰：『辰在子卯，謂之疾日。君撤宴樂，學人舍業，爲疾故也。』疾，惡也。

紂以甲子喪，桀以乙卯亡。君之卿佐是謂股肱，股肱或虧，何痛如之？君不聞而樂，是不聰也。又飲外嬖叔曰：『嬖服以旌禮，禮以行事，事有其物，物有其容。今君之容非其物也，而汝不見，是不明也。』亦自飲也，曰：『味以行氣，氣以實志，志以定言，言以出令。二御失官，而君弗命，臣之罪也。』工與嬖叔。

魯哀公之飲，趙襄子之飲。《哀廿五》：公至自越，飲酒不樂，公與大夫始有惡。《廿七》：公遜邾。趙襄子飲酒五日五夜，優莫曰：『不及紂五日耳。』襄子懼紂七日七夜。

齊景公之飲酒，陶淵明之止酒。齊景公飲酒而樂，釋衣冠自鼓缶，晏子曰：『齊國五尺之童子，力盡勝嬰而又勝君，所以不敢亂者，畏禮也。上若無禮，無以使其下；下若無禮，無以事其上。』公乃朝服而坐，觴三行，晏子趨出。

永州民之破酒，石曼卿之鰲飲。唐永州民間昏禮會客，號破酒，多至數百人。《史》。石曼卿與客痛飲，露髮跣足，着械，謂之『鰲飲』；飲于木杪，謂之『巢飲』；以槁束首飲曰『囚飲』。

阮咸豕飲，崔咸痛飲。阮咸宗人大盆盛酒，群豕來飲，接去其上，便共飲之。《世説》。崔咸，字重易，遷陝虢觀察使。痛飲夜分，治事無一毫差，吏稱爲神。

吴王權之飲，吴主皓之飲。吴王權與群吏飲，自起行酒，虞翻伏地陽酉。權手劍欲擊，劉基諫權因敕左右：『自今酒後言殺，皆不得殺。』吴主皓，忌勝己者，中書令張尚辯捷談論，積以致恨。後問孤飲酒可以方誰，尚曰：『陛下有百觚之量。』吴主曰：『尚知孔丘不王而以孤方之。』殺之。

魯宗道之就飲，劉伯倫之携酒。宋魯宗道遷左諭德，真宗召之，從酒家還，曰：『有故人自鄉里來，臣家貧無杯盤，故就酒家觴之。』真宗嘉其無隱，拜右諫議大夫。劉伯倫乘鹿車，携一壺酒，使人荷鍤隨之，曰：『死便埋我。』

王導爲言，山簡不恤。晋懷永嘉三年，以山簡濤子。都督荆、湘等州軍事，嗜酒，不恤政事。

飲伯，醉侯。焦貢易林，酒爲飲伯。杜詩：『死贈劉伶作醉侯。』

建康九醞美，侑以八品珍。南史顧憲之爲建康令，甚得人和，都下飲酒者，醇旨輒號爲『顧建康』，謂其清且美。《飲中八仙》：杜。知章騎馬似乘船，眼花落井水底眠。汝陽王璡。三斗始朝天，道逢麯車口流涎，恨不移封向酒泉。左相李適之。日興費萬錢，飲如長鯨吸百川，御杯樂聖稱避賢。宗之崔。瀟洒美少年，舉觴白眼望青天，皎如玉樹臨風前。蘇晋長齊〔一〕綉佛前，醉中往往愛逃禪。學佛者。李白斗酒詩百篇，長安市上酒家眠，天子呼來不上船，自稱身是酒中仙。張旭三杯草聖傳，脱帽露頂王公前，揮毫落紙如雲烟。焦遂五斗方卓然，高談雄辯驚四筵。

醉酒

《書》：『甘酒嗜飲，未或不亡。』『羲和廢厥職，酒荒于厥邑。唯時羲和，沉亂于酒。今商王受，沉湎于酒。我用沉酗于酒，用亂敗厥德于下。在今後嗣王，惟荒腆于酒。自酒腥，聞在上詰。』無若殷王受之迷亂，酗于酒德哉！《無逸》。

〔一〕今按：『齊』，上海古籍出版社《全唐詩》卷二一六杜甫《飲中八仙歌》作『齋』。

三軍若醉，一石亦醉。見上。　齊威王置酒後宮，問淳于髡曰：『能飲幾何而醉？』對曰：『一斗亦醉，一石亦醉。』故曰：『酒極則亂，樂極則悲。』齊王曰：『善。』乃罷長夜之飲。《史》。

紹績寐之醉，灌太僕之醉。　紹績寐醉，寐而亡其裘，宋君曰：『醉足以亡其裘乎？』對曰：『桀以醉亡天下。』灌夫入爲太僕，與衛尉竇甫飲，夫醉搏甫。

自號上頓，可畏醉甚。　王忱嗜酒，醉輒經日，自號上頓。喭以大飲爲上頓，起自愧也。《宋明帝志》。

顔延之以醉謁何尚之，尚之曰：『此人醉，甚可畏。』

孔公一月二十九日醉，勝他人二十九日醒。　孔顗爲江夏内史，醉日居多，明曉政事。

醉時顛蹶醒時羞，麯蘖催人不自由。見上。

知道醉鄉無户税，任他荒却下丹田。　竟陵人劉虚白，擢進士第，嗜酒詩。

凡醉有所宜：　醉花宜晝，襲其光也；　醉雪宜夜，消其潔也；　醉得意宜唱，導其和也；醉將離宜擊鉢，壯其神也；　醉文人宜謹節奏章程，畏其侮也；　醉俊人宜加觥盂旗幟，助其烈也；　醉樓宜暑，資其清也；　醉水宜秋，臨其爽也。』此皆以審其宜，攻其景，以與憂戰也。《侯鯖録》。

《詩》：『其未醉止，曰既醉止，是曰既醉，不知其秩，既醉而出，並受其福，醉而不出，是謂伐德。凡此飲酒，或醉或否，既立之監，或佐之史，彼醉不臧，不醉反耻，由醉之言，俾出童羖，三醉不支，矧敢多又。』

《孟》：『惡死亡而樂不仁，猶惡醉而强酒。』

孫權大醉，衛瓘陽醉。嘗於武昌臨釣臺，飲酒大醉，以水灑群臣，曰：『今日醉墮臺中，乃止。』張昭正色而出，權罷酒。晋咸寧四年，以衛瓘爲尚書令，朝野咸知太子昏愚。瓘侍宴凌雲臺，陽醉，跪晋主前，以手撫床曰：『此座可惜。』

虞翻之醉，契丹之醉。見上。禄山屢誘契丹，飲以莨菪酒，醉而阬之，函首以獻，前後數四。莨菪，藥草名，用以釀酒。

屈原獨醒，謝惠獨醉。

二妪骨醉，吴興極醉。唐武后杖王皇后、蕭良娣，反接置釀瓮中，曰：『令二妪骨醉。』梁宗室猶，封汝臨侯，爲吴興守。每祀酹楚王廟神，盡歡極醉，神影亦有酒色。後爲益州刺史，爲賊齊狗兒所攻，神領數百騎來救，破狗兒。《史》。

醉者自醉，醉者爲瑞。毛炳，豐城人，隱居廬山，得錢即沽酒。嘗醉卧道傍，有里正掖起之，炳瞋目訶之曰：『醉者自醉，醒者自醒。』《南唐》。貞元元年，市有醉者，以爲瑞。

樊川：『酣酣天地寬，恍恍嵇劉伍。』醉把金荷葉，狂遺白接䍦。

體物令，卦名令。楊大年舉令云：『有酒如綫，遇斟則見。』丁謂云：『有餅如月，因食則缺。』《續青瑣高議》。東坡會客坐，客舉令，以兩卦名證一故事，一人云：『孟嘗門下三千客，大有同人。』一人云：『光武兵渡滹沱水，未濟既濟。』一人云：『劉寬婢羮污朝衣，家人小過。』東坡云：『牛僧孺父子犯罪，先斬小畜，後斬大畜。』蓋指荆公父子也。《唾玉録》。

習字王肅與孝文帝殿會。帝舉酒曰：『三三横，兩兩縱，誰能辨之，賜金鐘。』中丞李彪曰：『沽酒老嫗瓮注瓶，屠兒割肉與秤同。』右丞徐琛曰：『吴人浮水自云工，妓兒擲繩在虚空。』彭城王勰曰：『此是習字。』即以金鐘賜彪。《伽藍記》。

惠酒

全椒餉酒，江州送酒。孔奕爲全椒令，明察過人。時有遺酒者，始入門，奕遥曰：『餉吾兩罌酒，其一何故非也？』撿視之，或問其故，果是水，曰：『酒重水輕，提酒水者，于有輕重故耳。』王弘爲江州刺史，潛常往廬山，弘令潛故人龐通之齎酒具，於半道栗里要之，共飲酌。九月九日無酒，出宅邊菊叢中坐久，值弘送酒至，即便就酌，醉而後歸。顔延之爲劉柳後軍功曹。曾在潯陽與潛情款，後爲始安郡，每往必酣飲，臨去留二萬錢與潛，潛悉送酒家，稍就取飲。

謝朏致酒，學士飲酒。謝朏爲吴興，弟瀹於征虜送別，朏指瀹口曰：『此中惟宜飲酒。』朏既至郡，致瀹數斗酒曰：『力飲此物，勿預人事。』《齊書》。唐召侍臣學士食櫻桃，飲酴醾酒，以花顔色似之爲名。

顔潛□惠酒詩：『貧居正嘆渴生埃，喜見王弘遠送來。囟下頓令愁緒解，尊前嬴得好懷開。桃花紅泛玻璃瓮，竹葉清浮玳瑁杯。深感故人恩至渥，醉餘不管王山頽。』

《謝嚴中丞送清城山道士乳酒》杜：『山瓶乳酒下青雲，氣味濃香幸見分。鳴鞭走送鄰漁父，洗盞開觴對馬軍。』嚴公以騎兵送。

禁酒 戒酒

《書》乃穆考文王。曰：祀兹酒，誥教小子：無彝酒。越庶國：飲惟祀，德將無醉。妹土，自洗腆，致用酒。我民用大亂喪德，亦罔非酒惟行，越小大邦用喪，亦罔非酒惟辜。厥或誥曰：群飲，予其殺。乃惟殷之迪諸臣惟工，乃湎于酒姑惟教之。《酒誥》。無若殷王受之迷亂，酗于酒德哉。《無逸》。

王丞相之語，高氏子之訓。鴻臚卿孔群好飲酒，王丞相語云：『卿何爲恒飲酒，不見酒家覆瓿布，日月糜爛？』《世説》。酒之爲變，惑情性，雖曰哲人，孰自能競？在官者怠於政也，爲下者慢于令也，聰達之士荒于聽也，柔順之倫興于諍也，久而不悛，致于病也。豈止于病，乃損于命。諺亦有云：『其益如毫，其損如刀。』高允酒訓，孝文覽而悦之。《魏書》。

《樂記》：『夫豢豕爲酒，非以爲禍也。而獄訟益繁，則酒之流生禍也。是故先王因爲酒禮，一獻之禮賓主百拜，終日飲酒而不得醉焉。此先王之所以備酒禍也，故酒食者，所以合歡也。』

《詩》：『文王曰咨，咨汝殷商。天不湎爾以酒。』

趙之禁釀，魏之禁釀。後趙不勒，以民始復業，資備未豐，於是禁釀，郊廟用醴酒。魏太安四年，魏主以士民多因酒致鬥，及議國政，設酒禁，釀、酤、飲者皆斬；吉凶之會，聽開禁，有征程日，置内外候官，伺察諸事。

陳立酒法，隋弛酒禁。陳天嘉二年，陳立榷酒法，庶子吴荔中丞孔奂以國用不足，奏立之。隋開皇三年，弛酒禁，周末榷酒坊，至是罷之。

大曆罷榷，建中復榷。大曆十四年，罷榷酒。德宗即位，胡氏曰：『知治體者欲罷官榷酒，使民自爲之，而量取其利，雖未盡合古制，亦裕民去奢之漸也。德宗盡罷之，善矣，既而牟利最急。故知盡罷之，未若勿榷而以予民，曰爲善也。』建中，復榷天下酒。《周禮》：『萍氏掌國之幾酒、謹酒，苛察沽買過多及非時者，使民節用酒也。』

監酒

劉季孫之題詩，陳執中之上論。劉季孫，景文，監饒州酒務。王荆公，江東提刑。至饒，按酒務，至廳事，見屏間題小詩曰：『呢喃燕子語梁間，底事來驚夢裏閑。説與傍人渾不解，杖藜携酒監芝山。』問誰所作，答以季孫詩知者。陳執中，監慶州鹽酒税，上《河西兵論》。劉恕、司馬光同編《資治通鑒》，光知永興，恕以親老，告歸南康，乞鹽酒税以就養。

酒正，酒人。《周禮》酒正掌酒之政令，辨五齊之名：一曰後齊，二曰醴齊，三曰盎齊，四曰緹齊，五曰沉齊；辨三酒之物：一曰事酒，二曰昔酒，三曰清酒；辨四飲之物：一曰清，二曰醫，三曰漿，四曰酏。歲終則會，唯王及后之飲酒不會。酒人掌爲五齊三酒，祭祀則共奉之，共賓客之禮酒，飲酒而奉之。

大酋，漿人。《月令》：仲冬之月，乃命大酋，酒官之長。秫秸必齊，麯蘗必時，湛熾必潔，水泉必香，陶器必良，火齊必得。醒熟之調。漿人掌共王之六飲，水漿醴凉醫酏，入于酒府。

盆盎三年裹簡，詩篇四海傳齊。紛紛糟麯間，欲試賢公子。東坡《送歐陽辨》。寧知是官身，糟麯困熏炙。同人。我方凍竺酒官曹，爲公然薪煮冰硯。山谷。落身麯蘗盆盎裹，晨對梅花無酒温。晁無咎。

榷酤 林駉，祖東萊之説

酒之有禁尚矣，自古至今大略有三：以民之傷德敗性而禁者，一也；以民之糜穀耗粟而禁者，二也；借古人酒禁之名而爲規利之術者，三也。

夫酒之爲物，古人惟以供祭祀，而君臣之間以彝酒相戒。凡群飲者，執拘以歸于周，予其殺，至於地官有司虣以掌市飲之禁，秋官有萍氏以掌幾酒、謹酒之禁。是禁也，豈非爲傷德敗國之故歟？漢初榷酒有禁，而時有酺賜，蓋因秦法之舊。蕭相作爲律令，群飲者罰金四兩，著之法令，亦頗有古意。至漢文以即位而賜民酺，漢景以夏旱而禁民酤，後無酒醪糜穀之戒，可見也。是禁也，豈非爲害穀耗粟之故歟？吁古之酒禁爲亂德也，漢之酒禁爲糜穀也。至其後也，三變而爲争利之術，其未榷之初，猶有吏舍歌呼之習。曹參傳其既榷之後，光禄之郎醉乃殿陛，九卿諸吏仰天烏烏。楊惲。

甚矣！弘羊之作俑也，不恤民計，置官榷酒。至天漢之三載而初榷，始元賢良文學之徒願罷榷酤，榷酤一法首從剗去。霍光大臣不學亡術，未能取酒誥之書以嚴群飲之禁，乃且令民得自古酤酒而官税升四錢，其後長安三輔每有私酤之弊，他日百寮用度不給，大臣又有賣醪之請，言利之徒因取爲六管之令，厥後相仍指爲常制。

陳文帝以國用不足而行榷酤，唐肅宗以廩食方屈而禁酒酤。代宗令酤户而納月租，德宗以榷酒而隨兩税。五代以來，其法愈酷。私酒涓滴，犯者至死；私麯匀合，論者棄市。藝祖立極，痛懲前弊。向以涓滴而至死，今而寬至於一石；向以匀合而棄市，今而寬至於十五斤。列聖相承，日減月克，而酒禁並無死刑。是故益州麯錢寧除而不課，太宗江南酒課寧罷而不取。真宗。江淮榷酤第從中制，恐下無遺利也，諸路榷酤立爲定額，恐言者增□也。景德。

噫！此猶未足以見聖人之用心也。學士酒失，斥而不用；近臣相飲，去之不容。乾德。乾德之詔，糜穀有戒；乾德四。慶曆三令，群飲有禁。仁宗。

王安石張肆設樂惑亂民心，果何俗也；設法命名籠取市利，果何義也。中興以來，罷蜀中腐糟之榷，弛七闕萬户之禁，然則欲明酒禁之法，當寓以祖宗正德重本之美意。

謝酒，斷酒。宋人衛元規，忤宋州丁僕射，謝書曰：囚酒星於帝獄，焚醉日於秦坑。《摭言》李白：『天若不愛酒，酒星不在天。地若不愛酒，地應無酒泉。』

白詩之贈，崔詩之謝。林蘊，仕不稱意，縱酒自適，多忤時政。白樂天戒之曰：『世上如今重檢身，吾儕恃酒似狂人。西曹舊日多持論，慎莫吐他承相裀。』崔櫓酒後失度，陸郎中肱以詩謝之曰：『醉時顛蹶醒時羞，麯糵催人不自由。叵耐一雙窮相眼，不堪花卉在前頭。』

陶侃之限，邴原之斷。陶侃飲酒有定限，曰：『年少曾有酒失，亡親見約，故不敢逾。』《晋書》。邴原辭家求學，舊性能飲酒。八九年間，酒不向口，臨別師友，以原不飲酒，會米肉送原，原曰：『本能飲酒，但以荒思廢業，故斷之耳，今當遠別，可以飲燕。』共坐飲酒，終日不醉。《魏志》。

祖台州與王荆州書：『屏爵棄卮，焚罍毁榼，殛儀狄于羽山，放杜康于三危。』

宋范質詩：『戒爾勿嗜酒，狂藥非嘉味。能移謹厚性，化爲凶盗類。』

麯糵酒媒

《書·説命》：『若作酒醴，爾惟麯糵。』

糵出西羌，麯出北胡。張華爲醇酒，煮三薇以漬麯糵。糵出西羌，麯出北胡，胡中有指星麥，四月火星出穫麥而食之。糵用水漬三夕，而麥生萌芽，以平朝時鷄初鳴而用之，俗人呼爲『鷄鳴麥』，以釀酒清矣，久含令人齒動，使人腸爛。《拾遺記》。

有一美措，稱麯秀才。業法善居玄真觀，朝士詣之，滿坐思酒。忽有一美措，稱麯生秀才，密以小劍擊之，手墜階下，化爲瓶榼，乃瓶醞醲也，咸答飲之，其味甚佳，曰：麯生風味，不可忘也。《開元記》。

杜：『聞道雲安麯米春。』崔：『麯蘖催人不自由。』

宴樂

《禮記·燕義》『諸侯燕禮之義：君立阼階之東南，南鄉爾，卿大夫皆少進，定位也；君席阼階之上，居主位也；君獨升立席上，西面特立，莫敢敵[一]之義也。設賓主，飲酒之禮也。使宰夫爲獻主，臣莫敢與君抗禮也。不以公卿爲賓，而以大夫爲賓，爲疑也，明嫌之義也。與卿宴則大夫爲賓，若鄰國之臣則上介爲賓，賓入中庭，君降一等而推之，禮之也。君舉旅於賓，曰。及君所賜爵，乙。皆降再拜稽首，升成拜，明臣禮也。君答拜之，禮無不答，明君上之禮也。臣下竭力盡能以立功於國，君必報之以爵禄。故臣下皆務竭力盡能以立

[一] 今按：『敵』，《禮記》卷六十二《燕義》作『適』。

功，是以國安而君寧，禮無不答，言上之不虛取於下也。上必明正道以道民，民道之而有功，然後取其什一，故上用足而下不匱也，是以上下相親而不相怨也。和寧禮之用也，此君臣上下之大義也，故曰：「燕禮者，所以明君臣之義也。」席，小卿次上卿，大夫次小卿，士庶子以次就位於下。獻君，君舉旅行酬，而後獻卿。卿舉旅行酬，而後獻大夫。大夫舉旅行酬，而後獻士。士舉旅行酬，而後獻庶子。俎豆、牲體、薦羞，皆有等差，所以明貴賤也』。

杜詩：『堂上指圖畫，軍中吹玉笙。』嚴武蜀中無吴，得以燕飲圖畫，與衆爲樂，豈無成都酒？憂國只細傾，憂國亂，不敢縱飲。『眷張梓州，開筵俯高柳。樓前出騎馬，帳下網賓友。健兒簸紅旗，此樂幾難朽。』

暖客貂鼠裘，悲管匝清瑟，勸客駝蹄羹，霜橙壓香橘。

醉客沾鸚鵡，佳人指鳳凰。黄祖會賓，有獻鸚鵡者，請禰衡賦之，一云鸚鵡杯，名指鸚鵡，喻坐客之奇瑞。

花月窮遊宴，炎天避鬱蒸。謬持蠡測海，不敵酒量。况挹酒如澠。又受賜酒。

公子華筵勢最高，秦川對酒平如掌。清夜沉沉動春酌，燈前細雨檐花落。華筵直一金，置酒高井下。

《詩》：『在公載燕，魯侯燕喜。』

《易》：『雲上於天，需；君子以宴樂。』

君子有酒，嘉賓式燕以樂；君子有酒，嘉賓式燕以衎；君子有酒，嘉賓式燕綏之；君子有酒，嘉賓式燕又思。蓼彼蕭斯，零露湑兮。既見君子，我心寫兮。燕笑語兮，是以有譽處兮。諸侯朝天子燕。湛湛露斯，匪陽不晞。厭厭夜飲，不醉無歸。天子燕諸侯。

彤弓弨兮，受言藏之，我有嘉賓，中心貺之，鐘鼓既設，一朝饗之。一朝右之，一朝醻之，天子燕有功諸侯。

我有嘉賓，鼓瑟吹笙。吹笙鼓簧，承筐是將。我有嘉賓，鼓瑟鼓琴。鼓瑟鼓琴，和樂且湛，我有旨酒，以燕樂嘉賓之心。《鹿鳴》。

雖無好友，式燕且喜。《車舝》。死喪無日，無幾相見。樂酒今夕，君子維宴。《頍弁》。賓之初筵，左右秩秩。賓之初筵，温温其恭。賓既醉止，載號載呶。吉甫燕喜，既受多祉。《六月》。或肆之筵，或授之几。肆筵設席，授几有緝御。或獻或酢，洗爵奠斝。《行葦》。祭軍燕。鳧鷖在涇，公尸來燕來寧。鳧鷖在沙，公尸來燕來宜。鳧鷖在渚，公尸來燕來處。鳧鷖在潀，公尸來燕來宗。尊。鳧鷖在亹兩岸如門，公尸來止熏和。熏。

《中庸》：『旅醻下爲上，所以逮賤也；燕毛，所以序齒也。』邦君爲兩君之好有反坫。《論》。不敢以祭，則不敢以宴。《孟》。

因周帝之宴，将周帝之鬢。周大将軍王軌，因内宴，将帝鬢曰：『可愛好老公，但恨後嗣弱耳。』太子贇。

觀宫女之拔河，與近臣而宴集。唐景龍三年，中宗幸玄武門，觀宫女拔河，以麻絚巨竹，分明而挽水，謂之拔河，以定勝負而祈農桑也。又命宫女爲布肆，公卿爲商旅，與之交易。上每與近臣宴集，令各效伎藝爲樂。

郭山惲之歌，李日知之詩。國子司業郭山惲，獨歌《鹿鳴》《蟋蟀》，明日賜山惲敕，嘉美之。又嘗宴群臣，使各爲《回波辭》，諫議大夫李景伯曰：『回波爾時酒巵，微臣職在箴規。侍宴既過三爵，諠譁竊恐非儀。』蕭至忠曰：『此真諫官也。』嘗幸定昆池，安樂公主作《回波辭》，欲以勝昆明池，故名定昆也。命從臣賦詩，黄門侍郎李日知詩曰：『所願暫堪居者逸，勿使時稱作者勞。』

梨園之御，近臣之宴。景龍四年正月，上御梨園，命三品以上抛球、拔河。五月宴近臣，祭酒祝欽明，自作《八風舞》。

令百官而旬休，宴百官於上陽。開元十八二月，初令百官於春月旬休，選勝，十日百官一休暇，選擇勝概去處行樂。書法：書初令何，譏教逸也。廿二月宴百官於上陽東州，醉者督輿以歸。

正殿非命婦宴會之地，路門非倡優進御之所。開耀元正月，宴百官及命婦於麟德殿，以立太子；宴百官及命婦於宣政殿，以九部伎及散樂自宣政門入，太常博士袁利貞上疏，以爲正殿非命婦宴會之地，路門非倡優進御之所，請命婦會於別殿，九部伎自東門入而停散樂。上更命置燕於麟德殿，賜利貞帛百匹。書法：宴命婦於殿上，天后之亢也。

與朝士而宴，與群臣而飲。賈充與朝士宴，河南尹庾純醉，與充爭言，充曰：『父老，不歸養，卿爲無天地。』純曰：『高貴鄉公何在？』充慚怒，上表解職，純亦自劾，石苞以純榮官忘親，當除官，齊王攸以爲純於禮律無有違者，詔以純爲祭酒。發明：無諸己而後可以非諸人。充自弑逆之賊，乃以違養責庾，純宜其取高貴鄉公之問也。符堅與群臣飲酒，以極醉爲限，趙整作酒歌曰：『地列酒泉，天垂酒池。杜康妙識，儀狄先知。紂喪殷邦，桀傾夏國。由此言之，前危後則。』堅命整書之以爲酒戒。

已三爵而退，過三爵非禮。《記・玉藻》：『君子之已三爵飲酒也，禮而油油以退。』《左》宣二：『臣侍君宴，過三爵，非禮也。』

宴朝臣，飲樂遊。齊太子宴朝臣，沈文季與褚淵語相失，文季怒曰：『淵自謂忠臣，不知死之日何面目見宋明帝？』太子笑曰：『沈率醉矣。』簡文大寶元三月，梁主禊飲樂遊苑。侯景取梁主女溧陽公主，甚愛之，請梁主禊飲樂遊苑。梁主聞絲竹，凄然泣下。書法：書悲之也，父死身辱而禊飲焉，可悲甚矣。樂遊苑在應天府，覆舟山南。元嘉中，禊飲賦詩於此，顔延之爲序。

曰有大樂，亦有大苦。齊主高洋與左右飲曰：『樂哉！』都督王紘曰：『有大樂，亦有大苦。』齊主曰：『何謂也？』對曰：『國亡、身隕，所謂大苦。』

大業之宴，貞觀之宴。十六年三月，宴群臣於西苑。發明：宴遊西苑，沉而不已，天醜其惡，將欲殪之。貞觀元，宴群臣，奏《秦王破陣樂》，爲秦王時破劉武周，軍中作此樂，後更號《神功破陣樂》，七年更名《七德舞》。六年，如慶善宫，生時故宅也，因宴賦詩，命曰《功成慶善樂》，爲《九功舞》。

玄武門之宴，丹霄殿之宴。魏徵欲上偃武修文，見《七德舞》，俯首不視，見《九功舞》則諦觀之。六年，宴近臣於丹霄殿。書法：丹霄殿何外殿也，君臣講論，無非治道。

貞元二十年之宴，元和十五年之宴。天德防禦使李景略宴僚佐，行酒者誤以醯進。任迪簡恐行酒者獲罪，强飲之，歸而呕血，軍士泣下。及景略卒，欲奉以爲帥監軍，以聞詔，以迪簡爲防禦使。元和十五年，穆九月大宴，拾遺李珏疏曰：『元朔未改，山陵尚新，雖陛下就易月之期，俯從人欲，而《禮經》著三年之制，猶服心喪。合讌内庭，事將未可。』不聽，上謂給事丁公若曰：『聞外間人多宴樂，此乃時和人安，足用爲慰。』對曰：『此非佳事，恐漸勞聖慮。天寶以來，公卿大夫竞爲遊宴，沉酣晝夜，優雜子女，不愧左右。如此不已，則百職皆廢，願少加禁止，乃天下之福也。』書法：操卒未半年，而曹丕饗士卒書大，憲弑未十月而穆牢設宴則書大，皆罪其無父也。尹起莘曰：『事有不美而美在其中者，如太牢宴丹霄殿之類也，君臣講論於無非治道；亦有至美而不美在其中者，如奉大上置酒未央宫之類也。首尾十載，僅有是耳。』

鄭伯與魯公宴，晋侯與諸侯宴。《左》文十三：鄭伯與公宴于棐，鄭地，子家賦鴻雁，文子賦《四月》；子家賦載馳，文子賦《采薇》。《襄十六》：晋侯與諸侯宴于温使，諸大夫舞曰：『歌詩必類，齊高厚之詩不類。』齊有二心，故不類。杜詩：『密沽斗酒諧終宴。』

李侍從宜從苑：仗出金宫隨日轉，天迴玉輦繞園行。《携妓登梁王栖霞山》：『謝公自有東山妓，金屏笑坐如花人。』杜詩：『華筵直金。』向非劉顥爲地主，懶迴鞭轡成高宴。劉侯歡我携妓來，置酒張燈促華饌。

賜宴飲

《鹿鳴》、《魚藻》。《詩》。

殽蒸，昌歜。平侯平王室，定王享殽蒸。周公閱來聘，享有昌歜。
折俎，加籩。《左》：『宴有折俎，季孫宿如晉，晉侯享有加籩。』
花萼樓，武成殿。宴百官于花萼樓，五月五宴武成殿，賜群臣襲衣。
詔飲太學，賜宴曲江。韓上巳宴，《太學詩序》：『天子念致理之艱難，樂居安之閑暇。』
唐元巳，賜宴曲江。

聞喜曲江，賜宴瓊林。唐禮部放榜之後，醵飲曲江，號聞喜宴。太平興國，上御講武殿，覆試並賜及第賜宴瓊林。

魯文公之與宴，宋太宗之賜宴。《左》文十五：宋華耦來盟，公與之宴，辭曰：『君之先臣督得罪於宋，名在諸侯之策。臣承其祀，其敢辱君？請承命於亞旅。上大夫。』魯人以爲敏。李昉，太宗遇之甚厚，年老罷相，每賜宴必先赴座，獻詩曰：『微臣自愧頭如雪，也向鈞天侍玉皇。』

蘇之賜酒，吕之和詩。蘇易簡在翰林，召對賜酒，上曰：『君臣千載遇。』易簡曰：『忠孝一生心。』太宗以所御席金器賜之。吕端太宗朝爲參政，宴後苑上作釣魚詩，斷句云：『欲餌金鈎殊未達，蟠溪須問釣魚人。』公和云：『愚臣餌釣難堪用，宜用濠梁結網人。』數日，拜平章。

及第賜宴，不與曲宴。太宗聞喜宴，作詩贈之，景祐因爲故事。帝漿甘露醴，天宴碧霞漿。丁謂。聞説宫花滿鬢紅，上林絲管侍重睡。蓬萊咫尺無由到，始信仙風迴不同。戴了宫花賦了詩，不容重睹赭黄衣。無憀獨出金門去，恰似當年下第歸。李宗諤進赴御宴。

揭大訓以麗天方切羹墻之感，賁垂恩於湛露遂加柱石之微，進《徽宗實録》，賜宴。史述信書昭揭先猶之甚，恩沾邇列式均嘉燕之私，有頒其首既膺魚藻之歡，惟既厥心小竭鹽梅之報。

賜生餼

致禮孔戣，賜養長孺。唐孔戣致仕，歲致羊酒遺之。韋賢，字長孺，賜牛一，上尊酒。賜牽，賜牲。《禮》：『天官宰夫，以牢禮之法掌其膳，獻賓，賜之飧牽。』注牲牢，可牽其行者。

《論》：『君賜牲，必畜之。』

宰夫掌膳，司儀致餼。見上。《禮・秋官・司儀》：致饔餼。

加士鞅，賜匡衡。晋士鞅來聘，魯人加四籩。《匡衡傳》：『賜上尊酒，養牛。』元鳳詁修孝弟以教鄉里，令郡縣常以正月賜羊、酒。

養舜牛羊，畜伋犬馬。《孟》。鼎象大烹，晋馬蕃錫。《易》《嘉魚》與賢，《鹿鳴》將意。《詩》。

肉食寡謀豈稱醴牢之厚，素餐無補或貽麯稻之羞，醪酒旨清將蒙既醉之福，籩牽豐碩益承自養之榮。醞醴籩牽聖主待賢而錫，來牟嘉穀良農供上以輸，好善言惡旨酒恩靡廢於投醪，將厚意宴嘉賓誠不忘於推食。有靦籩牽之頒，以榮犬馬之畜。

附財用

《易·節·象》：『不傷財，聚人曰財，理財曰義。』

《禮記》：『臨財無苟得，積而能散。』

《書》：『禹底慎財賦，武散鹿臺之財。』

《孟》：無財不可以悦，分人以財謂之惠。貨財不聚，非國之害也。食之以時，用之以禮，則財不可勝用也。無政事，則財用不足。

《大學》：『德者，本也；財者，末也。外本内末，争民施奪。生財有大道，生之者衆，食之者寡，爲之者疾，用之者徐〔一〕，則財恒足矣。仁者以財發身，不仁者以身發財。未有府庫財，非其財者也。長國家而務財用者，必自小人矣。』《穀梁傳》曰：『財盡則怨真。』德秀曰：『亦言民之常情，故聖賢之君輕賦斂而不盡其力。』

《周禮》：『太宰之職，以九式均節財用：一曰祭祀之式，二曰賓客之式，三曰喪荒之式，四曰羞服之式，五曰工事之式，六曰幣帛之式，七曰芻秣之式，八曰匪頒之式，匪，分也。九曰好用之式。』

旅師，舍人。旅師掌聚野之鋤粟、屋粟、間粟而用之，鋤粟一井所出九夫税粟，屋粟不耕所罰三夫税粟，間粟民無職事一夫征粟，以質劑致民，平頒其興積。施其惠、散其利而均其政令。凡用粟，春頒而秋斂之，凡新甿之治皆聽之，使無征役。舍人掌平宫中之政，分其財守，以法掌其出入。凡祭祀共簠簋，賓客亦如之，共其禮車米、筥米、芻米。喪紀，共飯米、熬榖。以歲時懸穜稑之種，以共王、后之春獻種，掌米粟之出入，辨其物。

槁人掌共内外朝冗食者之食，若饗耆老、孤子、士、庶子，共其食。掌豢祭祀之犬。

〔一〕今按：『徐』，《禮記・大學》作『舒』。

《王制》曰：『國無九年之蓄，謂之不足；無六年之蓄，謂之急；無三年之蓄，國非其國也。』

禹有十年之蓄，故免九年之水；湯有十年之積，故勝七歲之旱。夫蓄積者，天下之大命也。苟粟多而財有餘，何嚮而不濟？以攻則取，以守則固。依柔附遠，何招而不至？管子曰：『倉廩實知禮節，衣食足知榮辱。』民非足也，而可治之者，自古及今，未之嘗聞。古人曰：『一夫不耕，或爲之飢；一婦不織，或爲之寒。』生之有時，而用之無節，則物力必屈。《賈子》。

晁錯曰：『聖王在上，民不凍飢者，爲開其資財之道也。』今無水旱之災而蓄積未及者，地有遺利，民有餘力。生穀之土未盡墾，山澤之利未盡出，遊食之民未盡歸農也。

桑弘羊之庶長，楊慎矜之太傅。元封元，賜桑弘羊爵左庶長，弘羊請令吏得入粟補官及罪人贖罪。民不益賦，天下用饒，是時小旱，上令官求雨，卜式言曰：『縣官當食租衣稅而已，今弘羊令吏坐市列肆，販物求利。亨弘羊，天乃雨。』書法：弘羊一賈人子爾，以言利得幸。至於賜爵，豈非以其善理財歟？然弘羊曰：『非能取其家之貲以助國也，又非能神運鬼輸以生財也，不過假權勢以漁奪民財而已。』善乎！司馬光對神宗之言曰：『天地所生財貨百物，止有此數。不在民則在官，譬如雨澤、夏澇則秋旱，不加賦而上用足，不過設法陰奪民利，其害甚於加賦。』此乃弘羊欺武帝之言，太史書之以見武帝之不明爾。開元廿一，楊慎矜知太傅，奏諸州所輸布帛有潰污穿破者，皆下本州徵折估錢，轉市輕貨，徵調始繁矣。書法：書『慎矜何志掊克也。』

宇文治財賦，楊釗賜金紫。開元中宇文融以治財賦，得幸廣置諸使競爲聚斂。天寶八載，帥群臣觀左藏賜楊釗金紫。書法：凡書『觀譏也』，自觀左藏而帝之侈心益張矣。

谷永之言，馬融之策。谷永曰：『王者以民爲基，民以財爲本，財竭則下畔，下畔則上亡。明王愛養基本，不敢窮極。陛下成。輕奪民財，不愛民力。』書法：漢武之篇書初榷酒酤，至昭帝罷之矣，於是再見莽復作俑故也。馬融曰：『古之足民者，非能家贍而人足之，量其財用，爲之制度。故嫁娶之禮儉，則昏者以時矣；喪祭之禮約，則終者掩臧矣；不奪其時，則農夫利矣。』

吕强之諫，陸贄之疏。漢靈帝好爲私稿，郡國貢獻，先輸中署，名曰『導行費』。吕强諫曰：『天下之財莫不生之陰陽，歸之陛下，豈有公私？今尚方斂諸郡之寶，中府積天下之繒。西園引司農之藏，中廐聚太僕之馬，而所輸之府輒有導行之財，調廣民困，費多獻少，奸吏因其利，百姓受其弊。』書：奏不省。吴主皓奢侈無度，公私窮匱，陸凱疏曰：『今無灾而民力盡，無爲而國財空，臣竊痛之。今國無一年之蓄，有露根之漸，露，暴露也；根，本也。國以民爲本，國無積則民漸流離暴露，而官吏務爲苛急，莫之或恤。願陛下省百役，罷苛擾，料出宮女，清選百官，則天悦民富而國安矣。』

上《國計簿》，減官俸貣。元和二年，李吉甫上《國計簿》。書法：書『予之也。』吉甫心迹未爲純臣，然位宰相，訪裴垍以人物，上《國計簿》，使人主知艱難，皆可録之善也。漢桓帝延熹四，減百官俸貣，王侯半租。貣音特，從人求物也。書法：國用不足故也。

民者國之本，民以食爲本。民者國之本，誠宜重其食、愛其命。陸覯。華歆曰：『爲國者以民爲基，民以衣食爲本。』

國以民爲本，財者人之心。賈閏甫謂李密：『國以民爲本，民以食爲天，有司不吝，屑越如此。』屑越，輕棄。興元元年，置瓊林大盈庫，於行官陸贄曰：『人者，邦之本；財者，人之心。心傷則本傷，本傷則枝瘁。』陸贄諫曰：『天子與天同德，以四海爲家。何必撓廢公方，崇聚私貨，誠能近想重圍之隱憂，追戒平居之專欲。凡在二庫貨賄，盡令出賜有功。是乃散小儲而成大儲，損小寶而固大寶也。』上即令去其榜。

馬周之疏，楊炎之諫。馬周疏以爲自古以來，國之興亡，不以蓄積多少，在於百姓苦樂。且以近事驗之，隋貯洛口倉而李密因之，東都積布帛而世充資之，西京府庫亦爲國家之固，至今未盡。夫蓄積固不可無，要當人有餘力，然後收之，不可强斂以資寇敵也。大曆十四，德宗詔財賦，皆歸左藏。第五錡爲度支，盡貯於大盈內庫，使宦官掌之，楊炎頓首曰：『財賦者國之大本，生民之命，是以前世皆使重臣掌其事，今獨使中人出入，政之蠹弊，莫甚於此，上即日下詔從之。』發明：人主無私藏，書詔財賦皆歸左藏，歸之誠是也，書以美之宜矣。

有司籍財，禁軍脫巾。元和元，鎮海節度使李錡，反腰斬之，有司籍家財輸京師，翰林學士裴垍、李絳言：『錡割剝六州以富其家。今輸上京，恐遠近失望，願賜浙西百姓，代今年租賦。』上嘉嘆，從之。

貞元元，關中倉廩俱竭，禁軍或自脫巾呼於道曰：『拘吾於軍而不給粮，吾罪人也。』會韓滉運米三萬斛至陝，上請太子曰：『吾父子得生矣。』

財計

利權宜合不宜分，利源宜公不宜私。夫斂散及時，出納由己，此利權也。若十羊九牧，徒費事功，則彼此不通矣。視人猶己，損上益下，此利源也。若丘夷淵實，不知本末，則上下俱困矣。夫夏官之胄案，秋官之磨勘衙司，冬官之修造河渠。我朝悉屬三司，故造作軍器屬之胥案，土木之工屬之修造，河防之設屬之河渠。財用之出無大於此，而三司皆得總焉，故曰『利源宜合不宜分者』，此也。斂民雇錢閹宦曰『可』而堯臣曰『不可』。慶曆。河北榷鹽廷臣曰『可』而三司張方平曰『不可』。慶曆。慶曆榷茶，三司宋太初取其公私之俱便，而不取榷利之太深。慶曆欲合三司程琳取其名件之繁碎，而不肯鹽麴之併合，故曰：『利源宜公不宜私者』，此也。吕中公之在禁從必先除户部，蔡文忠之參大政必先除三司使，此古者冢宰理財之意也。陳晋公之爲三司使，十有八年號真鹽鐵，李士衡之任管計，至二十年才智過人。此古者倉庫爲氏之意也。

州縣財 林駉

井田法行，財藏於民。漢承秦家阡陌之後，加武帝多事之餘，取民之目已不在民，而猶在郡縣。不至盡輦京師，是亦漢人之良法也。是故魚鰲葦蒲之利郡取爲饒，則山林陂澤之利不盡歸少府矣；田租之入以待軍興，則租賦之入不盡歸司農矣。《翟方進傳》。鹽鐵之利，雖行官榷，而所留郡國猶有餘藏，則鹽鐵之利不盡輸上林矣，所以一有軍興用度大農，調郡國以給之。郡國灾荒，朝廷取旁郡以助之。三輔官錢至百餘萬，櫟陽縣錢亦數十千。財在郡縣，果何如耶？雖然斂收錢穀，州縣事也；稽收計轉，朝廷事也。則調發不給者，加之以無興之刑；用度無據者，臨之以放散之律。此又漢人之良法也。

至唐强藩陸梁者，不申户口，而州縣所租歸於藩臣之手。守臣貢佞者，復獻羨餘，而州縣所蓄又爲京師之貢。間架陌錢爲國計足，如斯民何？大盈内庫爲公積厚，如斯民何？又其極也，『私家無錢爐，平地無銅山』，而民之錢空於官爾。唐人詩。『二月賣新絲，五月糶新穀』，而民之衣食竭於官爾。聶夷中詩。

國家爲三司者，不敢斂州縣之財以厚公帑；爲漕使郡守者，不敢輂州郡之財以入京師。東晋公恕嘗任三司使矣，茶法之定止從中策。

張方平亦嘗任三司使矣，拱辰榷鹽之請，公乃立止其事，此爲三司使然也。張士遜嘗爲江西轉運矣，王文定以榷利告之，而士遜未嘗求錐刀之利。富公弼嘗知青州矣，朝廷輂青州之錢，而富公力言其害，此爲漕使守臣然也。王金陵，何人哉？茶鹽坑冶有使者，而茶鹽坑冶之利州縣不得私；坊場河渡募衙前，而坊場河渡之利州縣不得取。二税分數舊屬州縣也，至是歸運司；軍資錢帛舊與州縣也，至是歸運司。昔聽其迴易也，今禁之；昔許其醖造也，今限之。行均輸市易之法而商賈之民困，行寬剩役錢之法而下户之民困，行青苗取息之法而天下之民困。噫！一頃荒田都賣盡，要錢准備納青苗，公獨不聞此詩乎？

中興以來，榷酤征商契紙頭子，頭子，錢。已有定額也，後以官兵無給復增一分，名曰『經制』經制，錢。焉，運司經制以爲贍軍，贍大軍，錢。已有經制也，後以軍用不贍逐月樁辯，名曰『月樁』月樁，錢。焉，降本和買法也，今本錢不給，又爲折帛矣。降本和糴法也，今本錢不給，又有要索矣。諸路上供之外，又有無額上供錢爾，川蜀賞絹之外，又有陰取激賞錢爾。爲今之計，先裕大農而州縣自裕耳。經常錢物大農之錢也，今則拘催。乳香等錢大農之錢也，今則封樁庫。樁之南庫舊隸於大農者也，今則提領有官。誠能以是三者，歸之大農，則夫有名無實虚樁而不可指擬者，可以次第指之州縣，州縣既裕，則民力亦小寬矣。

國用同人

《王制》：冢宰制國用必於歲之抄，五穀皆入，然後制國用。用地大小，視年之豐耗。以三十年之通制國用，量入以爲出。

成周以冢宰制國用，漢初以相國任會計，故利權有所總。漢以財用分掌於大農小府，水衡閹宦。唐以財用分掌於諸使郎官，故利權無所總。國朝始以三司主之，後以户部專之。且以周之外府而論，王、后、世子衣服之用則共之，祭祀賓客會同軍旅又共之，賞賜給勞之用邦布者又復共之。職若繁矣，而不知以九賦九功之貨賄而受之外府者，太宰也。以王府而論，王之金玉則藏之，王之玩好則藏之，凡有精美貨賄則莫不藏之。職若繁矣，而不知以貨賄收藏，總而歸之者亦太宰也。夫財之所出，太宰總之；財之所入，太宰總之。以至大而太府，次而泉府，又次而司會。皆冢宰得會之節之，則利權安得不一乎？漢初以執酒襄爲内史，軍正咸延爲小府。而當時給軍食、納獻費、正名數、治宫室等事，皆未嘗關與於其人。所謂給餉修治與夫，會計之任者皆歸之相國，則雖内史小府，有公藏私藏之分，而亦未始有所别異。嘗觀漢表，自文帝即位以後，未嘗除内史。蓋漢初會計專在相府，張蒼爲御史大夫，則所爲會計者特此耳。漢初嘗在蕭相，因府領計矣。自蒼爲御史大夫至相，凡十五年不易，文帝之世無領財之任者，其謂之此歟？則利權安得而不專乎？夫漢郡國上計，相府領之，自平勃失對之後，漢之大臣，類以出納爲有司之任。司農、少府之掌始分而二，上林、水衡之置又裂而三。供養勞賜出少府，供帳牲事屬水衡。西羌一役，此大農事也，乃以少府禁錢續之；降胡數萬，亦大農事也，御府禁錢亦始補贍。修治第宅，非水衡事也，間出水衡錢，以爲縣官工作之支，調度紛紛，越官躐職。異時光武並禁錢掌之大農，制非不善，而不知適，以啓閹人之弊，反使子孫嘆無私財，而開鴻都賣爵自爲己藏矣。唐以度支郎掌歲計所出而支調之，與中書門下議定乃奏，此亦唐人良法也。自吕諲領度支之使，係以使名親行其事。裴度以宰相不可領度支，韋弘質言宰相不可兼錢穀，使名既罷，或云權判分委諸郎，或云專判。德宗時，天寶七年，故吴武陵言：『鹽鐵、度支一户部郎爾，今分其務至萬員，則户部之職至是盡廢。』五代後唐，以户部度支、鹽鐵爲三司使，以三司之使寓以周人冢宰之任者，豈非國朝歟？夫夏官之胄案，秋官之磨勘，冬官之修造河渠。自唐及五代以來，而地官皆所不與。我朝悉屬三司，故造作軍器屬之胄案，土木之役屬之修造，河防之役屬之河渠。稽考帳籍，均節費用，斂散及時，縱舍由己，非成周太宰以貨賄授外府之意乎？外之諸路漕運，内之私帑儲蓄。自唐及五代以來，而地官未必盡與。我朝盡歸三司，故運使判官財賦之權，三司統之；内庭分貯錢帛之私，三司總之。公私通融，内外統一，利權所屬，罔有渙散，非成周太宰總王府之意乎？自熙寧變法之後，使者出於相臣之門，皆務聚斂，而三司不得制；旁逋簿置於人主之前，盡籍國帑，而三司不敢與。外則常平免役坊場，河渡地利之資，皆號朝廷封捧；内則歲課上供之數，皆别創庫藏貯，而三司皆不相關。故漕司之趣辯而不隸三司之勸沮，内庭之積貯而不關外司之參考。財之所入者，安得而有驗耶？自元豐改制之後，三司之胄案爲軍器監，而繕治械杖之費，户部不得聞；三司之修造案爲將作監，而百工興作之用，户部不得考；三司之磨勘歸於此部，並隸刑曹鈎考，故户部不得知。地司以辯事爲效而不恤財之有無，户部以給財爲功而不論事之當否。

財之所出者，安得而有考耶？

呂申公之在禁從，必先除户部判官，蔡文忠之參大政，必先擢三司使。陳晋公之爲三司使，十有八年號真鹽鐵，寇萊公之爲三司使，前後事件類爲方册。其任重，其權專，任重則在此無不盡其能，權專則在彼無以分其事。噫！何世無劉晏，在任之如何耳？

東南財賦 同人

《夏書》所論揚州之貢，其田則下下，其貢則齒、革。《周禮》所載揚州之賦，其穀則宜稻，其利則金錫竹箭。謂水患之未平，則降丘宅土播穀貿貨，夏時已無廢業矣；謂人力之不及，則出粟免耕，出帛勸蠶，周時已無遺利矣。漢之會稽一郡，則今兩浙路也，而獨海鹽有鹽官；廬江九江二郡，今乃淮甸間也，而獨皖城有鐵官。是則漢人萬里南邦，僅當天下四分之一也；晋秦分争，民力重困，僅當天下五分之一也；至隋平陳，民力彫耗，僅當天下七分之一也。推考其故，天無常時，地無常利。將興帝王於數百載之後，必養斯民於數百載之前。是以東南財賦，不盛於夏周漢隋之時，而盛於李唐聖宋之朝者，正以久其所蓄，以大今日之所發也。

粤自漁陽唱亂之後，河北淪於藩鎮而國用專在東南，故李吉甫上《國計簿》，當時指曰：『《江淮賦》，賦之淵也。』又曰：『江淮，天下之倉也。』張巡許遠，所以濟用度者在是；第五琦，所以充禁庫者在是。劉晏任職，財賦日倍。漕運江淮致米數十萬斛，謹察鹽利收錢六百萬緡，鬻繒于揚，貿銅易薪于淮楚，則歲得緡錢十餘萬焉，此東南財賦至唐而盛也。至于國朝，視唐尤倍。陝西所漕五十萬，陳許所漕四十萬，京西所漕十二萬，而東南至三百萬焉。河北之鹽素無禁榷，解池之鹽多至減耗，而淮鹽最資國用焉。

以言其鼓鑄，則饒之永年，池之永豐，江之廣寧，韶之永通，虔之鑄錢院，無非東南所出也。以言其榷茶，則閩之建州，漢之蘄口，鄂之咸寧，湖北之諸郡，無非東南所産也。

熙寧分天下爲十二路，而淮漢以南已居其五；總天下千六百餘萬户，而淮漢以南已當千有餘萬户，此東南財賦至宋而尤盛也。

常平義倉 同人

王旦通判鄭州，請置常平倉以抑兼並。

成周都鄙委積之政上也，漢唐常平義倉之法次也，臨期趣辯移民移粟下也。常平之法，何始乎？自李悝已有平糴之説，魏。至壽昌始定常平之策，漢。此其始也。厥後罷於元帝，復於顯宗。我朝淳化二年，京師置場，景德三年，諸路置倉，熙寧以提舉常平之官，始定焉。夫祖宗之始置常平也，出内庫之儲以爲糴本，頒三司之錢以濟常平。粒米狼戾之時，民艱於錢官，則增價以入之；菜色隱雷之日，民乏於食官，則減價以出之。夫何舉糴本而爲青苗之錢，鬻廣倉以求二分之息。伐桑易鏹，官帑厚矣，鬻田輸官，公家利矣。如民貧何？如私害何？此常平救荒之實政壞矣。

義倉之法，何始乎？自隋始置於鄉社，至唐改置於州縣，此其始也。厥後弛於永徽，壞於神龍。我朝乾德創之未幾而罷，元豐復之未幾亦罷，至于今日，義倉輸官之法始定焉。夫古人之始置義倉也，自民而出，自民而入，豐凶有濟，緩急有權。名之以義則寓至公之用，置之於社則有自便之利。夫何社倉轉而縣倉，縣倉轉而郡倉。民始不與而爲官吏之移用，民益相遠而爲軍國之資費。官知其斂，未知其散，民見其入，未見其出，此義倉之實政壞矣。

中興以來，常平錢穀專委一司而無陷失之弊，建民騷驛置倉長灘已有社倉之意。今日雖有美名，本無實惠。籮頭斛面，重斂取贏。寧願爲不取藺絲之尹鐸，毋願爲矯制擅發之汲黯；寧願爲催科政拙之陽城，不願爲發倉賑饑之韓詔。則裕民實政，隱於常平義倉之外。

《周禮·廩人》，《周禮·倉人》。掌九穀之數，以待國之匪頒稍食，以歲之上下數邦用，以知足否，以調國用。倉人掌粟入之藏，辨九穀之物，以待邦用，穀不足則止。用有餘則藏之，以待凶而頒之。

提舉同人

常平之事舊領之，常平官其後，或隸於漕臺，或總於使臣，而提舉常平之員未定也。至熙豐二年，始置省焉。茶鹽之司舊領之，發運司其後，或兼於憲臺，或總於知通，而提舉常平之員未定也。至政和初元始置司焉。然常平罷於元祐而隨罷隨復，茶鹽罷於紹興而或置或罷。迨至紹興之五年，常平、茶鹽並爲一司，而後提舉之職定矣。噫！茶鹽之利爲公而取兼於他官，無害也，此君子不論亦可也；常平之利爲民而置，專置提舉誠有便於民也，此君子不論不可也。

我朝置場於淳化之二年，置倉於景德之三年。豐年糴穀，賤價償官，周之荒政，然乎？否乎？凶歲伐桑，易錢輸負，漢之常平，然乎？否乎？常平本漢壽昌豈以安石而廢，此高宗之諭其臣也。常平法不宜廢青苗市易當罷，此吕頤浩告其君也。自散自斂事權歸一無滲漏也，時出時入穀價不踊無歉歲也，噫！熙豐之置提舉，是登隴斷而罔利也；元祐之罷提舉，是因一噎而廢食也。

會計司 同人

《王制》：『司會以歲之成，質於天子，冢宰齊戒受質。』《周禮》：『職内、職歲、職幣，司裘掌皮均之爲理財也，宜屬於太府，而司會皆主之，司會之權不亦重乎？司書所掌六典、八法、八則，以治邦國者鄙官府也，宜屬於太宰，而司會得主之，司會之書不亦備乎？』

漢高立法，舉天下之財賦盡入於治粟内史，又有計相以總之，尚書以會之。然自計相之職罷，而承相不知錢穀出入之數，尚書之權輕，而官帑有放散官錢之弊，甚至計簿具文務爲欺謾，黃龍元年詔。膠東户口僞增萬餘，王成。□成隱田幾四百頃。《康置傳》。唐太立法。舉天下之財賦盡入於左藏太府，又有比部以撿覆之，殿院以臨莅之度支以量出之。然自兩稅之目興而中年之用度已數倍於始，自無民之斂起而元和之計簿已無救於污。《史》。德宗元和。甚至事故相仍，兵車繼起；財賦衰耗，豪將假取，進奉羡餘皆歸大盈。究觀黃龍之詔旨，反覆杜牧之罪言。漢宣黃龍詔，上計簿具文而已。杜牧罪言土地爲强藩所叛，蓋有痛感於斯時之弊，而不能自已者。

我朝度支置使與於三司之列，外而轉運恐有横歛，内而帑藏恐有横費，官稱首主，目爲計相。李惟清爲度支帳式來上，則民力不堪可預知之。田況爲三司會計有録，則財賦所出可詳驗之。蘇轍爲户侍元和之録一作裁酌國用正救君心。景德，上命陳恕具錢穀之恕，恕則隱而不進曰：『若知充羨心生侈心也。』上問丁謂用度之數，謂則録而來，上曰：『府庫充溢也。』後之論者以陳恕爲愛君，以丁謂爲媚上，則知錢穀之數不可不上也，亦不可苟上也。

審計司

國初三月總邦計，然案牘叢委，典者不能編察。淳化用户部使樊知古奏，復别爲院置官。辛次膺未嘗登要門，孟庾薦除駕部員外郎。光奉恩綸，典司廪院。

粮料院

國初仍舊制，以三司大將軍爲都粮料使。開寶改用京官，著作郎陸光範。太平興國，分諸司馬軍、步軍爲三院，諸司粮料，馬、步軍料也。汪大猶之判行在粮料院，林大中之判諸司粮料院。汪大猶判行在粮料院，文書盈几，間摘一二，無不切中，老吏驚嘆。林大中、許衡判諸司粮料院，孝宗曰：『此二人佳。』除太常寺簿。《禮・天官》：『宫正均其稍食，月終則會其粮料。』

封樁庫　豐儲庫

國朝乾德置封樁庫，太宗改景福内庫。左藏封樁庫，非奉親，孝宗創也，非軍需不支。秦檜取户部窠名之可必者盡入此庫。侍郎黄通老之請歸，諫院袁伯誠之復言。禮部侍郎黄通老請歸之左藏。孝宗受禪，袁伯誠在諫院復言，上嘉納，改爲左藏南庫，左藏南有樁管激賞庫。紹興户部尚書韓仲通，乞以上供米所餘之數一百萬石，别廩儲之，遇水旱，則助軍粮及減收糴，號豐儲庫，詔從之。

掌廩藏之事，給禄食之用。總倉二十有五，掌九穀廩藏之事，以給官兵禄食之用。《哲宗史》。

打套局

編佑打套局　省倉

紹興年間從户部請，三路發到市舶香藥藏雜物。左藏東西庫，榷貨務交納外，其編佑職事，乞委左藏庫監門官一員兼，其打套職事，委太府寺丞引庫監官兼。

八年置打套局官一員，九年置編佑官一員，十一年移編佑打套局出左藏之外，南倉之北置局。紹興内鎮城倉改行在南倉，仁和倉改行在北倉。十一年行在三倉，以上、中、下界爲名。監官、監行在省倉，上、中、下倉界繫銜。天倉，天庾，天囷。天倉六星在婁南倉穀所藏，南三星天庾，積厨粟之所，天囷十三星盛倉廩之屬，主御粮也。國廩，典廩。

北齊司農寺掌倉，隋司農寺典倉。國廩罕蓄，乏九年之儲。唐。

祥符，時雍。祥符京官年六十，勿差監諸倉。時雍文載六十五，受敕求免，上曰：『此輩一任，則老于掌庾矣。』

梁適監倉，仁宗紀姓。梁適監倉，南郊赦，録朱全忠之後，上疏曰：『全忠叛臣也，何以爲勸？』仁宗善之，擢審刑院詳議官，紀其姓名禁中。

省費

晋省員吏，宋減官俸。晋咸寧五，詔議省員吏，傅咸上書，以爲公私不足，由設官太多，遂議省州、郡、縣半吏以赴農功。荀勖以爲省吏不如省官，省官不如省事，省事不如清心。蕭、曹相漢，載其清净，所謂清心也；抑浮税，簡文案，略細苛，宥小失，所謂省事也；九寺並尚書，蘭臺付三府，所謂省官也。寺，嗣也，治事者相繼續於其治也。宋元嘉廿七，宋減百官俸，以軍興減三分之一。

納侍郎之諫，減冗官之禄。魏起大華殿，中書侍郎高允諫曰：『一夫不耕，或受之錢，况四萬人之勞費，可勝道乎？』魏主納之。魏太和廿九，減冗官之禄。書法：冗官而減之宜矣。

彭城王之表，任城王之表。太和廿二，彭城王勰表以一歲國秩，職俸，親恤禆軍國之用，魏主乃詔損皇后私府之半，六宫嬪御、五服男女供恤亦減半，在軍者三分省一，以給軍賞。書法：『特筆也。』魏胡太后設會施僧，賞賜左右，動以萬計，所費不貲，任城王澄表曰：『宜節省浮費，以周急務。』太后不能用。

大統年之省官員，天保年之減官禄。魏大統七年，省官員。齊天保北築長城，修築臺殿，乃減百官之禄，撤軍人常廩，並省州郡鎮戍之職，以節費用。

陳省費用，唐省吏員。陳天嘉三，詔省諸費用。詔以軍旅費廣，凡供乘輿衣服、宫中調度，悉從減削，至於百司，宜亦思省約。元和六，李吉甫奏請敕有司，詳定省吏員并州縣，減入仕之塗，定俸給之數。詔李絳等同詳定，省並八百員，諸色流外千百餘人。

減州縣之員，增州縣之員。武宗會昌四，減州縣冗員。李德裕以州縣佐官太冗，奏令吏部郎中柳仲郢裁減，凡一千一百一十四員。仲郢，公綽子也。

文宗大中元，復增州縣三百八十三員。書法：書增何譏也？德裕省冗官，未有缺事者，大中君臣動欲反之。書曰：復增，深譏之也。

漢之省費，唐之省官。漢元竟寧元，少府召信臣，召公陵文王子。請諸離宫稀幸者勿復治，省樂府諸戲，及太官不時非法之物，歲省費數十萬。唐省文武官，梁龍德三，唐初滅梁，中書奏以：『國用未充，請量留三省、寺、監官，餘並停。』詔從之。

免三司之逋負，省百官之冗費。天成二，免三司逋負二十餘萬緡。書法：此儉德之效也。孝元初元三年，罷甘泉、建章宫衛，令就農。百官各省費。

鄒忌子減吏，源氏子損官。淳于髡曰：『三人牧一羊，羊不得食人，亦不得息，何如？』

鄒忌子曰：『敬諾，減民省員，使無擾民也。』《新序》。魏景明四，北过饑饉，加僕射袁懷行臺，使巡北过賑貧乏。奏过鎮事小而置官猥多，沃野一鎮自將以下八百餘人，請一切五分損一，從之。

節用

帝嚳節用，孝成省用。帝嚳取地之財而節用之。《外紀》。孝成減省椒房、掖庭用度。皇后上疏自陳，上采谷永等言報之，且曰：『傳不云乎？以約失之者鮮矣。孝文皇帝，朕之師也。其刻心秉德，謙約爲右。』

減吏員，減用度。建武六詔曰：『張官置吏，所以爲民也。今縣官吏職，所置尚繁；其令司隸、州牧，所置尚繁。於是並省四百餘縣，吏職減損，十置其一。』殤帝元，減用度，遣官人，太后詔減太官、導官、主酒官。尚方、内署諸服御珍膳靡麗難成之物。自非陵廟米不得導擇，朝夕一肉飯而已。郡國所貢，皆減過半，斥賣上林鷹犬，離宮、别館儲峙米、炭悉令省之。又詔免掖庭宫人及宗室没入者，皆爲庶民。

減廐馬之半食，減衆官之半俸。安帝初元元，詔減黄門鼓吹，廐馬半食。陳蕃疏：『鄙諺曰：「盜不過五女門」，以女貧家也；今後宫之女，豈不貧國乎？』帝爲出宫女五百餘人。晋孝武，太元四，詔以疆埸多吴。年穀不登，供御所須，事從儉約；九親供給，衆官廪俸，權可減半。凡諸役費，非軍國事，皆宜停省。

供用奉身，皆有節度。衣服異器，不宜興長。宋文帝，誠義恭。

《易》：『天地節而四時成，節以制度，不傷財。』《禮・天官》：『太宰以九式均節財用。』餘見財用《大學》曰：『生財有大道，生之者衆，食之者寡，爲之者疾，用之者舒，則財恒足矣。』《論語》：『子曰：「道千乘之國，節用而愛人。」』《淮南子》：『夫聖人量腹而食，度形而衣，節於己而已。』朱子曰：『足國之道，在乎務本而節用。』

反

賈誼曰：『生之者甚少，靡之者甚多。』貞觀十五，詔太子承乾用庫物，有司勿爲限制。胡氏曰：『按周官，内府膳夫酒正，有王及后、世子勿會計之文，以愚度之，非武王、周公之法也。』夫日用之切身者，莫大乎膳服，而易以溺人者莫若酒。今以尊貴之故，惟意所取不限多少，則珠襦玉食，長夜之飲，由此起矣。豈聖人節以制度，自家刑國之道哉！或者以爲冢宰之職，量入爲出，以九式佐王均節財用。是以雖曰『不會』，而『會』在其中，特不使有司以法沮止，若自下而至上者耳，是或一説也。太宗之詔蓋不考於此而失之，亦不聞以爲不可，何哉？書法：承乾不子，太宗有以啓之矣，故謹書之。

賦税

蔡沉曰：『上之所取，謂之賦。』

《周禮・載師》：『凡任地，國宅無征，園廛二十而一，近郊十一，遠郊二十而三，甸、稍、縣、都皆無過十二，惟其漆林之征二十而五。凡宅不毛者有里布，凡田不耕者有屋粟，凡民無職事者出夫家之征。』

《周禮》：『委人掌斂野之賦，斂薪芻凡疏材木材、凡蓄聚之物，以稍聚待賓客，以甸聚待羈旅。凡其餘聚，以待頒賜，以式法共祭祀之薪蒸木材。賓客，共其芻薪；喪紀，共其薪蒸木材；軍旅，共其委積薪芻。』

《書・禹貢》：底慎財賦，成賦中邦。百里賦納總，二百里納銍。刈禾。三百里納秸服，半藁去皮。四百里粟，五百里米。冀州厥賦惟上上，兖州厥賦貞，正也。青州厥賦中上，徐州厥賦中中，揚州厥賦下上，荆州厥賦上下，豫州厥賦上中，梁州厥賦下中，雍州厥賦中下。《禮記・王制》：『公田籍而不稅。』《易》：『損上益下，民説無强；損下益上，其道不行。』

欲田賦，用田賦。《左傳・哀十一》：季孫欲以田賦，使冉有訪於仲尼，仲尼曰：『丘不識也。』私於冉有曰：『君子之行也，度於禮，施取其厚，事舉其中，斂從其簿，如是則以丘亦足矣。若不度於禮而貪冒無厭，則雖以田賦，將又不足。且子季孫若欲行而法則周公之典在，若欲苟而行又何訪焉。』十二年：用田賦，諸侯益興自齊始，晋州興魯亦行。

初稅畝，作丘甲。《宣十五》：『初稅畝。』公田之法，十取其一，履其餘畝，十取其一。故《傳》：『非禮也。穀出不過籍，以豐財也。』周法民耕百畝，公田十畝，藉民力而治之，稅不過此，百姓足，君孰與不足？此豐財之道也。成元，作丘甲，傳爲齊亂作丘甲，故此□所賦，今魯使丘治之譏重斂故書。

蔿掩修賦，子産作賦。《襄廿五》：楚蔿掩爲司馬，子木使庀賦。蔿掩：量入修賦，賦車籍馬，既成，以授子木，禮也。《昭四》：子産作丘賦，渾罕曰：丘，十六井，出馬一，牛三，别賦其田。君子作法於涼，其敝猶貪，作法於貪，敝將若之何？

齊之重斂，漢之重稅。《昭三》：晏子曰：民參其力，二入於公而衣食其一。言公重斂。

漢鮑宣書七亡，重責賦税二也。

《詩》：隰有萇楚，碩鼠碩鼠。小東大東，杼柚其空。

《論》：求也，爲季氏宰，賦粟倍他日。有若對哀公曰：『盍徹乎。』公曰：『二，吾猶不足，如之何其徹也？』曰：『百姓足，君孰與不足？百姓不足，君孰與足？』

《書》：『用乂讎斂。』

《大學》：『百乘之家，不畜聚斂之臣，與其有聚斂之臣，寧有盜臣。』

《孟》：薄税斂，耕者九一。夏后氏五十而貢，殷人七七而助，周人百畝而徹，其實皆什一也。徹者，撤也。助者，藉也。龍子曰：『治地莫善於助，莫不善於貢。』戴盈之曰：『什一，去關市之征，今兹未能，請輕之，以待來年，然後已，何如？』孟子曰：『如知其非矣〔一〕，斯速已矣。』白圭曰：『吾欲二十而取一。』孟子曰：『子之道，貉道也。欲輕之於堯舜之道者，大貉小貉也；欲重之於堯舜之道者，大桀小桀也。』取於民有制，薄其税斂，民可使富也。

《書》：『以庶邦惟正之供。』

〔一〕今按：『矣』，《孟子・滕文公下》作『義』。

《中庸》：『時使薄斂，所以勸百姓也。』

《揚子》：『七賦之所養。』桑麻五穀。

《新序》：『祝簡對中行寅曰：「舟車飾則賦斂厚，賦斂厚則民怨謗詛矣。」』

吏爲田賦，初爲算賦。趙奢爲田賦吏，收租税，平原君不肯出，奢以法殺用事者九人，曰：『今縱君家而不奉公則法削，法削則國削，國削則諸侯加兵，是無趙也。奉公如法則上下平，上下平則國强，國强則趙固。』君賢之言於王，使治國賦，國賦大平。漢四年，初爲算賦，書法：書初何志始也。高帝算賦則書初，武帝榷酤則書初，桓帝田畝税錢則書初，晋武增税末則書初，唐定租庸調則書初，德宗兩税則書始，間架陌錢則書初，税恭則書初，皆重其始取民也。

侯王朝獻，郡國口賦。漢高詔：『欲省賦甚，今獻未有程。吏或多賦以爲獻，民疾之。令諸侯王常以十月朝獻，及郡各以其口數率，人歲六十三錢，以給獻費。』元狩四年之造幣，造皮幣、白金，鑄三銖錢，置鹽鐵官。算民錢舟車，禁苑有白鹿，乃以白鹿皮方尺，緣以組績，爲皮幣直四十萬，朝覲聘享，必以皮幣，又造銀錫，爲白金三品。其一重八兩，圓之以象天，其文龍；其二重差少，方之以象地，其文馬；其三復橢圓而長之以象人，其文龜。發明：元光元年書初算商車，元朔六年書贖罪免役，至是又書白金等物，興利之端日以益多。

夫天生時、地生財，人君以正用之，一歲所入，自足供一歲之用，豈必廣爲漁取，以足其國乎。

五鳳三年減口賦，甘露二年減民算。五鳳三年，減天下口賦錢。書法：自高帝始立口賦法，人六十三。十一年。至昭帝減口賦錢什三，元平元年。於是又減，民賦益輕矣。甘露二，減民算三十。書法：自漢初始爲算賦人百二十，其後又有口錢，錢嘗再減矣。昭帝元平元年，五鳳三年而算賦益舊，帝於是減四分之一，至成帝而又減算四十，建始二年。民力益寬矣。

復孝悌之身，復田租之制。舉民孝悌力田者復其身。漢高。建武六，詔曰：『頃者師旅未解，用度不足，行什一之税。今粮儲差積，其令郡國收見田租，三十税一如舊制。』斂田畝之錢，税柳花之絮。桓帝延熹八，初斂田畝税錢。書法：初者何志始也？李先主以國用不足，税鵝卵出雙子者、柳花爲絮者，伶人詞曰：『惟願普天多瑞慶，柳條結絮鵝卵生。』

賜田租之半，賜租税之半。漢文二，詔曰：『其賜天下民今年田租之半。』書賜半租，嘉重農也。十二詔曰：『其賜農民租税之半。』

除田租税，收田半租。十三，除田之租税。書法：除者，乘除也，非帝之儉約。國有餘蓄，能若是乎，終綱目一而已矣。漢景復收民田半租，三十而税一。

除新附，减田租。晋成主雄，男丁歲穀三斛，女丁半之，疾病又半之。户調絹不過數丈，綿數兩，事少役希，民多富實，新附者給復除。晋哀帝，隆和元年正月，减田租，畝收二升。

除田租制，增民税米。孝武除度田收租之制，王公以下口税米三斛，蠲在役之身。晋孝武太元八，初開酒禁，增民税米。書：初何謹始也？終綱目户税書增二，是年唐德宗建中三年。增税錢雜税書增二。唐建中二年，文宗太和九年。

范甯之疏，劉絜之言。太元十二，中書侍郎范甯疏曰：『古者使民歲不過三日，今之勞擾，迨無三日之休。至有生兒不復舉養，鰥寡不敢嫁娶，臣恐社稷之憂，厝火積薪，不足喻也。』魏神麚四，魏主還平城，大饗，告廟，劉絜曰：『郡國之民雖不從征，服勤農桑，以供軍國。今山東遭水害，應加哀矜，以弘覆育。』魏主復境内一歲租賦。

宋之蠲税，宋之輸布。宋元嘉廿八，魏破六州，所過赤地，令民遭寇者，蠲其税調。發明：無故暴兵使六州之民肝腦塗地，今乃蠲其税調，果何及耶？書非美之，蓋譏之也。宋大明六，宋制，民歲輸布，户四匹。書法：譏重斂也。晋書民税米，口五，太元八。宋書民收布，户四匹，是年。皆譏之也。

除雜調，徵綿稅。魏皇興三，立三等收租法，除其雜調。比歲旱饑，重以用兵，因民貧富，分爲三等：上輸平城，中輸他州，下輸本州。罷雜調十五，民稍贍給。魏神龜元，復徵綿麻稅。尚書奏，復徵綿麻之稅，張普惠疏曰：『高祖廢大斗，去長尺，改重稱，以愛民薄賦。知軍國須綿麻之用，故於絹增綿、於布增麻，宰輔不尋其本，遽罷綿麻。尚書以國用不足，復欲徵斂，去天下之大信，棄已行之成詔，追前非，遂後失，不思庫中大有綿麻，而群臣共竊之也。』

魏罷虎圈，齊制田賦。魏太和六，罷虎圈，詔曰：『虎狼猛暴，捕之傷人，其勿捕貢。』齊河清三，齊制田賦。

稅人一錢，作輸籍法。周大象三，周稅入市者，人一錢。開皇四，作輸籍法，從度支尚書長孫平言。

齊之後主，周之天元。唐太謂魏徵曰：『齊後主周天元，宣帝傳位太子，自稱天元皇帝。皆重斂百姓，厚自奉養，力竭而亡，譬如饞人，自噉其肉，肉盡而斃，何其愚也！饞，饕也。復陳境十年，復長安一年。隋開皇九，復故陳境十年，餘州一年。書法：滅國吊民，善政也。嘗書魏復益州半租五年矣，於是再見滅國，書復其民二，未有厚於此者也。武德二，世民至長安，百姓給復一年。

陝虢轉輸勞費，幽州久隔寇戎。皆復二年。

給復五年，增税什一。開元十一，帝北巡，詔潞州給復五年。書法：潞州何潛藩也？高帝之沛，光武之舂陵，則帝鄉也。潛藩耳而復焉，亦濫恩矣，故書譏之。建中元，德宗。增商税爲什一，以軍興故也。書法：譏重斂也。

復其境税，奏減賦役。石晉天补六，吴越王弘佐，民有獻嘉禾者，弘佐問倉吏：『今蓄積幾何？』對曰：『十年。』王曰：『然則軍食足矣，乃復其境内税三年。』蘇綽至西魏，以國用不足，爲征税法，頗重，既而嘆曰：『今所爲者，正如張弓，非平世法也。後之君子，誰能弛之！』威綽子聞其言，每以爲己任，至是隋以威爲納言，奏減賦役，務從輕簡，隋主從之。

韋京兆之督租，楊剥皮之增税。宣宗大中十，韋澳爲京兆尹，爲人公直，豪貴斂手。鄭光上舅積年租税不入，澳執而械之，上曰：『鄭光甚愛之，何如？』對曰：『如此則陛下之法獨行於貧户耳，臣不敢奉詔。』上曰：『痛杖而貸其死，可乎？』澳歸，即杖之，督租數百斛。五代閩楊思恭，增田畝山澤之税。至於魚鹽蔬果無不倍征，國人謂之『楊剥皮』。

斂以夏秋，税借夏秋。代宗以畝定税，斂以夏秋時，又以國用急。不及秋，苗方青即征之，號『青苗錢』，税青苗錢給官俸。書法：官俸未有書所出者，書所出譏也。是故玄宗之給官俸，書始加賦；代宗之給官俸，書税青苗錢，皆譏辭也。後唐同光四，預借河南夏秋税，以軍食不足。書法：預借行而民不聊其生矣。

唐之蠲租，周之立税。後唐潞王清泰元，詔蠲逋租三百三十八萬，判三司劉昫察其可徵者急督之，必無可償者悉蠲之。周顯德元，立二税起徵限，夏税以六月，秋税以十月，王通曰：『重斂之國，其財必削。』

開運元年，遣使括財。石晉開運元年，遣使括民財。書法：晉書括民穀矣，於是復括民財，國亦急甚矣。

賦税 林駧

孟子曰：『有布縷之征，有粟米之征，有力役之征。君子用其一，緩其二。用其二而民有殍，用其三而父子離。』然則明王之法固不出於斯三者，就三者之中，猶必有緩急以權之，則爲良法矣。今按《少司徒》云：『乃均上地而井牧其野，九夫爲井，四井爲邑，次而爲丘、爲甸、爲縣、爲都，以任地事而令貢賦。』此皆以田而出賦，其所謂粟米之征歟？康成以少司徒令貢賦之文，謂貢嬪婦百工之物，則指爲布縷之征者，非也。按《載師》云：『凡任地，國宅無征，園廛三十而税一，近郊十一，遠郊二十而三，甸稍、都鄙即無過十二，此自近郊而下，蓋冒園廛之文爾。』古者五畝之宅，植墻下以桑。今園廛可以植桑於其中，則布縷之征蓋出於此，其間有植草木，亦必計其所有而賦之以代布縷。所以輕近而重遠，此皆以園廛而出賦，其所謂布縷之征歟？康成以載師近郊遠郊而爲米廩者，非也，謂之國征。按《均人》云：『凡均地征以歲上下，豐年則公甸用三日，中年則公甸用二日，無年則公甸用一日。』此皆以力而任重，其所謂力役之征歟？考諸康成之論，亦然也。然而周之所以任民者，有九取是以《太宰》，有九賦之斂，自一至六《載師》所謂園廛之賦，自七至九工商之賦。康成誤以《載師》爲田税，而《太宰》之九賦無以當之，乃謂九賦計口出泉。《太宰》：『以九賦斂財賄：一曰邦中之賦，二曰四郊之賦，三曰邦甸之賦，四曰家稍之賦，五曰邦縣之賦，六曰邦都之賦，七曰關市之賦，八曰山澤之賦，九曰幣餘之賦。』然則孟子三者之外，又將有所謂泉算乎。周公之法，豈若是其煩哉！夫泉算之法，近出漢世，而康成以當時法度而推測周法，漢家自有制度，奈何謂周亦漢耶？若夫里布屋粟與夫家之征，載師亦掌旅師，所聚皆游惰之罰耳，非取民之正法也。太宰九貢之法：侯國以其所取於民者貢之天子，然後得以用其餘，非全貢之也。如閭師、縣師、遂人之所斂，即是三者而分職以參治之，非有他取也。至漢之田賦，唐之田租，正周人米粟之征也；漢之貢賦，唐之庸役，正周人力役之征也；漢之口賦似有不合，而唐之調法正周人布縷之征也。漢量吏禄度官用以賦民，於是什五税其一。文帝行賜租之令，十三年乃盡除；景帝行半租之令，明年三十税一。唐因口分世業之田而立租賦之法，田以二百四十步爲畝，一丁以百畝受之，平田爲米百二十石，租粟止於二石。夫什一天下之中制也，輕之入于貉，重之流于桀。如其足於此也，則景帝、太宗果貉道也，如其不足於此也，則是必有他取於民也。漢自田賦之外，有口賦、有算賦，民自三歲出口錢，二十至年十四而止；自十五歲出算，錢百二十至五十六而止。武帝增口錢之三以補車騎馬，而口賦始二十三爲率。此猶可也，至于更賦，正率之更以月代，过戍之更以日代，而不得行者，月爲錢二千，日爲錢百。王莽以爲漢租雖輕而更賦之重，至使罷癃之不免，其言不爲無據。唐自田租之外，有調有庸。調者爲絹二匹、綿三兩，無綿絹則爲布二丈五尺。此猶可也，至庸法以身爲役，歲以二十爲率，豈不由丁口增多，給田有限而庸役有加，所以致此。馬周言今之户口不及隋十一，而徭役者兄去弟還，道路相繼，其言亦不爲無拠。不特此爾。古者授田於官，八家百畝。漢爲豪民之所占，唐以貧民之所鬻，雖輕租薄賦，民何賴焉？雖然以漢唐而論，則漢又遠過於唐。漢法雖害於民，實優於農，減租之詔，無歲無之，故流民免貲錢不滿二萬免。元帝、平帝。行所過免，武宣元成。初郡免。武帝。新田則稍入，武帝、成帝。逋租之民又時貸，是雖他賦過重而農尚無恙也。

唐之租調，亦爲良法。奈何德宗從楊炎之請，變爲兩税，使他賦出於商賈，園林之征亦皆取給於田，是雖曰『省賦』而農民之蠹甚矣。且輸米一石加錢百餘，舊無是也，而廣南行之；未納國租先遣率斂，舊無是也，漢晋創之。畝税三斗，錢氏弊政也；人出他絹，馬氏横斂也。福歙有重税之額，秀州有别租之課，此皆五代額外之取也。

國朝掃五代之煩苛，還三代之簡易。江南沿征至祥符而始去，江西斗米至慶曆而始除，正税外有沿征錢物，增一斗之米，夫何熙寧大臣？借周官之書，文管商之術，坊場河渡昔歸州縣。今爲上供，茶鹽坑冶昔在州縣，今歸使者。青苗取息公帑，雖厚而屠牛市罔，如民病何？寬剩過敷公府，雖豐而拆屋賣木，如民困何？

元祐以拯溺救焚之仁爲改絃易轍之舉，罷青苗免役之法，去市役均輸之政。未幾紹聖諸人復之，崇觀奸臣重之。

中興以來，諸路税入。雖爲錢三千五百四十萬緡，而歸於版曹者一千九百餘萬，歸於淮東者二百六萬，歸於淮西者三百七十八萬，歸於湖廣者五百七萬，歸於四千者五百三十萬，又於三榷務歲入二千四百萬之中，捐五百五十萬以給版曹，捐四百八十萬以給淮東，捐八百九十三萬以給淮西。其得供於朝廷者，不過五百餘萬緡耳。是故以酒務、商税、州縣、出納等錢而入經制以過取爾，然迫於給軍不得不給也，以耆户雇役茶鹽貸息等錢而入總制，若過斂爾，然時方用兵不得不斂也。月椿而非贍軍，未必取也；折綿而非給士，未必有也。邵先生有言曰：『諸賢能寬之一分，則民受一分之賜。』爲士夫者，盍當致思焉。

耿壽昌五鳳中，又白增海租三倍，蕭望之言：『往年加海租，魚不出。長老言武帝時縣官自漁，海魚不出，後復乎民，魚乃出。』《前食貨志》。

杜：『彤庭所分帛，本自寒女出。鞭撻其夫家，聚斂貢城闕。索錢多門户，喪錢紛磝磝。奈何黠吏徒，漁奪成逋逃。』『恐乖均賦斂，不似問瘡痍。萬里煩供給，孤城最怨咨。』『縣官急索租，租税何從出。』『客從南溟來，遺我泉客珠。珠中有隱字，欲辨不成書。緘之篋笥久，以俟公家須。開視化爲血，哀今徵斂無。』寓意公家徵斂所無之物，必言泉客珠者本自無而出，今又爲血無以供公家之須。

貢獻

貢獻也，薦也。蔡沉曰：『下之所供謂之貢。』

《書》：『《禹貢》兖州：厥貢漆絲，厥篚織文。青州：厥貢鹽絺，海物惟錯。岱畎絲、枲、鉛、松、怪石。萊夷作牧。厥篚檿絲。徐州：厥貢惟土五色，羽畎夏翟，峄陽孤桐，泗濱浮磬，淮夷蠙珠暨魚。厥篚玄纖縞。揚州：厥貢惟金三品，瑶、琨、篠、簜、齒、革、羽、毛惟木，島夷卉服。厥篚織貝。厥包橘柚，錫貢。荆州：厥貢羽、毛、齒、革惟金三品，杶、幹、栝、柏，礪、砥、砮、丹惟箘、簵、楛。三邦底貢厥名，包匭菁茅。厥篚玄纁璣組。九江納錫大龜。預州：厥貢漆、枲、絺、紵，厥篚纖、纊。錫貢磬錯。梁州：厥貢璆、鐵、銀、鏤、砮、磬、熊、羆、狐、狸，織皮。雍州：厥貢惟球、琳、琅玕。』

『篚厥玄黄，昭我周王。』

『西旅底貢厥獒，太保乃作《旅獒》。明王慎德，四夷咸賓。無有遠邇，畢獻方物。王乃昭德之致于異姓之邦，無替厥服；分寶玉于伯叔之國，時庸展親。』

『惟恭奉幣，修其禮物。享多儀，儀不及物。惟曰不享，惟不役于享。稱奉圭兼幣，敢執壤奠。』

《詩》：獻其貔皮，赤豹黄羆。憬彼淮夷，來獻其琛。元龜象齒，大賂南金。

孟子曰：『夏后氏五十而貢。』龍子曰：『莫不善於貢。』貢者校數歲之中以爲常。樂歲粒米狼戾，多取之而不爲虐，則寡取之；凶年糞其田而不足，則必取盈焉。

大業四年，倭國入貢。倭王遣帝書曰：『日出處天子致書，日没處天子無恙。』帝不悦，置城造屋於萬壽戍，以處突厥啓民可汗。書法：書倭國入貢，譏敵内也。

太宰以九貢，太府掌九貢。《周禮》：太宰之職，以九貢致邦國之用：一曰祀貢，二曰賓貢，三曰器貢，四曰幣貢，五曰木貢，六曰貨貢，七曰服貢，八曰斿貢，珠璣琅玕。九曰物貢。魚鹽橘柚。太府掌九貢、九賦、九功之貳，以受其貨賄之入，頒其貨于受藏之府，頒其賄于受用之府。

關市之賦以待王之膳服，邦中之賦以待賓客。四郊之賦以待稍秣，家削之賦以待匪頒。邦甸之賦以待公事，邦縣之賦以待幣帛。邦都之賦以待祭祀，山澤之賦以待表記，幣餘之賦以待賜予。内府掌受九貢、九賦、九功之貨賄、良兵、良器以待邦之大用。職内掌邦之賦入，職歲掌邦之賦出。凡閭師任民，任農以耕事，貢九穀；任圃以樹事，貢草木；任工以飭材事，貢器物；任商以市事，貢貨賄；任牧以畜事，貢馬獸；任嬪以女事，貢布帛；任衡以山事，貢其物；任虞以澤事，貢其物；凡無職者出夫布。

任土，職方。禹貢任土作貢，禮職方氏制其貢。

制法，定賦。

五物，九貢。絲、枲、鉛、松、怪石、檿絲。見上。

助黄金，獻白環。漢五鳳，坐酎金四兩免，諸侯王歲以户口助酎黄金于漢廟，金少，免國。西王母慕舜德，來獻白環。

漢武帝，唐德宗。明珠、文甲、通犀、翠羽之珍盈後宫，蒲梢、龍文、魚目、汗血之馬充黄，巨象、獅子、猛犬、大雀之群食外囿。唐德宗狩梁道有獻瓜者，帝欲授官陸贄諫不可。

尺天入貢，萬國貢珍。杜：『寸地尺天皆入貢。』班：『膺萬國之貢珍。』

者圖數貢，航海梯山。選。

戒禽荒，宋太宗。慮漁奪。宋孝宗。

高宗之不厭菲食，孝宗之卻獻珍味。韓世忠以鱘魚鮓進云云，趙雄等謝賜新荔流香酒云云。戒艱難，免煩擾。高宗紹興，進天中節銀絹云云。

勿獻珍禽，焉用繡佛。真宗、仁宗知寧州楊外繡佛，因乾元節來獻上云云。

貢銀絹。中天啓聖聳瞻星雷之祥，下土薦儀虔致金繒之美。甕雖得於唐山，實自耕夫之鑿繭，或成於漢野，誠由織婦之機。會禹庭而執帛，阻陪萬國之朝，紀唐節以獻金，敢效千齡之祝。

貢銀。三歲一郊載外壇而奠玉，四方萬里咸實篚以貢金。地不愛寶參厥包厥篚之輸，天其用休薦如阜如岡之祉。堯仁如天，極萬物莫窮其報；禹貢任土，以庶邦惟正之供。

抑貢獻

愚嘗讀《禹貢》一書而有疑焉。夫西旅底貢，召公有戒，今揚之貢金、雍之琳琅，不幾如漢人酎金之誅乎？荆之大龜、梁之熊皮，不幾如漢人天馬之求乎？青之海錯、揚之橘柚，不幾如唐人貢荔之病乎？曰：古者以貢爲賦，正什一便民之法，後世常賦之外復求方物，此所以爲困民之弊政歟？且《禹貢》之冀州獨不言貢篚者，蓋畿甸之内既衆且大，賦其總銍秸粟米也，是食爲土貢之用也。

兗州之貢蠶絲，預州之貢絺紵。其地則密邇於畿甸焉，是衣服亦爲土貢之用也。自服食之外則器用次之，器用之外則寶玉、玩好次之，故貢金、琳琅、大龜、熊皮、海錯、橘柚之屬，皆爲土貢之物也，皆償田賦之輕也。不然賦出於田貢以其土所宜，而禹書總謂之貢，孟子所謂夏后氏五十而貢，亦以田賦爲貢，何耶？及周之衰，荆、揚貢金之地已陷吴、楚，金不入貢而天王求之於魯，蓋以魯通於吴，豈不失《禹貢》貢篚之本。若荆貢菁茅時屬於楚王祭不共無以縮酒，管夷吾佐威公以伐之，可謂知先王制貢之意。然則禹之所謂貢即後世之所謂賦，初何害於貢篚歟？

自夫有酎金之誅也，色惡者罰，少斤兩者罰，列侯廢黜、郡國蕭條而民始匱矣。自夫有天馬之求也，出兵於大宛，勞民於西域，干戈連年，人不聊生而民始病矣。自夫有荔枝之貢也，十里一置，五里一堠，兵火催督，道運枕藉而民始疲矣。

我朝乾德罷羨餘之詔曰：倘規羨餘，必務掊克。是詔也，天地鬼神亦多聞之。熙寧罷貢物之詔曰：所貢飲食，闕之無害。是詔也，千萬世猶得賴之。且朝獻有費，高。月進有錢。德。漢唐故例爾，我朝場院以餘粟上者有責，轉運以聚斂爲羨者有罰，仁宗。倉官以羨餘爲獻者有戒。真宗。《易》曰：『損上益下，其利無疆。』我祖宗有之。

淡菜有貢，瓜果有獻。漢唐常事爾，我朝諸州薪茶，寧斥而不入。真宗。廣南果實寧□而不受，仁宗。閩中新荔寧罷而不納。高宗。語曰：菲飲食，惡衣服。我祖宗有之。

白雉有詩，白狼有歌。建武蠻夷，獻白雉、白兔，《顯宗記》：外國獻白狼。漢亦爲美談爾。

我朝貢馴犀者，還之；真宗。獻白馬者，却之；真宗。追崑崙奴者，返之。真宗。《書》曰：『不貴異物賤用物。』我祖宗有之。

渡江之始，所蓄未豐。守臣羨錢入貢，且罰以爲斂民。萬國貢珍，孟堅作賦；尺天入貢，杜陵賦詩。坡詩謂貢荔枝曰：『至今欲食林甫肉，不識何人酹伯游。』

附户口

《論》：『式、負版者，重民數也。』

地節三年，太和十年。漢地節三年，賜膠東相王成。爵關内侯，勞來不怠，流民自占八萬餘口，或對言：『王成僞自增加以蒙顯賞。』魏太和十年，置三長，定民户籍。魏無鄰黨之法，唯立宗主督護，民多隱冒，三十五家始爲一户，秘書令李冲言：『宜準古法，五家立鄰長，五鄰立里長，五里立黨長。』

興寧二年，建熙九年。晋哀興寧二年，大閲户口，所在土斷，以土着之例爲決斷也，土着謂着土地而有常居。燕建熙九年冬，燕罷蔭户，王公貴戚占民爲蔭户，國之户口少於私家，倉庫空竭，用度不足。悦綰請罷蔭户，盡還郡縣，燕主暐從之，出户二十餘萬，悉屬郡縣，士民嗟怨。

元興元年，義熙九年。晋安元興元年，南燕隱覈蔭户。南燕主備德優遷徙之民，使之長復不役。民迭相蔭冒或百室合户，或千丁共籍，尚書韓諄請加隱覈備德從之得蔭户五萬八千。晋安義熙九年，詔申土斷之法，並省流寓郡縣，劉裕上表曰：『大司馬温以「民無定本，傷治爲深」。』興寧二年三月庚戌朔，大閲户口，謂之庚戌制。于時財富國豐，實由於此。請申前制，於是依界土斷，各依界限，用土斷之法。

始光三年，建元二年。魏始光三年，罷漏户繒，以屬郡縣，魏初得中原，民多逃隱。天興中，詔采諸漏户，令輸繒帛，不隸郡縣，賦役不均。是歲，始罷之，以屬郡縣。宋自孝建以來，政綱弛紊，簿籍訛謬，詔黄門郎吴玩之等更加撿定。

吴玩之之撿户，高隆之之括户。齊太祖命吴玩之等撿定黄籍，猶今青册。東魏武定二，以喪亂之後，户口失實，以孫騰高隆之爲括户大使，得無籍之民六十餘萬。

天寶元年之立户，開皇五年之閱户。齊高併天寶元年，始立九等户，富者役其税，貧者役其力。隋開皇元年，閱户口，時民間妄稱老、少，以免賦役，命州縣大索貌閱户口，得新附一百六十四萬餘口。

武德括户，貞觀括民。武德四年，唐括户口。貞觀十五年，括浮民附籍。

大業四年之閲貌，神龍元年之奏數。大業四年，民部侍郎裴藴以民間版籍，多脱漏户口，詐注老、少，奏令貌閲。是歲進丁二十四萬口，六十四萬擢授御史大夫。神龍元年，户部奏是歲天下户口之數。書法：書户口之數始此。

宇文融之加撿，皇甫憬之坐貶。開元九，監察御史宇文融言户口逃移，請加撿括，以融爲勸農使。奏置勸農判官十人，分行天下，競爲刻急。陽翟尉皇甫憬，上疏言之，坐貶。州縣希皆虚張其數，或以實户爲客，得户八十餘萬。

十一年之安集，十二年之蠲免。十一年敕州縣安集逃户。十二年復以宇文融爲勸農使，制聽户口自首，闢所在閑田，隨宜收税，毋得差科征役，租調一皆蠲免。書法：書復以何貳過也。

户口 林駉

世道之盛衰繫於夫家之衆寡，夫家之衆寡繫於君政之善否。

高帝講和親而民始息肩，文帝勸農桑而民始安業，宣帝極力撫摩。膠東相，王成。南陽守。召信臣。勞來流民而賜爵，關內侯。户口僧倍而賜金，黄金十斤。所以元始户籍之登者此也，凡千二百二十三萬三千六十二。

太宗恤刑而死罪絶少，高宗承平而天下乂安，玄宗厲精爲治。蠲徭給符而免苦役之勞，髮僧爲農萬二千人。而無游手之病，所以開元户籍之登者，此也，凡八百九十一萬四千七百九。

嗟夫！受民數者必拜，見負版者必式。古人重民之意，眷眷不能自已也如此。

建隆元年，版籍來上嚴定陞降。明年，户口增耗，申嚴殿最。

梅詢之告仁宗曰：『二聖相承休養百姓，今之户數至倍於前。』王安石之告神宗曰：『户口之盛無如今日。本朝百年不見兵革，是故以太宗視太祖加百餘萬，以真宗視太宗加五百萬。自祥符而視景德已增百餘萬，自寶元而視祥符已增百餘萬。其在治平視國初，凡十有五倍，其在元豐視國初，凡十有八倍，至于紹興蓋二十倍有奇。』

越報夫差十年生聚，王浚平吴亦用此術。越王困於會稽而歸，乃嚴不産子之令，産一子者，賜酒肉，産二子者，與保姬。後十年生聚，十年教訓。《周禮》：『司民掌登萬民之數，自生齒以上，皆書於版。』辨其國中與其都鄙，及其郊野，異其男女，歲登下其死生。及三年大比，以萬民之數詔司寇，司寇及孟冬祀司民之日，獻其數于王。司民，軒轅角也。王拜受之，登于天府，内史、司會、冢宰貳之，以贊王治。

奴僕

人之下也，奴隸也。

紀綱之僕，恩紀素無。《左傳》：『秦伯送衛於晋三千人，實紀綱之僕。』故今俗稱人之僕曰『秦綱』、『秦紀』。王敦反刁協，敗还』，協素無恩紀，爲人所殺。紀，信也。王幼學『集覽』素無恩紀者謂僕從，皆非平素恩德沾及之人。

彭寵奴之斬寵，王軌奴之殺軌。彭寵奴斬寵，來封『不義侯』。滑州刺史王軌奴殺軌，携其首，詣竇建德降，建德曰：『奴殺主，大逆。』命斬奴，反軌首於滑州，吏民感悦。

文王區僕之法，太宗告主之詔。文王治岐有區僕之法，隱匿他奴之罪也。貞觀二，詔奴告主者殺之。書法：特筆也，太宗此詔其關於風俗大矣，故謹書之。

此使者也，此人子也。陶侃得胡奴，不喜言語，胡僧驚禮曰：『此海山使者也。』陶潛爲彭澤令，送一力給其子，書曰：此亦人子也，可善遇之。

邢巒之與元暉，徐乾之奉幼廉。邢巒在漢中掠良人爲奴婢，盧昶與巒有隙，與元暉計，令崔亮劾之。巒懼，乃以漢中所得巴西太守龐景民女化生等二十餘口與暉。化生等數人奇色也，暉大悦，乃背昶爲巒言於世宗，遂得不坐。李幼廉爲青州刺史，主簿徐乾富而暴横。幼廉初至，收繫之乾奉奴婢二十人，幼廉不受，遂殺之。

《示獠奴阿段》：山木蒼蒼落日曛，竹竿引水。裊裊細泉分。郡人入夜争餘瀝，稚子獠奴尋源獨不聞。病渴三更迴白首，傳聲一注濕青雲。□筒將來。曾驚陶侃胡奴異，怪爾常穿虎豹群。

韓：玉泉先生，一奴長鬚不裹頭，一婢赤脚老無齒。

荔奴，花奴。龍眼也，荔枝過，方熟，故曰荔奴。汝陽王璡打曲明皇，自摘木槿置璡帽上，名花奴。

雁奴，燕奴。雁宿居中，令奴圍而警，捕者。術士於腕間出二彈，令變，即化雙燕飛騰，名燕奴，又變二小劍，須臾入腕中。

木奴，燭奴。柑號木奴橘，亦號木奴。申王以檀木刻童子，緑衣束帶，執畫燭，謂之燭奴。

酪奴，蟹奴。喻茗爲酪奴。大蟹腹中有十數小蟹，名蟹奴。

官奴，阿奴。羲之女名，杜暫借官奴遣吹笛。晋周謨，小字阿奴。
鬠奴，鬢奴。王褒奴鬠奴，嘗有詞責其鬠。盧同奴。見上。
黠奴，監奴。桀黠奴，人之所患，力收魚鹽之利者。霍光愛幸監奴，謂奴之監知家事者。
庸奴，狂奴。荆公睥睨衆史如庸奴。嚴子陵，小字狂奴。
奚奴，羯奴。李賀每出，令小奚奴背錦囊。顔杲卿駡安禄山：『汝本營州牧羊奴羯爾。』
齊奴，老奴。石崇生於齊州，小字齊奴。温嶠姑有女，屬公覓昏，及交昏乃嶠姑女笑曰：『我固疑是老奴。』
玉奴，青奴。貴妃也，坡：玉奴絃索花奴手。青奴，竹夫人也，山谷：云憩臂休息，非夫人之職也，名曰青奴。
哥奴，錫奴。李林甫，小字哥奴。温足瓶，曰錫奴。
象奴，狸奴。牧象者，猫也。
飛奴，廬奴。鴿也，北繫中山，拔廬奴。
清霜熟木奴，囊錦付奚奴。杜詩。風聲却羯奴，故態識狂奴。武隱。静街調馬任奚奴，吐詩家奴，守錢奴。

高堪使酪爲奴。

附户部尚書

漢置尚書郎四人，其一主財帛委輸。魏文帝，置度支尚書，吴有户部，晋有度支，宋齊度支、尚書領度支、金部、倉部、起部四曹，度支統度支倉部、左户、右户、金部、駕部六曹。後周置大司徒卿一人，如《周禮》，隋改民部，唐户部，永徽改民爲户，廟諱故也。龍朔司元大常伯，初居禮部之後，武后天地四時之官，以户爲地官。居禮前，曰度支經度會計之事，曰金部貨賄出納之制，曰倉部倉廩儲積之事。

地卿，□使。

清白自修。梁劉溉。清儉不改。吴隱之。竹篷爲屏，坐無氊席。

正身奉法，立朝有望。唐鄭善果、崔從立，立朝棱棱，有風望。

王佐才。張華。千里足。杜暹。

杜武庫，内宰相。杜預内以利人，外以救邊。王琚左明皇平内難。

土地人民，徭賦職貢。唐志尚書，掌土地人民。六典尚書，掌徭賦職貢。

隋之長孫，唐之李緯。隋長孫平奏令民間，每秋家出粟麥一石，以備凶年，名曰義倉。貞觀廿一，以李緯爲户部尚書，時房玄齡留守京師，有自京師來者，上問玄齡：『何言？』對曰：『玄齡但云美髭鬌。』上遽除洛州刺史。

高宗遷，司馬爲。唐帝竇德玄舊臣，自殿中少監爲御史，歲中遷司元太常伯。魏文帝立度支尚書，军粮計較一由之，司馬孚爲之。民曹上卿，司徒之職。宋。

文士邦計，元佑會計。宋。李常公擇號山房文士，小吏幹，或疑不勝任，司馬光曰：『此人掌邦計，天下知朝廷非急於征利，貪吏望風。』同人作元佑會計録。

《周禮》：大司徒掌土地之圖，施十有二教：以阜人民，以蕃鳥獸。以毓草木，以任土事，制天下之地征，以斂財賦。正月懸教令之法於象魏，使萬民觀教象。以五禮防萬民之僞而教之中，以六樂防萬民之情而教之和，大荒大札，移民通財，舍禁弛力，薄征緩刑。

掌司徒之邦教，制民曹之地征。翼翼版圖以辨九州之地，英英會府實總萬事之機，虞書五教實委司徒之班，周禮六卿爰開地官之位。班固申犬牙之制，疆埸綺紛；應璩論馬齒之規，井田鱗次。《西都賦》：『疆埸綺紛。』應璩詩：九州相錯雜，相次如馬齒。會計事劇，出納孔殷。提利刃以皆虛，委紛絲而必理。白。

民部版曹，涣汗王庭，晋長民部，生財有道久資少常伯之權。惟帝念功就畀大司徒之職，乃立地官以佐王，卓然稱職，不有君子。其能國，僉曰得人，總九職以主財坐底南風之阜，運四方而賦政益知北斗之尊。官儀如舊尚聯常伯之班，帝命惟新今總大農之政。寧析秋毫之小利，要將制國用而通三十年，不爲畫餅之空談，豈止濟軍儲而增二百萬。生財有大道，豈心計之徒勞，足國在富民，無頭會之横取，鞭算笏畫豈管晏之功復許乎。貫朽粟陳匪晋楚之富可及也，雖《孟子》七篇首排言利乃賢哲之本心，然《周官》一書半爲理財，亦國家之先務，考均土之周官既符令典，方富民之漢相即慶成功。

户部侍郎

隋煬置民部侍郎，龍朔司元少常伯。本朝侍郎二官：左曹五案：户口案、税賦案、農田案、撿法案、知雜案。右曹五案：常平案、免役案、坑場案、撿法案、知雜案。

周小司徒魏度支，佐敷五穀制軍國之用，地官之貳，爰委典司。

李絳不結恩，僧孺不受賂。李絳無進獻，不結私恩，牛僧孺不受賂。

國之材臣，張平叔。莫匪正人。元和。奏時議得失，議户判利病。唐李元紘帝賜衣楊瑒。

敍歷代户口，與州縣作社。唐盧承慶，開元三年，以宇文融兼户部侍郎。制以所得客户税錢，均充所在常平倉，又委使司與州縣議作勸農社，使貧富相恤。耕耘以時，皆進羡餘，卿獨無進。元和六年，李絳爲户部侍郎，上問絳：『故事，户部皆進羡餘，卿獨無進，何也？』對曰：『户部所掌，皆陛下府庫之物，給納有籍，安得羡餘！若自左藏輸之内藏，猶東庫移之西庫，臣不敢踵此弊也。』上喜其直，益重之。

必選國華，以從人望。韓。

副民部，貳地官。罷開河減水之議，户部休戚計在此河，蘇轍云云。

感激奮厲，悉力盡言。柳約。

《自叙》：『伏獵侍』郎蕭炅，不知書，稱『伏臘』爲『伏獵』，嚴挺之曰：『省中豈有伏獵侍郎。』

精語授以耗登之書，俾陳生聚之術。

《李侍郎自河南尹再除本官》：『宫女猶傳洞簫賦，國人先録衮衣詩。華星却復文昌位，别鶴重歸太液池。』劉禹錫。

警對揚帝命，語進貳民曹。出范蠡計然之半策用之不窮，數酇侯劉晏之諸公作者可及，弼五服而至五千職嚴民部，亞六官而屬六十權重邦，卿漢常尊於相計，唐尤重於度支。

荷方佩紫已觀君臣同德之歡，粟倚腐紅寧有上下交征之患，鄭武公爲周司徒前彝具在，李適之號唐賢相此事可期。

户部郎中

龍朔，司元大夫掌户口、土田、賦役、貢獻、蠲免、優復、皆因婚姻、繼嗣之事。

漢尚書郎一人主户口墾田，吴張温户曹郎，魏左民郎，晋兼置右民郎，東晋民部曹，後魏左户曹，北齊左右民郎，隋侍郎二人，煬帝民部郎，唐郎中高宗户部。

嚴部，考堂。會計處。

方雅特立。王質。高雅氣岸。武儒衡。

十才，二妙。綸等十才子，韋維善裁部，宋之問善詩。

詞理愜當，世號郎官。隋高構判叔侄齊嫡，詞理愜當。韋維，莳柳于庭，及虚心兄弟居郎省，對之斂容。自叔謙至郎中者數人，世號『郎官家』。

參我地官之屬，首於時俊之科。宋。

淳化户部郎張郁，父正仕至户部侍郎，號書樓張家。

《自叙》：寧知粉署裏，翻作土山頭。唐郎中不自員外郎遷者，謂之『土山頭果毅』。言遽拜崇品，有似長征兵回，便授邊遠果毅。景雲中，趙謹光員外郎賀涉，自大理正便遷户部郎中戲咏曰：『員外由來美，郎中望不優，寧知粉署裏，翻作土山頭。』

員外郎

位事有聲，賞其清俊。唐，于光嗣。唐户部與吏部鄰司，吏部移牒，令户部列棘以備交通，吕太一爲員外，答曰：『吏部當須簡要清通，何必設籬樹棘。』賞其清俊。

行衡赤日加餐飯，上到青雲穩着鞭。白送白敏中。

覆錦光中綽著潛郎之望，算鞭影裏仰參計相之權，地官之屬首居時俊之科，人曹之郎實佐邦財之掌。錢穀出入之數廣漢乃無員，貨財輕重之議精唐宜妙選。

度支郎中

度國用租税多少之數，物産豐約之宜。

司度副知　自蘇弁始。

度支判入，員列判出。唐。

宰相分領，司天下利害。唐。

求人未得，乃自領之。房玄齡。以度支繫天下利害，嘗有闕，求其人未得，乃自領之。

司度之曹，支度要部。心計節知徐宗悦曹元理。

小事則擬，大事則注。轉笏之敏未見稱奇，聚米之能無聞播美，張蒼之善算國用詎肯留情，馮勒之巧計軍儲曾何介意，年支國賦爲政之嘉猶，歲計軍儲邦家之要務。唐張鷟。

金部郎中

漢置尚書郎四人，其一主財帛委輸，蓋金部郎曹之任也。隋爲郎，武德，加中字，龍朔，司珍大夫，天寶，司金郎中。大寶曰位，聚人曰財，夏禹陳納貢之書，漢世希藏錢之府，鹿臺重斂東夏爲墟，鴻都賣官西邸成市。張鷟。

號能職，無愧幽明。元季方，隋祖孝徵薦盧昌衡，用盧子均無愧幽明云云。

司金劇部，司珍民部之劇。制曹。

財用金穀有出納之政，權衡度量有制作之法。

典金幣之政，職金之任。

奏對及治道之具，虚籍病民之論。王師愈召對言事，孝宗賜書曰奏對，頗及治道之具。尚書楊倓，取諸道積逋緡錢，付金督之，公曰：『徒有名耳，督之未必有得，而文移一下所擾者不知幾何。豈宜舉此虚籍，以罔上而病民耶？』

倉部郎中

周廩人、倉人之職也，魏晋而下倉部郎中，後魏太倉尚書，後周司倉大夫。龍朔，司庾大夫，天寶，司儲郎中。

挺然不群，沛然如美。孟簡爲倉部員外，王叔文爲户部侍郎。簡中立正色挺然不群，畢誠沛然如處美官。

《周禮》：『廩人掌九穀之數，以待國之匪頒、賙賜、稍食。以歲之上下數邦用，以知足否，以詔穀用，以治年之凶豐。』

辨九穀之物，以待邦用。

貳上下之價，則茫昧者受弊；雜苦文之貨，則豪右者受羸。惟一惟公，乃罔不同；惟平惟實，乃罔不吉。廩曹。

監倉

銖銖而校固當□於司存，陳陳相因行有裨於國用。

當庾氏之掌，服勞廩委。

《周禮》：『倉人掌粟入之藏，辨九穀之物，以待邦用。』

漢倉氏庫氏，治粟都尉，太倉令。

閑曹猶得醉，薄俸亦勝耕。方干。

校縉閲幣藏，發廩忻斯厢。高。

但見東軒堪隱几，不知公子是監倉。坡。　一官倉支〔一〕真堪老，坐看松根落斷崖。

〔一〕　今按：『支』，《十八家詩抄》卷二十二作『庾』。

庫務

《淮南子》：白公得國，不能以府庫分人。石乙曰：『不義得之，又不能布施，患必至矣。』勿聽，七月，葉公入，發天府之貨，出高庫之兵，因而攻之，十有九日而禽白公。譬白公之嗇也，何異梟之愛其子也。

范育作庫務官，置籠廳事。

監當

監當掌場務、庫藏、出納之事：監場、州粮料院、監税、監鎮。

何承矩薦王旦，監潭州銀場。

爲貧而仕，孟軻不耻於抱關；辭尊居卑，孔子嘗爲於委吏，是爲足國裕民之源，豈止征利生財之本。

趙抃監潭川粮料院，出限不限時日人便之。

呂希哲監陳留稅，章楶云有德者。市無阿枉正有須第五之平，國以富强將少試計然之策，召爲校書郎，《實録》檢討官。

黄庭堅，字魯直。李常見其詩文，以爲超逸絶塵，由是名聲始振，監德安鎮，召爲校書郎，爲《神宗實録》檢討官。

三司 林駉

度支本唐户部之郎耳，自宰相兼判係以使名而度支之權始重，此其一變也；監鐵亦唐户部之郎耳，自御史分務吏至萬員而鹽鐵之權愈重，此其再變也；接于五代鹽鐵度支皆專使須總由三司，而鹽鐵又升度支之上，此其三變也。

國朝有正使位亞執政官，稱『省主』；有副使位亞待制官，稱『省副』。有判官其員有二，資序視轉運，在太平興國則分而爲三；有子司其員有六，資序視提刑，在淳化則合而爲一。因陳恕之奏，復有三部之分，命寇准之充，復有一使之置。蔡文忠之在仁廟，進士第一，先除正使；呂申公之在英廟，館閣有聲，先除判官。

造作軍器屬之胄案，土木之役屬之修造，河防之役屬之河渠，財用之出無大於此三者，而今皆得總焉。漕司督集財賦之權，三司制之，内庭分貯羡餘之財。三司領之，財用之入，無大於此二者，而今皆得總焉。

熙寧變法，漕司之趣判而不預三司之勸沮，内庭之積貯而不關三司之參考。元豐改制，他司辯事爲效而不恤財之有無，户部給財爲功而不論事之當否，雖然今之尚書即昔之三司使也。左右侍郎即昔之副使也，郎中員外即昔之判官子司也。

使其能久其任，有如陳晋公之爲三司十有八年，號真鹽鐵，寇萊公之爲三司前後事件類爲方册，何患事之不舉？能重其職，有如程琳之爲使禁中有取覆奏罷之，王堯臣之爲使閹寺横斂輒奏止之，何患弊之不革？能專其事，有如鄭戩居省半載而得羡錢四百萬緡，張方平主計未期而京師有五年之蓄，何患用之不豐？

力政 當在户口門下

司隸掌五隸之法，辨其物而掌其政令；罪隸掌役百官府與凡有守者，掌使令之小事；蠻隸掌役校人養馬，其在王宫者，執其國之兵以守王宫。

《周禮・地官・均人》：『凡均力政，以歲上下。豐年則公旬用三日焉，中年則公旬用二日焉，無年則公旬用一日焉，凶札則無力政。』

司民，《周禮》：『司民掌登萬民之數。自生齒以上，皆書於版，辨其國中，與其都鄙，及其郊野，異其男女，歲登下其死生。及三年，大比，以萬民之數詔司寇。司寇及孟冬祀司民之日，獻其數于王，王拜受之，登于天府。内史、司會、冢宰貳之，以贊王治。』

夷隸掌役牧人養牛馬，與鳥言。與其守厲禁者，如蠻隸之事。貉隸掌役服不氏而養獸而教擾之，掌與獸言，其守王宫者，與其守厲禁者，如蠻隸之事。

卷之二十一

二曰貨

《周禮·天官》注：『金玉曰貨，布帛曰賄。』貨，財也。賄，贈送財物也。《詩》：『以我賄遷。』

范金爲貨，制金立幣。《外紀》：『范金爲貨，制金刀立五幣，設九棘之利，爲輕重之法，以制國用，而貨幣行矣。』

三世之幣，九府之法。吴夏商之世幣，金有三品或黄或白、或赤、或錢、或布、或刀、或龜貝。太公立九府圜法，李奇曰：『圜即錢也。』貨寶於金、利於刀、流於泉、布於布、束於帛。

《書》：不殖貨利。《仲虺》。殉于貨色。《伊訓》。不肩好貨，無總于貨寶。《盤庚》非人其吉，惟貨其吉，若時，瘝厥官。《冏命》。

齊宣曰：『寡人有疾，寡人好貨。』孟子曰：『昔者，公劉好貨，王如好貨，與百姓同之，於王何有？』是貨之也，焉有君子而可以貨取乎？

《周禮》：『職幣掌式法以斂官府都鄙，與凡用邦財者之幣。』

趙文子之求貨，叔孫氏之裂帛。《左傳》昭元：趙文子欲求貨於叔孫，不與，曰：『貨以藩身，子何愛焉？』叔孫曰：『諸侯之會衛社稷也，我以貨免，魯必受師。』召使者，裂裳帛而與之。

宣子之謁，鄭僑不與。《昭》十六：韓宣子有環，其一在鄭商。宣子謁諸鄭伯，子産不與，曰：『僑聞君子非無賄之患，立而無令名之患，僑聞爲國非不能事大安小之難，無禮以定其位之患。』宣子辭玉，曰：『起不敏。』

揚子：『君子珍其貨而後市。』

貝，海中介蟲也。

大貝，紫貝。大貝出日南，可爲酒杯。商拘文王，散宜生得大貝，獻以免罪。紫貝，紫質黑文也。

文貝書，織貝書。貝仍几。織貝言織錦如貝文黄白也。

幣，帛也。一曰財，幣帛將意。《周禮·天官》：『大府掌九貢、九賦、九功之貳，以受其貨賄之入。頒其貨于受藏之府，頒其賄于受用之府。』

綾

《釋名》：『綾者，其文望之似冰綾之理也。』

青綾漢内臣卧。紅綾，曾吃紅綾餅餤來。

鶴文綾，龍油綾。謝靈運詩：『客從遠方來，遺我鶴文綾。』杜陽編入水不濡云，有龍油綾故也。

魏主被綾，王潛進綾。魏主叡，被縹綾半袖。元和十四，涇原節度使王潛進熟錦綾三千匹，一匹直錢一萬。

花綾，緑綾。霍光妻遺淳于衍散花綾二千五匹，綾出巨鹿陳寶光。妻傳其法，霍顯召其弟，使作之。又緑綾七百段，直錢百萬。《西京雜記》。

絳綾，白綾。詔臨邑王使主范柳所貢物多，絳綾是其所珍。《晋泰康起居注》。帝改服，着白綾帽。《晋修復山陵故事》。

辛叔宗之還綾，李德裕之罷綾。辛穆，字叔宗，舉茂才東雍州别駕，初隨父在下邳，與彭城陳敬文友善。敬文弟敬武，少爲沙門，從師遠學，經久不還。敬文病臨卒，以雜綾二十匹，托穆與敬武。穆經二十年，始於洛陽見敬武，以物還之，封題如故，世稱廉信。《後魏書》。長慶中浙西觀察使李德裕上表曰：『臣當道奉詔，更令綢絲袍段及可幅盤條綾一千匹，及所織千匹，費用至多。在臣愚誠，亦有所未諭。乞臣當道物力所宜，更賜節減，則海隅蒼生，無不受賜。』詔許罷進盤條綾千匹。《唐書》。

寇萊公有善歌者，公獨酌，令歌數闋，贈束綾，侍兒蒨桃詩曰：『一曲清歌一束綾，美人猶自意嫌輕。不知織女寒窗下，幾度拋梭織得成。』

紬

《說文》：『紬，大絲繒也。』紬，抽也，抽引絲端細緒也。又謂之絓掛也，掛於杖端，振舉之也。《釋名》。

聿修之書，邢劭之書。袁聿修爲太常寺少卿，出視巡省，仍令考校官人得失。經兗州時，邢劭爲刺史，别後，送白紬爲別信，聿修不受，與劭書云：『今日仰遇，有異常行，瓜田李下，古人所慎，願體此心，不貽厚責。』劭欣然報書云：『老夫忽忽，意不及此，敬承來旨，吾無間然，弟昔爲清郎，今作清卿。』《太史》。黄紬被裏曉眠熟，放出頭來道放衙，文潞公知揄次縣詩。

縠

《説文》：『縠，細繒也。』

揚子：『霧縠之組麗，女工之蠹。』《抱朴子》：『勁弩之餘力，不能洞霧縠。』

江充衣紗縠，後宫服綺縠。江充召見太乙宫，充衣紗縠單衣。袁術僭號，後宫數百，服綺縠。《魏志》。

絹

絹，縑也。

《廣雅》：『繁纏鮮支縠絹也。』《釋名》：『絹，絚也，其絲絚厚而疏也。』

胡威之跪，陳實之賜。胡威父質刺荆州，賜威絹一匹，威跪曰：大人清白，何故得此？父曰：貢俸之餘，以爲汝粮耳。《晋陽秋》。陳實賜梁上君子絹二匹，自是縣無盜竊。《後漢書》。

黄絹幼婦，匹絹每字。曹娥碑，黄繭，色絲也，色絲，絶字也。裴度修福先寺，皇甫湜作碑文曰：碑三千字，每字三匹絹，更減不得。裴笑，依數授之。

至孝得絹，托身報絹。後董永父終，貧不葬，以身質錢一萬。既葬，就路逢一婦人，爲妻一句，織絹三百匹，辭永曰：『我天之織女，君至孝，天帝令與君償債。』凌空而去。《孝子傳》。齊劉懷珍帝，以白騶與，噛人，不可騎，送馬與之，懷珍報百匹絹，或曰：『多。』懷珍曰：『吾方欲以身托之，豈計多少。』

賜農夫絹，賜益恭絹。貞元十三，詔黜宦者，賜農夫絹十匹。姚益恭知南昌縣，賜絹五十匹。

特賜綵絹，命賜綵絹。宋璟極言得失，特賜綵絹。『陸馥爲相州刺史，發奸摘伏，在州七年，家至貧約，徵爲常侍，賜絹五百匹。』《後魏書》。

負絹傷腰，遺絹不受。『王公以下從者百餘，皆令任負布絹，李崇、王融所負過多，崇乃傷腰，融至損脚，語曰：「陳留張武，傷腰折股。貪人敗類，穢我明主。」』《北史》。『范宣，年八歲，後園挑菜，傷指大啼，人問：「痛耶？」答曰：「非爲痛也，但身體髮膚不敢毀傷，是以啼耳。宣潔行廉約，韓豫章遺絹百匹，終不肯受。」』《世語》。

調絹有減，餉絹嫌少。『孝武時，上絹年調巨萬匹，綿亦稱此，期嚴限峻。人間買絹一匹至二三千，綿一兩至三四百，貧者賣妻子，甚者自縊死。沈懷文具陳人困，由是綿絹薄有所減。』《宋書》。阮佃夫，佞倖專權，有人餉絹二百匹，嫌少不答書。上。

趣絹縑帛，收絹三匹。《後魏書》：『《四民月令》曰：「八月清風戒寒，趣絹縑帛。」《晉故事》：「凡民丁田，夫五十畝，收絹三匹。」』

載絹而往，以絹而下。『陳留夏馥避黨事，遁迹黑山。弟靖載絹而往潯陽客舍，見馥色毁，不復識，聞其聲乃覺之。』謝承《後漢書》。『李傕等大戰弘農，百官、士卒死者不可勝數。董承招李岳等擊傕，破之，乘輿乃得進，承使潛過曰：「先具舟爲應。」帝步出營，臨河岸高不得下。時中官伏德扶中宫，以手持十匹絹，乃取德，紛連續挽而下。』華嶠《後漢書》。

輂絹恣取不殺，盜絹流涕而斬。賊來入門，見在絹布三千餘匹，令婢輂出，恣其所取，不復見殺。上。李安人行南徐州事，參將王回盜絹二匹，安人流涕斬之。

以絹戲星人，市絹撻中子。『桓温入蜀，聞有善星者，問國祚脩短，星人曰：「氣候，決無。」吴温不悦，送絹一匹、錢五千，星人曰：「賜絹令自殺，乞錢以買棺。」習鑿齒曰：「絹以戲君，錢以買粮。」』《晉陽秋》。荆州刺史庾冰中子襲，嘗貸官曹絹十匹，冰怒撻之，市絹還官。上。

翟道淵之還絹，沈慶之之夢絹。『翟湯，字道淵，潯陽人。太守于〔一〕寶遣船餉之，敕吏曰：「翟公廉讓，卿致書訖，便委般〔二〕還。」湯無人送致，乃更貨易絹物，因寄還寶。』《晉中興録》。『沈慶之，年八十，夢人以兩匹絹與之曰：「此絹足度。」寤而語人曰：「老子今年不免矣，兩匹八十尺也，足度無盈餘矣。」是歲果卒。』《宋書》。

繫絹，無絹。豫陽王嶷拜陵，還過延陵季子廟，觀沸井，有水牛突部伍，直兵執牛推問，嶷不許，取絹一匹繫牛角，放歸其家。《齊書》。蕭赤斧遷給事中、太子詹事，卒於家，貧無絹衾衣。上。

得絹萬匹，受絹一匹。『吉士瞻少時於南廬圃中擲磚，無褌褰露，爲諸輩所侮。及平魯休烈軍，得絹三萬匹，乃作百褌，其外並賜軍士。』《梁書》。劉孝綽爲吏部郎，坐受人絹一匹，左遷臨夏王長史。上。

有絹七匹，賜絹十匹。任昉爲義興太守，及被代登舟，止有絹七匹，至都無衣，沈約遺裙衫。上。費昶善爲《樂府》，嘗作《鼓吹曲》，武帝重之，敕：『賜絹十匹。』上。

〔一〕今按：『于』，《太平御覽》卷八百一十七作『干』。
〔二〕今按：『般』，《太平御覽》卷八百一十七作『船』。

石珍販絹，傅昭還絹。周石珍世以販絹爲業。上。傅昭爲臨海太守，縣令置絹于簿下，昭笑而還之。上。

楊平王之辭絹，汝陽守之少絹。楊平王子衍轉汴州刺史，至州病重，帝敕徐成伯乘傳療疾差成伯還，帝賚絹三千匹，成伯辭絹，受一千匹。《北史》。辛穆再轉汝陽太守，水澇人饑，上表請輕租賦，帝敕汝陽一郡，聽以小絹爲調。上。

王晞中的而不與，士文俱滿而無須。『孝昭帝賜百官射，王晞中的，當得絹。爲不書箭，有司不與。晞陶陶然，曰：「可謂武有餘，文不足。」』《北齊》。『庫狄士文嘗入朝，遇上置酒，賜公卿入左藏，任取多少。人皆極重，士文獨口銜絹一匹，兩手各持一匹，曰：「臣口手俱滿，餘無所須。」上。別加賞賜，勞而遣之。』《隋書》。

馬周之疏，裴矩之諫。『侍御史馬周疏曰：「貞觀之初，一匹絹一斗米，天下怗然。知陛下甚憂憐，五六年來，一匹絹粟十餘石，百姓以爲陛下不憂，所營爲樂，頗多不急之務故也。』《唐書》。太宗即位，聞諸曹受賂，試以財物遺之，令史受絹一匹，裴矩諫曰：『以物試人，即刑於法，所謂陷入其罪，恐非道德、齊禮之義。』上善之。上。

賜絹貳百，賜絹一百。文宗太和六，賜衛國公李靖五代孫鳳翔司録參軍，彦芳絹二百匹，衣笏一副。上。

『賜宰相李愚絹百匹、錢百緡，時愚病，上令中使宣問，所居寢室，蕭然，中使具言上曰：「嘻宰相月俸幾何？而委頓如此。」故有是賜。』《後唐史》。

天下嫁女，道中羊主。『高宗詔自今以後天下嫁女受財，三品以上絹三百匹，四品二百匹，六品七品百匹。』《唐書》。『惠帝於鄴，與成都王還洛陽，出城倉卒，上下無資食之調，道中有驅羊二百餘口者，得以爲粮，至洛，盧志啓以有藏絹倍還羊主。』《四王起事》。

呼賊取絹，棄官附絹。『范邰，字孝悌，少時外家，逢掠驅牛取衣服去。邰知賊不得席後三匹絹，追呼令取，賊知長者，悉還所取而辭謝焉。』《先賢行狀》。『王經字彦緯，初爲江夏太守，大將軍曹爽附絹二十匹令交市於吴。經不發書，棄官歸，母以經典兵馬而擅去，對送吏杖經五十，爽聞，不復罪經。』《世語》。

趙柔鬻鏵，元忠遺奴。趙柔有人遺鏵數百枚者，柔與子善明鬻之市，有人買絹二十匹。商人知賤，與柔三十匹，善明欲取之，曰：『與人交易，一言便定，豈可以利動心。』《後魏書》。李元忠去任歸，盜賊蜂起，清河有五百人，還經趙郡，共投元忠。奉絹千餘匹，元忠惟受一匹，殺五羊以食之，遣奴爲導，曰：『若逢賊便道李元忠遣。』如言，賊皆舍避。上。

我有一匹好東絹，重之不減錦繡端。

紗

紗，綃屬。『餘杭沈縱與父入山，至夜二更，忽見一人著紗帽，披絳龍袍，云是鬥山王。』《齊諧記》。

蟬紗，龍紗。《海物異物記》：『泉女織紗，輕如蟬翼，名蟬紗。』《述異》：『□〔一〕人織綃，亦名龍綃。』

置輕紗幕，施絳紗帳。『漢武思李夫人，董仲君曰：「潛英石色青，輕如毛羽。使此石像往，則夫人至矣。得此石，依夫人形刻成，置輕紗幕，夫人至，若生時。』《拾遺記》。『馬融教養諸生：施絳紗帳，前授生徒，後列女樂。』《東觀漢記》。

絳紗繫臂，紗縠不安。武帝泰始九，多簡良家子女以充内職，擇其美者以絳紗繫臂。杜牧詩『絳縷猶封繫臂紗』是也。『蔡克，字子尼，體貌尊嚴，莫有媟嫚。高平劉整宸居家，車服奢麗，謂人曰：「紗縠，吾之常服耳。」蔡子在坐，經日不自安。』《别傳》。

〔一〕今按：疑爲『鮫』。

隔紗受業，鬻紗自業。『符堅以太常韋逞母家傳其父業《周官音義》，乃就宋家立講書堂，書生百人，隔絳紗帳而受業。』《秦記》。『王僧孺幼貧，其母鬻紗布以自業。』《梁書》。青紗單衣，素紗步帳。『游明根以年逾七十，表求致仕，優詔許之。引入陳謝，悲不自勝。帝言別慇懃，仍爲流涕，賜青紗單衣、委貌冠、被褥、錦袍等物。』《後魏書》。『琅邪王儼，字威仁，武成第三子，拜京畿大都督，帝與后在華林園，張幕隔素紗步幛觀之。』《北齊》。隔紗聽講，服紗迎道。『齊盧道虔聘妻元氏，甚聰悟，嘗升高坐，講《老子》，道虔從弟元明隔紗帷以聽。』《北史》。『太宗幸滿州，刺史趙元楷服黃紗迎于道左。』《唐書》。絳紗單衣，紗囊五色。『皇太子初拜，有絳紗單衣。』《東宮舊事》。『江漢之民，上巳之日，禊集，招祇或結五色紗囊，盛食沉於波中，蛟龍水蟲畏，不侵食。』《拾遺記》。

縑

《説文》：『縑，并絲繒也。』

『縑，兼也，其絲細緻，兼於絹，染五色，細且緻，不漏水也。』《釋名》。

遺縑不受，懷縑於前。『張涣，少大志節，董卓遺縑百匹，涣惡卓爲人，絶而不受。』《續漢書》。『王丹資性方潔，疾惡豪强。同郡陳遵，關西大俠，友人喪親，遵護喪事，賻助甚豐，丹懷縑一匹，陳之於主人前曰：「如丹此縑出自機杼。」遵聞而有慚色。』《東觀漢記》。

王丹寄縑，戴封遺縑。王丹子有同門生喪親，家在中山，白丹欲往奔慰，結侶將行，丹怒而撻之，令寄縑以祠焉，或問其故，丹曰：『交道之難，未易言也。』上。戴封遇賊，財物被略，餘縑七匹，賊不知處，追以與之曰：『知諸君乏，故送相遺。』賊驚曰：『此賢人也。』盡還器物，後舉孝廉。上。

餉縑不受，謝縑妄語。『孫謙初爲錢塘令，御繁以簡，獄無繫囚。及去官，百姓以謙在職不受餉遺，追載縑帛以送，謙辭不受。』《南史》。『何遠輕財好義言，不虛妄，蓋天性也，每戲語人曰：「卿能得我一妄語，則謝卿以一縑。」』《梁書》。

繡

『繡，脩也，文脩脩然也。』《釋名》。
『五采備，謂之繡。』《冬官》。
繡，三色綾也。

《書》：『黼黻、絺繡。』《孟》：『不願文繡。』

《詩》：『素衣朱繡，黻衣繡裳。』

紂必衣繡，公與繡衣。『紂不服短褐，必將衣繡。』《帝王世紀》。『狄人伐衛，公與夫人繡衣，曰：「聽於二子。」石祈子、甯莊子。』《左·閔》。

繡被，繡衣。『鄂君乘青翰之舟，越人擁楫而歌曰：心悦君兮君不知。」於是舉繡被而覆之。』《説苑》。晋平公使叔向聘吴，吴人飾舟以送之，左百人、右百人，有繡衣而豹裘者，有錦衣而狐裘者，公曰：『吴其亡乎？』上。

衣必文繡，繫以綉紱。『齊襄公，陳妾數百，食必粱肉，衣必文繡。孔子將生之夕，有麟吐玉書於闕里，人家徵在乃以綉紱繫麟角而去。』《拾遺記》。

帷不文繡，衣之以繡。『文帝所幸慎夫人，衣不得曳地，帷不得文繡。』《史》。『暴勝之爲直指使，衣繡、持斧。』《漢書》。江充使匈奴，拜直指繡衣御史。上。繡衣直指侍御史，武帝所制。《百官表》。

賜繡綺，賜繡被。『宣帝時，呼韓邪單于來，賜白繡綺八千匹。』《漢書》。『李忠獨不掠財物，上取大驪馬及繡被以賜忠。』《東觀漢記》。

衣繡還州，衣繡賜死。『張既爲尚書，出爲雍州刺史，太祖曰：「還君本州，可謂衣繡晝行。』《魏志》。『曹植妻衣繡，太祖登高見之，以違制命還家賜死。』《世説》。

夫人刺綉，齊郡刺繡。『吴王孫權，思得善畫圖，作山川地形軍陣之象，趙夫人曰：「丹青之色，甚易歇滅，不可久寶；妾能刺綉，作列國圖於方帛之上，寫以河五岳河海城邑行陣之形。」進於吴主，時人謂之針絶。』《拾遺記》。『齊郡能刺繡，恒女無不能者；襄邑織繡，恒女無不巧者，因見而手狎也。』《論衡》。

富者綺繡，師之刺繡。『古庶人老耄而後衣絲，其餘則麻枲而已，故命曰「布衣」，今富者綺繡罔紈，素綈冰錦。』《法言》。『刺繡之師，能縫衣裳；納縷之工，不能織錦。儒生能爲文吏，文吏不能爲儒生。』《論衡》。

繡之未刺，錦之未織。絲帛何以異哉？及其加五采之工，施針縷之飾，則文章煥耀。學士有文章，其猶絲帛布色之功。上。

『元鼎元年，招仙閣有霞光繡、藻龍繡、連煙繡，有走龍錦、雲鳳錦、翻鴻錦。』《洞冥記》。

漢高帝令賈人毋得衣繡。

錦

《説文》：『錦，金也，其用功重，價如金，故制字從帛與金也。』錦，織文也，出於蜀者上，綉五色備綈爲質，成都獨□號錦宫城。宫錦，雲錦。李白，衣宫錦袍。《選》：天孫織取雲錦裳。載二十駝，裁二十匹。大食國有重錦，載二十橐駝乃勝，裁爲二十匹。製錦，反錦。子皮欲使尹何爲邑，子産曰：『子有美錦，不使人學製焉。大官大邑，身之所廟也，而使學者製焉。其爲美錦，不亦多乎？』官邑之重多於美錦。《襄卅一》。衛人饋叔向羹與一篋錦，叔向受羹反錦。

江淹夢錦，日本貢錦。『江淹嘗夢張景陽，曰：「嘗以匹錦相寄，今可見還。」淹探囊中得數尺與之，其人怒曰：「□〔一〕得割裁用之也。」淹文章躓矣。』《齊書》。漢武時，日本貢猉獜錦。杜詩：瑞錦送猉獜。

〔一〕今按：疑爲『那』。

錦襖子，錦長襖子。

翠毛錦，黄盤雕錦。

『錦有大登高、小登高、大明光、小明光、大博山、小博山、大茱萸、小茱萸、大交龍、小交龍、蒲桃文錦、斑文錦、朱雀錦、桃文錦、青綈、白綈、黄綈、緑綈、紫綈。』《鄴中記》。

『東海冰蠶，其繭五色，織爲文錦，入水不濡。』《山海經》。

周成王時，因祇國獻女工一人，善織，以五色絲納於口中，手引而結之，則成文錦，其國人來獻雲崑錦；文似雲從山岳中出。列堞錦；文似雲霞覆城雉樓堞。雜珠錦，文似貫珠佩也；篆文錦，文似大篆文也；列明錦，文似列燈燭也。幅皆廣三尺。《拾遺記》。

《詩》：『衣錦褧衣，裳錦褧裳』，『錦衣狐裘』。

『衣夫錦。』《語》。

重錦，束錦。《左》：『衛遷于漕，齊桓公歸重錦三十兩。』《左·閔》。『晋侯先歸，公享六卿于蒲圃，賄荀偃束錦加璧。』《襄三》。

夫人饋錦，司鐸懷錦。『左師曰：「誰爲君夫人？余胡不知？」國（圉）人以告夫人，使饋之錦與馬。』《襄五》。『平丘之會，公不與盟。晋人執季孫意如，以幕蒙之，司鐸射懷錦，奉壺飲冰，以匍匐焉。守者禦之，與之錦而入。』《昭四》。

幣錦，束錦。『齊侯將納公，命無受魯貨，申豐从女賈，以幣錦二兩，縛一如瑱，適齊師。』《昭六》。『吴人藩衛侯之舍，子貢乃請束錦以行。』《哀》。

錦帷，錦被。『孔子見南子，夫人在錦帷中，孔子北面稽首。』《典略》。『蔣欽，字公奕，爲右護軍，孫權入其内，母練帳縹被，權嘆其在貴守約，敕御府爲其母作錦被，改易帷帳。』《吴志》。

繒錦，錦罽。甘寧常以繒錦維舟，去輒割棄，以示奢。諸葛融父兄質素，身無綵飾，融錦罽文繡，獨爲奢侈。上。

以錦挽車，獻錦遣使。陸遜攻劉備於夷陵，備舍船步走，燒皮鎧以斷道，使兵以錦挽車，走入白帝。『蜀遣使獻重錦十端。』《吴紀》。

錦以織文，錦不可幍。竇滔妻蘇氏，善屬文。符堅時，滔被徙流沙，蘇氏織錦爲迴文詩以寄緒（滔），循環宛轉，詞甚凄切。《晋書》。袁甫稱所知於何勖，勖曰：『人各有能，此人雖好，好莫過錦，錦不可以爲幍。』上。

衣以綾錦，縛以袴褶。石季龍僭位遷都傾心事佛，圖澄有重於勒，衣以綾錦，乘以雕輦。『宋邵將作難賜袁淑袴褶又冰錦，裁三尺爲一段，又中裂之，分蕭斌與淑及左右，使以縛袴褶。』《南史》。

獻一匹錦，織千機錦。『孝武時，武陵王駿獻錦一匹。』《後魏書》。『齊畢義雲家有千餘機織錦。』《北史》。『出錦罽，賜錦瑞。太祖曾在同州與群臣宴集，出錦罽，命諸將樗蒱取之。』《後周書》。『王方慶，天后初爲廣州都督，境内清肅，手制褒之，曰：「朕以卿歷職有稱，故授此官，既美化遠聞，實副所寄，今賜卿錦瑞以彰善政。」』《唐書》。

代宗之敕，代宗之詔。大曆中代宗敕。《王制》：『命市納賈，以觀人之好惡。布帛精粗、廣狹，不中度、不中量，不鬻於市。漢詔亦云：「纂組文繡，害女工也。」朕思以恭儉克己，敦朴化人，每尚素玄之服，庶齊金玉之價，而風俗不一，逾侈相高，寖弊於時，其來已久，耗縑繒之本，資錦綺之奢，異綵之綺，久恣其誇，況今師旅未戢，黎元不康，宜使淫巧之工，更虧恒制？在外所織，軟錦瑞錦，獨窠文紗，獨窠烏綾，並宜禁斷。』上。大曆代宗詔許，宰相僕射、判度支、京兆尹，各出錢三十萬，宴子儀于子儀私第，内侍魚朝恩，出錦十匹，綱五十匹，綾一百匹，爲子儀纏頭之費。舊俗賞歌舞人以錦綵，置之頭上爲之纏頭。上。

萬福宮錦，婦人文綺。張萬福爲和州刺史，賊許梁至楚州大掠，節度使韋元甫命萬福進討，萬福倍道，追而殺之，代宗發詔，賜衣一襲，宮錦千雙。上。『夏殷桀紂之時，婦人錦繡文綺之坐席，皆以綾紈常三百人。』《六韜》。

張鸞章，獻錦組。『周靈王起昆昭之臺，以享群臣，張鸞章錦文，如鸞翔。』《拾遺記》。『吉日甲子，天子執白圭玄璧以見王母，獻錦組百純，王母再拜受之。』《穆天子傳》。

兩童子之衣錦，宋采賓之盛錦。『魏文侯與田子方語，有兩童子衣錦侍於君前，田子曰：「此君之寵子乎？」文侯曰：「非也，其父死於戰，此其幼孤也，寡人收之。」』《説苑》。

『帝見王母巾器中有一卷小黄書，盛以紫錦之囊，帝問：「此書是仙方耶？」王母出以示之：「此五岳之真形圖也。」命女宋靈賓取一圖以與帝，靈賓懷中得一卷，盛以雲錦之囊。王母起立，手以付帝。』《漢武内傳》。

走龍錦，五色錦。元鼎元年，起招仙閣，編翠羽麟毫爲簾，有走龍錦、翻鴻錦。『武帝得貳師天馬，以玫瑰石爲鞍轡，鏤以金銀，以緑地五色錦爲蔽泥。』《西京雜記》。

張錦帳，蒙錦被。『淮南王爲八公，張錦帳燔百和之香。』《神仙傳》。『陳元方遭父喪，骨立，其母愍之，以錦被蒙其上，郭林宗見而責之，賓客絶百許日。』《語林》。

贈錦，仰錦。魏武《與楊彪書》：『今贈足下錦衾二領。』『今民貧國虚，敗敵之資，惟仰錦耳。』《諸葛亮集》。

熟錦五端，錦障卌里。張温表：『劉禪送臣温熟錦五端。』『石崇錦步障四十里。』《世説》。

遺錦還主，上錦不服。『閻憲，字孟度，成都人，爲綿竹令，以禮讓化人，莫敢犯者。有民社戍(杜成)夜行，得遺賄一囊，中有錦二十匹，求其主，還之曰：「縣有明府〔一〕，何敢負也。」』《華陽國志》。《羊太常辛夫人傳》曰：『夫人字憲英，衛尉肅侯毗之女。不好華麗，琇上夫人鼲子帔，緣以錦，不肯服，從外孫胡母楊上夫人錦被，夫人反卧之。』

熟錦，文錦。『員嶠之山名環丘，有冰蠶長七尺，黑色，有角，有錦，雪霜覆之，然後作繭，長一尺，其色五彩，織爲文錦，入水不濡。』《拾遺記》。『石虎冬月，施熟錦流蘇帳。』《鄴中記》。

織錦，濯錦。晋出帝，作織錦樓以織地衣。『攻玉以石，冶金以鹽，濯錦以魚，浣布以砂。』《潛夫論》。

錦鳥，渙水。『錦鳥藻繢綵文，端正似錦，謂之錦鳥。』《異物志》。『襄邑縣南有渙水，北有濉水。《傳》曰：「濉渙之間能文章。」故有黼黻藻繡，日月華蟲，以奉天子宗廟服御焉。』《陳留風俗傳》。

管仲，子産。『《子思子》曰：管仲，繢錦也，雖惡而登廟；子産，練紫也，雖美而不尊。』《家語》。《淮南子》：『管仲，文錦也，雖醜而登廟；子産，練白也，雖美而不尊。』

〔一〕 今按：疑爲『君』。

賜宮錦，貢重錦。封陝，武宗使作詔書，賜以宮錦。裴胄拜荆南節度使，時方鎮争剥下希恩，貢重錦，名貢奉，有中使者，即悉公帑市歡，胄待之有節。

衣錦，晝錦。『項羽曰：「富貴不歸故鄉，如衣錦夜行。」』《漢書》。張士貴，虢州人，授虢州刺史，帝曰：『顧念卿衣錦晝游耳。』韓琦，相人也，晝錦築堂。

杜鴻漸之獻錦，真德王之獻錦。杜鴻漸兼成都尹，入朝獻錦十五床。新網真德王織錦爲頌以獻。

廣陵錦，曳繡飄。韋堅通漕成舟署某郡，以所産暴陳其上，若廣陵錦。杜亞拜淮南節度使，泛九曲池，曳繡爲飄，詑曰：『要當稱是林沼。』李衡曰：『未有錦纜，云何？』亞大慚。必錦裘自表，視錦繡未求。李晟每與賊戰，必錦裘繡帽自表，指揮陣前。元德秀視錦繡，未嘗求足。

漁油錦，朝霞錦。女王國貢漁油錦，文采尤異，入水不濡濕，云有魚油故也。『阿保機遣使者以朝霞錦聘粱。』《五代史》。

鋪池以錦，覆山以錦。『文宗論德宗奢靡：「每引泉先於池底鋪錦。」』《王建宮詞》。『魚藻宮中鎖翠蛾，先皇行處不曾過，只今池底休鋪錦，菱角鷄頭積漸多』是也。李石録。吴越王錢，繆遊衣錦城，宴故老，山林皆覆以錦。

得文錦，賜瑞錦。郭崇韜，莊宗聞破蜀，遣宦官向正嗣勞軍，正嗣還，上蜀簿，得文錦五十萬匹。東女真王斂臂使大臣，求請官號，武后册拜左右，玉鈐衛將軍賜瑞錦服。室韋錦，波斯錦。『室韋，其人工巧，善織毛錦。』《五代史》。吐蕃所貢波斯錦。尹子夫絲舍而不治，則腐而棄，使女工纅之以爲美錦，人君朝而服之。顔服，賡詩。天孫機上絢光華，十樣新奇世共誇。步障簇時龍衮浪，迴文織處鳳穿花。紅迷煬帝帆过雪，絳奪滕王閣外霞。安得佳人倡金縷，纏頭醉舞柳腰斜。

羅

羅《釋名》：羅，文綢疏也。纚簁也，粗可以徙物也。

纖羅，花羅。周成王五年，因祇國獻女工一人，被纖羅□〔一〕繡之衣。漢武時，西域獻蛺蝶綢，杜詩曰『花羅封蛺蝶』是也。

文綢，綢穀。『黄庭爲不死之道，受者先齊九日，然後受之。結盟立誓，期以勿褻。古者

〔一〕今按：疑爲『新』。

盟以玄雲之錦九十匹，金簡鳳文羅四十匹。』《黄庭經》。『荆軻左手把秦王袖，右手揕其胸，秦王曰：「今日之事，從子計耳，乞聽琴聲而死。」召姬人鼓琴，琴曰「綢縠單衣，可裂而絶，八尺屏風，可超而越，轆轤之劍，可負而伏。秦王奮地而起，遂殺軻。」』《燕丹子》。

紫羅薦地，紫羅面衣。『帝以七月七日，以紫羅薦地待王母。』《漢武内傳》。『趙飛燕爲皇后，女弟遺書：「今日嘉辰，貴姊茂膺洪册，謹上襚三十條，以陳踊躍之心。」金花紫羅面衣，織成襦羅、帷羅、幌羅、帳羅。』《西京雜記》。

帶紫羅綺，帶紫羅囊。馮房三代爲侍中，並帶青紫羅綺。『謝玄好帶紫羅香囊，叔安惡之，不欲傷意，因賭而焚之，遂絶。』《晋書》。杜詩曰『莫帶紫羅囊』是也。

羅縠幔，綾羅袴。『孫權趙夫人織羅縠，裁之爲幔，飄飄如烟氣，輕動而房内自凉。』《拾遺記》。武帝嘗降王武子供饌，悉用琉璃器，婢子百餘人，皆綾羅袴。

廣七八分，長五六寸。『張仲舒爲司空。廣陵城北，元嘉年七月中，輒見門側有赤氣。空中忽雨絳綢，廣七八分，長五六寸，張經宿，暴疾死。』《異苑》。

絲

絲。蠶口中所出也。又云一蠶爲一忽，十忽爲絲。

素絲，錦絲。李：玉顔艷紅采，金髮非素絲。石崇作錦絲屏障。

繭絲，新絲。尹鐸曰：『爲繭絲乎？爲保障乎？』言取民財如繰絲。二月賣新絲，醫得眼前瘡。

治絲，悲絲。《左》：『猶治絲而棼之也。』墨翟見練絲而悲，爲可黄可黑。

言如絲，鬢若絲。《禮記》：『王言如絲，其出如綸。』李賦達身已達，草玄鬢若絲。二月田家已賣絲，菜傳纖手送青絲。

《周禮》：『典絲掌絲入而辨其物，頒絲于外内工，皆以物授之，及獻功則受良功而藏之，辨其物而書其數，祭祀共黼畫組就之物，喪紀共絲纊組文之物。』《周禮》：『㡛氏，湅絲，音練。以涚水漚其絲，七日去地尺，暴之。』涚水，以灰所泲水也。漚，漸也。楚人曰漚，齊人曰湊，晝暴諸日，夜宿諸井，七日七夜，是謂水湅。

染人掌染絲。

弓人，絲也者，以爲固也，絲欲沉，如在水中時□〔一〕。絲三邸。

縷

縷，綫縷也。

《淮南子》：『先針後縷，可以成帷。』《枚乘傳》：『以一縷之任，繫千鈞之重。』

玉京之縷，瑜妻之縷。有女姚玉京，以燕足繫紅縷，明年紅縷如舊。凡六十歲，玉京死，燕至墳所，悲鳴亦死。『梁衛敬瑜妻，年十六，敬瑜亡，有雙燕忽孤飛，女以縷繫脚，後歲燕來，仍帶前縷，女詩云：「故人恩義重，不忍復雙飛。」女截耳，不嫁。』《史》。《孟》：『麻縷輕重同則價相若。』

〔一〕今按：疑爲『色』。

綵

綵，繪繒也。

老萊戲綵，隋煬剪綵。老萊子孝親，年七十，爲五綵衣，爲嬰兒戲。隋煬，秋冬花落，剪綵爲綴於花枝之上。

世綵，買綵。庾剛曾大母，九十三，曾大父，八十八，有世綵堂。宋朱百年隱居，時出山陰爲妻買繒綵，好飲酒，醉或失之。

賜卿雜綵以彰善政，王方慶事見錦。

綬

綬，組綬也。

長一丈二尺，法十二月，廣二尺，法天地人，此佩印之組也，貫佩玉，佩若纍兮。

紫綬，藻綬。丞相，金印紫綬。大夫，藻火綬青拖桃花三彩。

青綬，艾綬。御史大夫青綬。二千石以上銀印緑綬，亦曰『艾綬』。黑綬，黄綬。邑宰銅章黑綬。選貫黄綬，黄綬如縣尉，秩二百石。唐太宗，民八十以上加板綬。

布

《周禮》：『外府掌邦布之入出，以共百物而待邦之用，共王及世子之衣服之用。歲終則會，唯王及后之服不會，不宜此門。』

《詩》：『氓之蚩蚩，抱布貿絲。』《孟》：『許子必織布而後衣乎？布帛長短同則價相若，有布縷之征，君子用其一，緩其二。』

大布，露布。左衛文公，大布之衣。漢魏每戰克，書帛于漆竿上，名露布。越王索布，漢后着布。『吴王聞越王盡心自守，賜之以書，增之以封〔一〕。越王使大夫

〔一〕今按：疑爲『封』。

□〔一〕素葛布，以答封禮。』《吴越春秋》。『馬太后詔曰：吾爲天下母，身服大練，食不求甘，左右但着白布，欲身率下也。』范曄《書》。

人懸布，富如布。『諸侯攻逼陽，主人懸布。秦堇父登之，及堞而絶之，墜，則又懸之，帶其斷布，蘇而復上者三，以殉於軍三日。』《襄二》。『晏嬰曰：富如布帛之有幅焉，爲之制度，使無遷也。夫民生厚而用利，於是正德以幅之，使無黜嫚，謂之幅利。』《襄廿八》。

衣裳細布，衣裳盡布。『墨子曰：「古有衣無文者，禹是也。土階三等，衣裳細布。當此時，黼黻無所用，衣在完堅。」』《説苑》。『齊國好厚葬，布帛盡於衣衾，材木盡於棺椁。桓公患之，以告管仲曰：「布帛盡則無以爲幣，材木盡則無以爲守備。」』《韓子》。

衣雲霞之布，見身毒之布。『周成王時，燃丘之國遣使貢獻，使者衣雲霞之布，如今之朝霞布也。』《拾遺記》。『臣在大夏時，見蜀布，問安得此，大夏國人曰：「吾賈人往市之身毒，身毒在大夏東南。」』《張騫傳》。

亡八尋之布，縫一尺之布。『楚共王時，江乙爲郢大夫，有入王宫盗者，令尹以罪之（乙），請於王而黜之，處家無幾，其母亡布八尋，言令尹盗之，王曰：「令尹在上，寇盗在下，

〔一〕今按：疑爲『賨』。

令尹不知有何罪焉？」母曰：「妾子爲郢大夫，人盜王宫中之物，妾子坐而黜之，令尹獨何以不坐？」王曰：「善。」令吏償母之布，因賜金十鎰。母讓金、布曰：「妾豈貪貨而干人哉？怨令尹之治也。」遂不肯受，王乃召江乙而用之。』《列女傳》。『文帝時，民謡曰：「一尺布尚可縫，一斗粟尚可舂，兄弟二人不相容。」』《漢書》。

吴郡之布，哀牢之布。『吴郡本不獻越布，陸宏越布單衣，明帝好之，敕獻越布。』《後漢書》。哀牢夷之染綵細布，織成文章如綾錦，有梧木葉情以爲布。幅廣三尺，潔白不受垢污，先以覆亡人，然後服之。上。

用纏身以布，書吕字於布。董卓獲山東兵，以猪膏金布十餘匹，用纏其身，然後燒之，先從足起。上。吕布謀董卓有人書吕字於布上，負而行於市，歌曰：『布乎！布乎！』有告卓者，卓不悟。上。

海西布，羊腸布。『條支西出細布，言用水羊毳，名曰海西布。』《魏略》。皇甫隆爲燉煌太守。燉煌婦人作裙，幸縮如羊腸，布一匹，隆禁止之。上。

遺單布衣，制練布衣。『王戎性慳，從子將昏，遺一單布衣。』《晋書》。蘇峻平後，帑藏空虛，庫中惟練數千端，鬻之不售，乃與朝賢俱制練布單衣，人士競服，練遂踊貴。上。

以布責梨，賜布令負。王玄謨侵魏，好營貨利，一匹布責人八百梨，以此倍失人心。《宋書》。宋該，字宣孔，爲右長史。太祖會群僚，以該性貪，賜布百餘匹，令負而歸，重不能制，乃至僵頓，以愧辱之。《燕書》。

進布而焚，送布而出。『蕭恢爲郢州刺史，境内大寧，時有進筒中布者，恢以奇貨異服，即命焚之，百姓仰德。』《梁書》。『姚察自居顯要，一不交通，門生送南布一端，花練一匹。察曰：「吾所衣着，止是麻布蒲練，此物於吾無用。」厲色驅出，自是莫敢饋遺。』《陳書》。

布衣之著，布衣而射。『楊椿歸老，謂子孫曰：「恒見清河翁，著布衣韋帶。」』《後魏書》。楊大眼爲荆州刺史，縛槁爲人，衣以布而射之，召諸蠻渠指示之曰：『卿若作賊，吾正如此相殺。』上。

盜布歸首，出布。『齊鄭述祖爲光州刺史，有人入市盜布，其父怒曰：「何忍欺人君？」執之以歸首，述祖特厚之，自是境内無盜。」』《北史》。『貞觀十八年將征東，安東人彭通請出布五千段，以資征人，上善之。比漢之卜式，拜宣議郎。』《唐書》。

其妻織布，公儀焚機。『公儀相魯其妻織布，休曰：「汝豈與世人争利哉？」遂燔其機。』《韓子》。

紡花布，緝木布。『玄菟北有山紡花，人取紡績爲布。』《玄中記》。『大業七年十二月，朱寬經留仇國，獲男女千餘人，緝木皮爲布幅，闊三尺二寸，亦有細斑布幅，闊四尺許。』《拾遺記》。

扶桑布，古貝布。『東夷扶桑國，土多扶桑木，故以爲名。扶桑爲樹，初生如笋，國人食之，實如梨而赤，績皮爲布、爲衣，以爲錦。』《南史》。林邑國出古貝，古貝，樹名。華如鵝毳，紡以作布，染成五色，織爲斑布。上。

盜牛遺布，不受遺布。『王烈遠識達通，州閭成風，人皆爾之，咸競爲善。有盜牛者，牛主得之，盜曰：「邂逅迷惑，今將改過，既已見遺，無使王烈聞之。」烈以布一端遺之。』《先賢行狀》。『王戎爲侍中，南郡太守劉肇遺筒中布五十端，戎不受而厚報其書，識者以爲譏。』《竹林七賢傳》。

擇布無粗，市布作帳。『沈峻，字敬山，有譽而性儉。張温使蜀，辭峻，峻入内，良久出，語温曰：「向擇一端布，欲以送卿而無粗者。」』《笑林》。曹植表欲遣人到鄴，市上一布五十匹，作車上小帳帷，謁者不聽。

火浣布，火浣布。『青龍三，西域獻火浣布。』《魏志》。『日南北景縣有火鼠，取毛爲布，名火浣布。』《吴録》。

火洲布，火浣布。『南海諸藻國自然火洲，樹生火中，取皮作布，若小垢污投火更潔。』《南史》。『周穆征西戎，戎獻火浣布，布則火色，垢則布色。』《列子》。

火浣布，白鼠布。『梁冀作火浣布單衣，朝臣□酒，解衣燒之，燦然潔白。』《傅子》。『蕭丘有自生火，其一種木，焚而不糜，績以爲布。』《抱朴子》。又有白鼠，毛長三寸許，入火不燒，績以爲布。上。

火鼠布，火浣布。『南荒之外有火山，長四十里，廣數十里，其中皆生不燼之木，火中有鼠，重百斤，毛長二尺，細如絲，可以作布，恒居火中，色白如水，沃之即死，織以爲布。』《神異經》。『晋太康中，羽山之民獻火浣布，羽山之上有文石生火，烟色，名爲净火，有不潔之衣，投于火中，皆如新浣，舜時漢末，其國獻黄布、赤布，梁冀聚爲衣，謂之丹衣，而史云：「單衣則今掖縫也。」』《拾遺記》。

火浣布，火浣布。方丈山東有龍場，或云龍鬥此處，膏血如水，着物如漆。燕昭王三年，海人以雕壺盛膏數斗，以獻昭王，王坐通雲之臺，以火浣布爲纏，用龍膏爲燈，照曜百里。上。崑崙之墟炎火之山，鳥獸草木皆生火中，故有火浣布，非草木之皮，則其鳥獸之毛也。漢世獻此布，魏明帝□西域，使獻火浣布。

木鼠，火洲。『李公遥識曰：「此火浣布也。一是績木皮，一是績鼠毛。」』《梁四公記》。『斯調國有火洲，上有野火，枝皮更滑，採毛爲布，色小青黑，若污塵垢，投火鮮明。』《異物志》。

黄草布，海中布。『湖中有黄草布，極細者，與葛無異，大蔡國有織成細布，言用水羊毛，名曰海中布。』《史》。

白叠，白越。『高昌國有草，實如繭中絲，名爲白叠子，取以爲布。』《海録碎事》。『又白越細布也。』《越絶書》。

春蕪布，香荃布。『坡岐國産荃蘼草、春蕪草，其皮如絲，可以爲布，所謂春蕪布，亦曰香荃布。』《洞冥記》。

朝霞布，海西布。『西屠夷獻朝霞布。』《唐書》。波西織水羊毛爲布，曰海西布。左思《蜀都賦》：『黄潤比筒，籝金所過。』注：黄潤，謂筒中細布也。揚雄《蜀都賦》：『筒中黄潤，一端數金。』籝，勝也。相如《凡將篇》：『黄潤織美宜制襌。』

紵

紵。細者爲絟，粃者爲紵。

《書·禹貢》：『厥貢絺紵。』

子産獻紵，文子具紵。《左·襄公》：『季札聘鄭，子産獻紵衣焉。』韓文曰『授縞紵以託心』是也。『吴赤市使於智氏，假道於衛，甯文子具紵絺三百製，將以送之，大夫豹曰：「假之道，則亦敬矣，又何禮焉！」文子不聽，遂致之。』《説苑》。

法興之父，販紵爲業。『戴法興，山陰人。家貧，父碩子以販紵爲業。』《宋書》。

綿

綿。《説文》曰：『纊，絮温也。』

同昌澄水帛，滿坐思挾纊。見帛。

軍士挾纊，纏女以綿。『楚子伐蕭，師人多寒，王巡三軍，拊而勉之，三軍之士皆如挾纊。』《左·宣》。『吕布爲曹公所攻，乃求救於袁術，術先求布女，以綿纏女，縛着馬上，夜自送女。』《英雄記》。

漬以綿絮，纏以綿纊。『徐稚人喪，萬里赴吊，炙鷄一隻，一兩綿絮。清酒曝乾，綿絮致水中，俟有酒氣，以鷄置前，祭畢便去。』《後漢書》。張奂遺命，纏以綿纊，絆以釘密，爲不喜耳。今幸有前穿，朝隕夕下，横尸露床，幅巾而已。上。

不衣綿布，不服綿纊。『朱百年隱居山陰，家室素貧，母以冬月亡衣，並無絮，自此不衣綿帛。嘗寒時就孔凱宿，衣悉裌布。飲酒醉眠，凱以卧具覆之，百年引卧具去體，謂凱曰：

「綿定奇温。」因流涕悲痛，凱亦爲之感傷。』《宋書》。

『阮孝緒年十六，父喪，不服綿纊，雖蔬食，有味亦吐之。』《齊書》。

建安之綿，房子之綿。『郭原文（平）孝行既著，許瑤之罷建安郡丞還家，以綿一斤遺之，不受。瑤之乃自往曰：「今遇寒而建安綿好，以此奉尊上下耳。」原平乃拜而受之。』《宋書》。『房子城西出白土，異於常綿。上。俗言房子之纊也，歲貢其綿，以充御府。』《水經注》。

絮

精曰綿，粗曰絮。

『存問長老，賜以帛絮。』《漢文（書）》。

蒙絮覆面，冒絮提帝。『吴王將死，曰：「死者有知，吾何面目見子胥也？」遂蒙絮覆面而自刎。』《吴越春秋》。『人告周勃反，下廷尉薄，太后以冒絮提文帝曰：「絳侯綰皇帝璽，將兵于北軍，不以此時，反今居下縣，顧欲反耶？」帝乃出之。』《史記》。

野蠶絮，雜繒絮。『光武建武一，野蠶成田園，民收其絮。』《續漢書》。『曹公定鄴，祠袁紹墓，哭之流涕，慰勞紹妻，贈雜繒絮，廩食之。』《魏志》。

布衣麻絮，素簏故絮。『顧悌，字千通，父亡，孫權爲作布衣一襲，皆麻絮著之，强令悌釋服。』《吴書》。王敦害周顗，籍其家，政見素簏數枚中有故絮也。

蘆絮，柳絮。『閔，損後母，冬月以蘆花衣之以代絮，其父知之，欲出後母。騫跪曰：「母在一子單，母去三子寒。」父遂止。』《孝子傳》。《庾信賦》曰『待蘆葦之單衣』是也。『李主國用不足，民間柳條結絮，皆有税。』《聞見録》。

景茂敗絮之擁，許行絲絮之同。『阮長之，字景茂。守臨海，在官常擁敗絮。』《史》。『從許子之道，則麻縷絲絮輕重同，則價相若。』《孟》。

絮以塞孔，絮以綵綸。『佛圖澄，腹旁有一孔，常以絮塞之，每夜讀書則拔絮，孔中出光，照于一室。』《晋書》。『顔峻丁父憂，起爲丹陽尹，遣中書舍人戴寶明抱峻登車，載之郡舍，賜以布衣一襲，絮以綵綸，遣主衣就衣諸體。』《宋書》。

弊絮單衣，爲絮以綿。『江革補國子生，王融、謝朓、侯革，時大寒，見革弊絮單衣而耽學不倦，嗟嘆久之。』《齊書》。『蠻夷不蠶，採木綿爲絮。』《廣州記》。

被絮通心，着絮在棘。皇甫規《與馬融書》：『與被絮一雙，以通微心。』『王文度在西州，與林法師講，林公每欲小屈，孫興公曰：「法師今日似着弊絮在荆棘中。」』《世説》。

絺綌

『絺，細葛也。綌，粗葛也。縐，絺之細也。』《說文》。

《詩》：『爲絺爲綌，服之無斁』，『絺兮綌兮，凄其以風』，『蒙彼縐絺，是紲袢也』。

《韓子》：『堯之王天下也，冬則鹿裘，夏則葛絺。』《高士傳》：『善卷曰：「子立宇宙之中，冬衣皮毛，夏衣葛絺。」』

『堯見舜於宫南面問政，然後賜以絺。』《帝王世紀》。

毋得衣絺紵，於此有絺綌。漢高帝令：『賈人毋得衣絺紵。』『孔子南遊至阿谷，有處女佩黄而浣，孔子抽絺綌五兩以授子貢，曰：「善爲之辭，以觀其語。」子貢曰：「於此有絺綌五兩，吾不敢置之水浦。」婦人對曰：「吾年甚少，何敢取之，子不早去，竊有狂夫守之者矣。」』《韓詩外傳》。

荃葛，絺巾。江都王建謀反，與越通，越遺建荃葛。《漢書》。『耿純，字伯山，率宗族二千人，皆繒襜絺巾，迎上於費，上悦。』《東觀漢記》。

賜葛絺，賜黄葛。馬嚴爲陳留太守，馬嚴病，遣李龔詣闕，上召見龔，問疾病形狀，以黄金、葛絺賜嚴。上。黄香爲郎，召詣安福殿，賜錢、黄白葛。上。

魏文帝之求葛，任西華之着葛。『魏文帝遣使於吴，求細葛，孫權敕付使。』《江表傳》。

『任昉卒後，子西華冬月着葛帔練裙，劉孝標泫然矜之。』《梁書》。

賜絺綌，衣葛衫。『賀蘭祥，雍州刺史，岳陽王蕭察欽其節儉，乃以竹屏、絺綌之屬贈之。』《後周書》。袁充，年十餘歲，父黨至門，時冬初，充尚衣葛，客戲充曰：『絺兮綌兮，凄其以風。』充應聲答曰：『爲絺爲綌，服之無斁。』

帛

帛，繒也。

染人，閭師。《周禮》：『染人，掌染絲帛。』凡染，春暴練，夏纁玄。練其素而暴之。玄纁者，天地之色以爲祭服。秋染，夏冬獻功。染五色《周禮·閭師》：『不蠶者不帛。』耻不勉《周禮》：『練帛，以欄爲灰。欄，木之灰。渥淳其帛，實諸澤器。滑澤之器。淫□之以蜃，炭。清其灰而盝之、而揮之、而沃之、而盝之、而塗之、而宿之。明日，沃而盝之，晝暴諸日，夜宿諸井，七日七夜，是謂水涑。』

《易·賁》六五：『賁于丘園，束帛戔戔。』戔戔，剪裁分裂之狀。束帛，喻六五本質。舜之三帛，禹之玉帛。舜肆覲東后五玉、三帛。三帛諸侯世子執纁，公之孤執玄，附庸之君執黄。禹會諸侯于盇山，執玉帛者萬國。

大帛之冠，衣帛之妾。《左》：『季文子無衣帛之妾。』衛文公大帛之冠。

漢文帝之賜帛，漢武帝之賜帛。『使人存問長老，九十以上，賜帛絮。』《本》。『漢武賜縣三老帛五匹，鄉三老孝，弟力田帛人三匹。』《本》。『漢宣賜鰥寡孤獨高年帛，唐太，民八十以上，賜粟帛。』《本》。

取澄帛，裂裳帛。同昌公主，取澄水帛，以水蘸之，掛於南軒，滿坐皆思挾纊，布中有涎，能消暑毒。《左·昭元》：『叔孫，裂裳帛而與之。』

非帛不暖，以帛代錢。《孟》：『五十，非帛不暖。』湖南民不易桑蠶，高郁命民輸税者皆以帛代錢，未幾，機杼大盛。

好聞裂繒，賞以粟帛。『褒姒好聞裂繒聲，王發繒裂之。』《外紀》。姚益恭頃城縣，賞以粟帛。

無故得帛，厚葬盡帛。『衛人妻祝曰：「使我無故得束帛？」夫曰：「何心也？」妻曰：「益子將取妾。」』《韓子》。齊國好厚葬，布帛盡於衣衾，桓公患之，問於管子曰：『布帛盡則無以爲帛。』上。楊棒歸老，誡子弟曰：『愼勿積金一斤、綵帛百匹。』

綺

綺。繒也，細綾。

《説文》：『文，繒也。』《釋名》：『綺，欹也。其文欹斜，不順經緯之縱横也。有杯文形似杯也，有長命，其綵色相間皆横也，幅言長命者，服之使人長命，本造者之意也，有棋文者，方文如棋也。』

粗疏綺，白石綺。『馬后袍極粗疏，諸主朝望見，反以爲綺。』《東觀漢記》。『洛中名服有白石綺，識者尤之曰：「石非繒綵之稱。」』《干寶晋記》。

選高談亦何綺，李揮筆如振綺。杜臘破思端綺，遺我一端綺。古詩：『緗綺爲下裳，紫綺爲上襦。』潘岳賦：『珥蟬冕，襲綺紈之士，此焉游處。』白樂天詩：『千里故人心鄭重，一端香綺紫紛紜。開緘日映晚霞色，滿幅風生秋水紋。爲縟欲裁怜葉破，製裘將剪惜花分。不如縫作合歡被，寤寐相思如對君。』

紈素，紈也。

班婕妤詩：『新裂齊紈素。』杜子美詩：『紈袴不餓死。』東坡詩：『桑畦雨過羅紈膩。』

《地理志》：『齊識作冰紈綺繡麗之物。』

冠

冠。貫也，所以貫韜髮也。

『上古衣毛而冒皮，後世聖人見鳥獸有冠角髯胡之制，遂作冠冕纓緌。』《典服志》。

《白虎通》：『男子幼娶必冠。』又『人所以有冠者，惓也，所以惓持髮也。人懷五常，莫不貴德，示成禮有修飭文章，故制冠以飾首，别成人也。』堯舜德化，爲之冠冕。忠孝節義，百行之冠冕。

《國語》：『韓獻子曰：「人之有冠，如宮室之有墻屋也。」』

《禮記·冠義》：『冠而后服備，服備而后容體正。故冠者，禮之始也。是故古者聖王重冠。古者冠禮，筮日筮賓，所以敬冠事。敬冠事，所以重禮。重禮，所以爲國本也。故冠於阼，以著代也。醮於客位，三加彌尊，加有成也。已冠而字之，成人之道也。見於母，母拜之，見於兄弟，兄弟拜之，成人而與爲禮也。玄冠玄端，奠摯於君，遂以摯見於鄉大夫、鄉先生，以成人見也。成人之者，將責成人禮焉也。責成人禮焉者，將責爲人子、爲人弟、爲人臣、爲人少者之禮行焉。將責四者之行於人，其禮可不重與？故孝弟忠順之行立，而後可以爲人，可以爲人，而后可以治人也。故聖王重冠，故曰：「冠者，禮之始也，嘉事之重者也。」是故古者重冠，重冠故行之於廟；行之於廟者，所以尊重事。尊重事而不敢擅重事，不敢擅重事，所以自卑而尊先祖也。』

『冠之在首，玄武之象也。玄武，貌之最嚴威者。其象在後，反居首者，武之至而不用者矣。』《春秋繁露》。冠冕笄，總名。

虞舜之冠，周成之冠。魯哀公問於孔子曰：『昔者舜冠何冠乎？』對曰：『君之問不先其大者。』公曰：『其大何乎？』孔子曰：『舜之爲君也，其政好生而惡殺，其任授賢而替不肖。德若天地而靜虛，化若四時而變物，君舍此不問而冠是問，是以緩對。』《家語》。『成王將冠，周公命史雍頌曰：「近於民，遠於佞，近於義，嗇於時，任賢使能，朝於祖以見諸侯。」』《外紀》。

黄帝之冠，周主之冠。《世本》：『黄帝以羽皮爲冠，以後乃用布帛。其冠之年，天子、諸侯皆十二。』陳氏曰：『二十而冠，始學禮。』蓋男子者陽之類也，而二十則爲陰之數矣；女子者陰之類也，而十五則爲陽之數矣。二十而冠者以陰而成乎陽，十五而笄者以陰而成乎陰，陰陽之相成，性命之相通也。建德七年三月，周主邕初服常冠，其制以皂紗全幅向後襆髮，仍裁爲四脚。胡氏曰：君子大復古，重變古，非泥於古也。以生人之具，皆大聖人因時制宜，各有法象意義，不可以私智更改之也。周家紗襆，此後世巾幘朝冠之所自始也。稽之法象，果何所則，求之意義，果何所掜。然而行之數百年，莫有以爲非也。治天下莫大於禮，必欲盡善，其必考古而立制，夫亦何獨冠爲然哉！書法：此後世襆頭之始，嗚呼，自有此制以來，三代古制遂不可復矣。

晋侯之冠，漢帝之冠。《左・襄九》：『晋侯問公年，季武子對曰：「會于沙隨之歲，寡君以生。」晋侯曰：「十二年矣，國君十五而生子。冠而生子，禮也，君可以冠矣，大夫盍爲冠焉？」武子對曰：「君冠必以祼享之禮行之，以金石之樂節之，以先君之祧始祖廟處之。請及兄弟之國而假備焉。」公還及衛，冠于成公之廟，假鐘磬焉，禮也。得冠禮之正。』漢元鳳四正月，帝冠。書法：帝於是年十七矣，終綱目書帝冠十有三，莫長於昭帝，莫幼於宋主昰。冠用正月，歲首也，先是惟惠帝書三月，宋主昰書十一月。

二君之冠，隱公之冠。成二，楚王卒盡行，蔡景公爲左，許靈公爲右，二君弱，皆强冠之。《家語》：『郕隱公將冠，問禮，子曰：「其禮如世子之冠，冠於阼階，以著代也。醮於客位，加其有成。三加彌尊，導喻其志，三加：緇布，皮弁，爵弁。冠而字之，敬其名也。行冠事，必於祖廟，以祼享之禮將之，以金石之樂節之，所以自卑而尊先祖，示不敢擅。」』懿子曰：「今邾君之冠，非禮也。」子曰：「諸侯之有冠禮也，夏之末造也，有自來矣，今無譏焉。」

夏之末世，始造諸侯冠禮。天子冠者，武王崩，成王年十三而立，周公攝政，冠成王而朝于祖，以見諸侯。周公命祝雍作頌曰：「令月吉日，王始加元服，去王幼志服衮鉞。欽若昊命，六合是式，率爾祖考，永爾無極。」懿子曰：「三王之冠，其異何也？」子曰：「周弁、殷冔、夏收，一也，皆祭服也。委貌，周道也；章甫，殷道也；毋追，夏后氏之道也。」三禮圖，三代之制，夏曰毋追，商曰章甫，周曰委貌，一名玄冠。

章甫，委貌。『章甫，殷冠名，甫大夫也，殷以之表章大夫也。』《釋名》。『殷統十二月爲正，其飾微大故爲章甫。』《白虎通》。『孔子曰：丘長居宋，冠章甫之冠。』《禮記》。『宋人資章甫而適越，越人斷髮無所用之。』《莊子》。『玄冠一曰委貌，今之進賢，則其遺象也。』《三禮圖》。『周襄王命晉侯端委而入，孔朝曰：玄端之衣，委貌之冠也。』《國語》。『所謂委貌者，周統十一月爲正，萬物始萌，冠飾最小，故爲委貌，言委曲有貌也。』《白虎通》。

通天冠，遠遊冠。『通天冠一曰高山冠，上之所服。』《三禮圖》。天子通天冠高九寸，黑介幘金博山。徐廣注。通天冠，金博山蟬謂之金顔。徐爰釋。遠遊冠，諸侯所服。《三禮圖》。

天子雜服遠遊冠，太子諸侯遠遊冠。制以通天也，天子五梁，太子三梁。太子遠遊冠，翠緌，張鏡東宫儀。魏文帝《與于禁詔》：『漢高脱衣以衣韓信，光武解綬以帶李忠，今以遠遊冠與將軍。』

遠遊冠，進賢冠。『帝臨軒，冠太子于太極殿。舊制，太子着遠遊冠，至是，詔加金博山。』《梁書》。『進賢冠，古緇布遺像也。蓋文儒之服，有五梁、三梁、兩梁、一兩，人主五梁，三公兩梁，太官兩梁，親省御膳爲重也，博士兩梁，崇儒也。』《晉輿服志》。

翼善冠，進德冠。『太宗初服翼善冠，賜貴臣進德冠，曰：「幞起自周武帝，蓋取便於軍容。今四海無虞，息武事，此冠頗採古樣，並類幞頭，乃宜常服，可與袴褶通用。」』《唐書》。

請加一星於冠，好聚衆賓之冠。肅宗時，司天韓穎奏五官定其官配五方，臣請冠上加一星，衣從方色。上。令狐德棻對曰：『冠髻在首，君之象也。晉之將亡，君弱臣强，江左士女，衣少而裳大。』宋武帝受命，君德尊嚴，衣裳變改，此近事驗也。『邵陵王綸妻湖廣讌酒後好聚衆賓冠，手自裂破謝舉嘗預宴，王欲取舉幘，舉正色曰：「裂冠毁冕，下官不敢聞命。」』《南史》。

玉榮冠，輕金冠。『太平公主玉榮冠。』《明皇雜録》。比紅兒詩，知有持盈玉榮冠。『寶曆二年，浙東貢舞女，戴輕金冠以金絲結之，爲鸞鶴狀，飾以五彩。』《杜陽編》。

古者服冠冕，名曰慶忌冠。董晋對曰：『古者服冠冕，以佩玉節步。堂上接武，堂下布武，君前趨進而已。』武冠一曰惠文，或曰趙惠王所造，或曰齊人見千歲涸澤之神，名曰慶忌冠，因象其冠而服焉。

冠以自表，冠以示勇。莊子宋鈃尹文，爲華山之冠以自表。新論宋康王，爲無頭之冠以示勇。『齊桓高冠博帶以治其國，楚莊鮮冠組纓以治其國。』《墨子》。

鷸冠，鵕冠。『鄭子華之弟子臧，好聚鷸冠，鄭伯聞而惡之，使盜殺之，君子曰：服之不衷，身之灾也。』《僖廿四》。『漢郎中，戴鵕鸃冠，武冠也。』《通典》。

文竹冠，椰子冠。成王將加元服，周公取文竹爲冠。椰子冠，道士冠，東坡有椰子冠詩。

魏牟之説，《戰國策趙孝成王篇》：『公子魏牟過趙，趙王迎之，前有尺帛，且令工人以爲冠。魏牟曰：「王能重王之國若此尺帛，則國大治矣，王有此尺帛，何不令前郎中以爲冠？」王曰：「郎中不知爲冠。」魏牟曰：「爲冠而敗之，奚虧於王之國，而王必待工而后乃使之，今爲天下之工，或非也。社稷爲虚器，先王不血食，而王不以與工。」』

進賢冠，骨蘇冠。輿服志進賢冠，古緇布冠，本儒者之服也，前高七寸，後三寸，長八寸，公侯三梁，中二千石以下至士兩梁，千石以下至小吏一梁。見上『高麗冠曰：「骨蘇多以紫羅爲之。」』《周書》。

芙蓉冠，北斗冠。《神仙服食經》曰：『漢武居未央，有人乘白雲車，冠芙蓉冠曰：「我中山衛叔卿也。」陶弘景真誥曰：「真人王子喬，戴芙蓉冠，着朱衣。」』曹植與陳琳書：『披翠雲以爲衣，戴北斗以爲冠，帶虹霓以爲紳，連日月以爲佩。』

夜光冠，晨嬰冠。『上元夫人戴九星靈芝夜光之冠。』《漢武内傳》。王母戴太真晨嬰之冠，履玄璚鳳文之舄。上。

豸冠，豹冠。『侍御使朱放請復置朱衣、豸冠於内廊，有犯者御史服以彈，後御史張著服之，以彈京兆尹嚴郢。』《唐書》。《漢書儀獬》：『豸名能觸不直，故執憲者以其角形爲冠。』白樂天詩：『憲府觸邪峨豸角』，『峨豸忝備列』。『范獻子卜獵，占之曰：「君子得鼀，小人遺冠。」獻子獵而無得，遺其豹冠。』《瑣語》。

鶡尾冠，鹿皮冠。《漢書》：『高祖爲亭長，乃以竹皮爲冠，應劭曰：「以竹始生皮爲冠，今鶡尾冠是也。」』宋何尚之，致仕在家，常着鹿皮冠。後復起，拜儀同，後一日三司，沈慶之戲曰：『今日何不著鹿皮冠也？』

鹿皮冠，虎皮冠。『武帝幸劉悛第。帝着鹿皮冠，悛設兔毛衾於牖中。宴樂以冠賜悛，至夜乃出。』《齊書》。

虎皮冠，獺皮冠。李白：『幽州胡馬客，緑眼虎皮冠。』『陳伯之，年十三四，好着獺皮冠。』《梁書》。

鹿皮冠，步摇冠。『張攸秦爲步兵校尉，通涉雅好輒着鹿皮冠。』《梁書》。杜詩：『嘆世鹿皮翁。』『慕容跋見燕代少年冠步摇冠，好之，乃斂髮襲冠，諸部呼之爲步摇，其後音訛而爲慕容氏。』《前燕録》。

金長冠，崔逞冠。『波利國着金長冠，高尺餘，形如弁，綴以七寶。』《梁書》。『崔休，黄門侍郎，帝故府得舊冠，題曰：「南府尚書崔逞制」，顧謂休曰：「此卿家舊事。」』《後魏書》。

狄冠，法冠。『梁冀改輿服，别制黑幘狄冠。』《續漢書》。『劉暾轉侍御史，武庫火，郭彰不救，暾正色詰之，彰怒曰：「我能截君角也。」暾曰：何敢恃寵作威，作福天子法冠，欲折角乎？」』《晋書》。

貢禹彈冠，逄萌掛冠。『王陽爲刺史，貢禹彈其冠，薦爲大夫。』《史》。『王莽居攝，子宇諫殺之，逄萌曰：「三綱絶矣。」解冠掛東門而去。』《東觀漢記》。

小冠，大冠。杜欽，字子夏，家富目盲，時號欽盲杜子夏，欽乃爲小冠，杜業亦字子夏，京師謂欽爲小冠杜子夏，業爲大冠杜子夏。蓋寬饒拜衛司馬，冠大冠，帶長劍。《史》。

烏萃其冠，枝木之冠。『曾參鋤瓜，三足烏來萃其冠。』《古今注》。『盗蹠責孔子曰：「爾冠枝木之冠，帶死牛之脅。」』《莊子》。

獬冠，貂冠。楚文王服獬冠，而楚國化之淮，趙武王帶鵕鸃，而趙國化之主術。公孫屈子曰：『屈到貊冠。』

遺冠，制冠。『齊桓飲酒，遺其冠，耻之，三日不朝。管仲曰：「此非有國家之耻，公胡不雪之以政？」公曰：「善。」發囷倉，賜貧窮，論囹圄，出薄罪。三日而民歌，曰：「公胡不復遺其冠乎？」』《韓子》。

南冠，南冠。『定王使單襄公聘陳，陳靈公南冠以如夏氏。單襄公歸，告王曰：「陳，我太姬之後也，棄衮冕而南冠以出，不亦簡彝乎？簡，略；彝，常也。簡略常服。犯先王之令。」』《國語》。

鶡冠，武弁。『虎賁冠插鶡毛，鶡熱，鳥中之果勁者也。』《漢官儀》。『趙武靈以表武士，秦施用之。』《漢志》。『武弁，大冠也，士服之。』《三禮圖》。『侍中常侍加黄金璫附蟬爲飾，謂之惠文冠。』《漢志》。

武冠，籠冠。武冠或曰繁冠，今謂之大冠。蔡邕獨斷『陳思王植上疏曰：「臣若得辭遠遊，戴武弁，乃臣之至願也。」』《魏志》。武弁，世謂之籠冠也。

却敵冠，却非冠。『却敵冠，前廣四寸，後高三寸，衛士服之三。』《禮圖》。『却敵冠，制似進賢，衛士服之。』《漢志》。『却非冠，僕射服之，高五寸，插以燕尾。』《三禮圖》。『却非冠，似長冠。』《漢志》。

巧士冠，方山冠。『前高五寸，後相通，掃除從官服之。』《三禮圖》。『巧士冠，高七寸，唯郊天、黄門四人冠之，以像宦者四星。』《漢志》。『五彩方山冠，各以綵縠爲之，天子八佾樂舞人所服。』《五行三禮圖》。方山冠，似進賢冠。《漢志》。『昌邑王，冠方山冠。』《漢志》。

收，冔。『收夏后氏冠名也，言收斂髪也。』《釋名》。『夏收而祭，殷冔而祭。謂之收者，十三月，陽氣收本，舉生萬物而達出之，故謂之收。謂之冔者，十二月，陰氣受化，冔張而後得芽。』《白虎通》。

裂衣苞楯，戴以爲冠。楚漢會於鴻門，裂衣苞楯，爲冠戴以，排入羽營，樊噲聞，急，乃輿服雜事。四重五采，蟬翅金璫，岌岌峩峩，玉簪星弁。

《禮記·玉藻》：『始冠，緇布冠，自諸侯下達，冠而敝之可也。既用即棄。玄冠朱組纓，天子之冠也。緇布冠繢緌，諸侯之冠也。玄冠丹組纓，諸侯之齊冠也。玄冠綦組纓，士之齊冠也。縞冠玄武，子姓之冠也。父喪子不用純吉。縞冠素紕，既祥之冠也。垂緌五寸，惰遊之服也。玄冠縞武，不遊之服也。玄冠紫緌，自魯桓公始也。』『衛文公，大帛之冠。』《左憫》。『禹之趨時，冠桂而不顧。』《淮南子》。

《詩》：『庶見素冠兮，棘人欒冠兮』，『彼都人士，臺笠緇撮』，臺莎草也，可以爲簑笠；緇撮，緇布冠也。『殷士膚敏，常服黼冔』。《良耜》：『其笠伊糾。』

《論》：『赤爾何如？對曰：「非曰能之，願學焉，宗廟之事如會同，端章甫，願爲小相焉。」』

《孟》：『許子冠乎？曰：「冠。」曰：「奚冠。」曰：「冠素。」曰：「自織之與？」曰：「否，以粟易之。」』

《史》：『使舜上塗廩，瞽瞍從下縱火焚廩，舜乃以兩笠自捍而下，去，得不死。』

《孟》：『敢問招虞人何以？曰：「以皮冠。」』朱子曰：『皮冠，田獵之冠也。』《左・昭公二十》：『虞人曰：「臣不見皮冠，故不敢進。」』

《記》：『范則冠，而蟬有緌兮。』

《詩》：『冠緌雙止。』

進賢冠者，三老五更之服也；遠遊冠者，親王之服也；法冠者，御史之服也；高山冠者，謁者之服也；委貌冠者，文武郎之服也；却非冠者，門僕之服也。

杜儒冠多誤身，韓嵬冠講唐虞。顔潛庵詩：『章甫纔成樣儼然，古稱元服世流傳。七星燦爛光連斗，五岳巑岏勢凭天。柏府秋高峨豸獬，楓宸曉起集貂蟬。當年貢禹輕彈處，爲待王陽一薦賢。』

『盛禮尊元服，佳名重進賢。逍遥宜道體，恬淡稱霞衣。會弁光連玉，長纓彩散瓊。未暇逢萌掛，聊爲貢禹彈，楮皮稚稱高人服，竹籜偏宜散士簪，羞将短髮還吹帽，笑倩傍人爲正冠，垂文偃月圓於月，尊號冲天上合天。』

冠禮

曾子曰：『将冠子，冠者至，揖讓而入，聞齊衰大功之喪，如之何？』孔子曰：『内喪則廢，外喪則冠而不醴，撤饌而掃，即位而哭，如冠者未至則廢。大門内之喪則廢而不行，大門外之喪，喪在他處，可以加冠。』

嘉事，元服。冠者，禮之始也，嘉事之重者也。漢改皇帝冠爲加元服，惠帝用正月甲子。

皮弁，章甫。

告神，祭祚，左當祭以告神，禮掃地而祭於祚。

三加，一獻。《南史》：『阮孝緒，年十五冠，父彦之曰：「三加彌尊，人倫之始，宜思自勉，以茈下躬。」』《儀禮》：『冠者立於西階，東南面。賓客請禮，冠者見兄弟，兄弟再拜，冠者答拜。入見姑、姊，如見母，乃易服，奠贄見于君。遂以贄見鄉大夫、鄉先生。乃禮賓，以一獻之禮，主人酬賓束帛。』

舉動之節，昭明之服。《左》：『行冠禮之時，爲舉禮之時。』杜祐昭帝冠辭：『陛下擒著先帝之光輝，以承皇天之嘉祐，奉仲月之吉辰，築大道之郊域。見上。秉率萬福之靈，始加昭明之福，推遠冲孺之志，積蘊文武之德，六合之内，靡不蒙福。』

尊人倫，象天數。人君十二而冠，象天數也。

敬名，芘身。冠而字之，敬其名也。見上。

嘉禮，成人。唐志四曰嘉禮，皇帝加元服，告天地宗廟，祝曰：『壽考維祺，以介景福。』《國語》：『朝文子冠，見欒武子曰：美哉，成人在始，戒之。』

天臨秘殿俯觀展采之容，星拱大庭咸睹嵬冠之美。聖王察於人倫，男子重於冠禮，蓋云敷教，所以正身。坡。見上。《椰子冠》詩：『天教曰飲□全絲，袁絲。美酒坐林不待仪。伙狄。自漉疏汁邀客醉，更將空殼付冠師。規模簡古人争看，簪導輕安髮不知。更着短檐高屋帽，東坡何事不違時。』宋齊之間，帽有白紗高屋。

冕

冕，《世本》：『黄帝造旃冕，是冕起於黄帝也。』《説文》：『冕，大夫以上冠。黄帝初作冕。』《白虎通》：『前後邃延者何？亦進賢退不肖也。垂旒者，示不視邪。纊塞耳者，示不聽讒。故《禮》曰：「天子玉藻十有二旒，前後邃延也。」』《三禮圖》：『黄帝戴黄冕。』《世本》注：『宋均曰：「通帛爲旃。」应劭曰：「周始垂冕。」』『衮冕，一品之服也；鷩冕，二品之服也；毳冕，三品之服也；絺冕，四品之服也；玄冕，五品之服也；平冕，舞郎之服也。』《雜志》。『子曰：「國無道，隱者可也；國有道，則衮冕而執冕。」』《家語》。『宋更名曰平天冕，天子郊禮宗廟服之。』《通志》。『祭服曰冕，冕猶俯，俯冕，平直貌也，玄上纁下，前後垂珠，有文飾也。』《釋名》。『麻冕者何，周宗廟之冠也，十一月之時，萬物被施如冕，前俯而後仰，故謂之冕。用麻爲之者，女工之始，示不忘本，不以皮，皮乃太古，未有禮文之服也。』《白虎通》。《周禮》：『弁師，掌王之五冕，玄冕，朱裏，延紐，冕綖〔一〕之覆也，玄綖小，自下笄所貫也。』

〔一〕今按：『冕綖』二字衍。

五采繅十有二就。就，玉也。繩之每一匝而貫五采玉，十二斿則十二玉也。』《周禮》：『司服，掌王之吉凶，祀上帝則大裘而冕，祀五帝亦如之，享先王則衮冕，享先公、享射則鷩冕，祀四望山川則毳冕，祭社稷五祀則絺冕，祭群小祀則玄冕。』

冕而祭，冕而舞。《禮記》：『有吴氏皇而祭，周人冕而舞。皇，冕屬，畫羽飾之。諸侯冕而舞《大武》，諸侯之僭禮也。』上。

天數，玄冕。王戴冕，璪十有二旒，則天冕也。上。玄冕，齊戒鬼神陰陽也。上。

以文爲貴，則惟恐卧。天子之冕，朱絲藻十有二，諸侯九，上大夫七，下大夫五，士三，此以文爲貴也。『魏文侯問於子夏曰：「吾端冕而聽古樂，則惟恐卧。」』《樂記》。

有敬，蔽明。『君子端冕，則有敬色。』《表記》。『古者冕而前旒，所以蔽明。』《大戴》。『黈纊塞耳，所以掩聰也。』《禮》。

目不邪視，德以爲冕。『黄帝作冕垂旒，目不邪視。』《通典》。『堯舜以德化爲冠冕。』《王制》。

前圓後方，後高前下。『制冕皆前圓後方，朱裏去上。』《三禮圖》。冕者，俯也，後高前下，有俯伏之形。上。

黄錦，繁露。『六等之冕，皆有黈纊，黄錦爲之，其大如橘，太子以下，犀導青纓。』《隋書》。『問曰：「冕旒如繁露，何也？」答曰：「綴以下垂，如露之繁多，故曰繁露。」』《古今注》。

白珽，大冕。『中興衣服不備，冕旒飾以珊瑚，雜珠。顧和奏：「舊冕十二旒，皆用玉，今不能得玉，可用白珽珠。」始下太常治及。』《晋書》。『明帝詔曰：「朕以大冕郊祀天地，宗祀明堂，以法冕祀太廟，元正朝諸侯。以絺冕，餞臨軒命，王公以繡冕，征伐不賓，講武校獵。」』《宋記》。

定制，按文。『漢明帝採《尚書》《周官》《禮記》以定制，冕皆廣七寸，長尺二寸，繫白珠于其端，十二旒，三公及諸侯九旒，卿七旒。』蔡邕《獨斷》。『永平中，使諸侯按古文復造衮冕。』《摯氏注》。

冠石而壓，露冕以彰。『龍逢諫桀曰：「臣觀君之冕非冕，冕危石；觀君之履非履，履春冰。未有冠危石而不壓，履春冰而不陷也。」』《符子》。『郭賀拜荆州刺史，明帝賜以三公之服，黼黻冕旒，敕去襜露冕，以彰其德。』《耆舊傳》。

命晋侯，命士會。『晋侯以端委入，太宰以王命命之冕服，内史贊之，三命而後即冕服。』《國語》。『晋士會帥，師滅赤狄，晋侯請于王，戊申，以黻冕命士會。』《左傳》。

漢用玉珠，魏用珊瑚。『叔孫通制禮，多依周法，古今冕俱廣八寸，長尺六寸，前圓後方。漢用白玉珠，各十二。三公九青珠，二千石七黑珠。』《王制》。『魏因漢故事，明帝好婦人之飾，改以珊瑚。』《通典》。

設司服官，掌皇帝冕。『後周設司服之官，掌皇帝十二冕。祀昊天則蒼冕，五帝各隨方色，朝日青冕，夕月素冕，地祇黄冕，社稷玄冕，先王象冕，先帝衮冕，視朝山冕，適宴鷩冕。』《通典》。

齊採陳之制，隋採齊之法。北齊採陳之制，旒玉用五采，以組爲纓，色如其綬。祭祀封禪，皆服衮冕。上。隋採北齊之法，衮冕垂白珠十二旒，以組爲纓，色如其綬，充耳玉笄，裴正：『色並用玄。』上。

乾德元年之詔，元豐四年之言。二月。『詔乘輿所服冠冕，去珠玉之飾。』《杜陽編》。元豐四，臣僚言：『古者冕弁則用紘，冠則用纓，今乘輿大裘冕，以組爲纓，色如其綬，冕而用纓，不與禮合，請改用朱組紘，仍改平冕爲玄冕，用纓不赤而微黑者。』從之。

周冕，麻冕。《論》：『顔淵問爲邦。子曰：「服周之冕。」』朱子曰：『周冕有五，祭服之冠也，冠上有覆，前後有旒，黄帝以來，蓋已有之，而制度儀等，至周始備，然其爲物小，而加於衆體之上，故雖華而不爲靡，雖費而不及奢，夫子取之，蓋亦以爲文而得其中也。』子曰：

『麻冕，禮也，今也純，儉，吾從衆。』麻冕，緇布冠也。純，絲也。儉，謂省約。緇布冠，以三十升布爲之，其經二千四百縷矣，細密難成，不如用絲之省約。

見冕者，雖褻必以貌。』有乘軒冕過者，華歆出見，管寧［奴］割席而坐。

見而必作，見而以貌，見而割席。《論》：『子見冕衣裳者，雖少必作，過之必趨；見冕

成王之冕，一人之冕。康王之冕，卿士之冕。《書·顧命》：『甲子，王被冕服，一人冕執鉞，一人冕執戣，一人冕執瞿，一人冕執鋭。王麻冕黼裳，卿士邦君，麻冕蟻裳，太保、太史、太宗、麻冕彤裳。』《左·昭元》：『劉子曰：「吾與子弁冕端委以治民臨諸侯，禹之力也。」』

弁

弁，冠也。

《周禮》：『王之皮弁，五采束髮。五采玉璂，象邸玉笄。王之弁絰，弁而加環絰。諸侯、孤、卿、大夫之冕，韋皮、皮弁、弁絰，各以其等爲之，而掌其禁令。』

孔子曰：『三王共皮弁素積。』

雀弁，赤色弁也。綦弁，以文鹿子皮爲之。《詩》：『未幾見兮，突而弁兮。』有頍者弁。弁貌。側弁之俄。《書》：『二人雀弁執惠，二人綦弁，執戈上刃。』弁，士服。

帽

《釋名》：『帽，冒也，故加於衆體之上。』唐初以縠爲帽，以隔塵也。首冠，容表，狐皮蟬翼，高頂短檐，遺市欹風。紫綸帽，白綸帽。趙飛燕爲后，弟遺書：『上遺金花紫綸帽，以陳踊躍。』孟達與諸葛書曰：『上白綸帽，一顔以亦微意。』着皂帽，錫織帽。『管寧在家，恒着皂帽。』《魏志》。杜詩曰：『管寧紗帽净』、『皂帽應嫌似管寧』是也。『朱然破魏将李典等，拜然大司馬，加賜御織成帽。』《吴書》。遺翠帽，着狐帽。陸遜破曹休於石亭，上脱翠帽以遺遜。上『沈慶之隨宗慤等伐沔北諸蠻，破之，慶之患頭風，好着狐皮帽，群蠻惡之，號曰「蒼頭公」。』《宋書》。無風墜于側，今日何不着。劭生三日，帝往視之，簪帽甚堅，無風而墜于劭側，上不悦。

上。何尚之在家，常着鹿皮帽，沈慶之於殿庭戲之曰：『今日何不着鹿皮帽？』

四種之帽，破後之帽。『東昏自造遊宴之服，群小又造四種帽，因勢爲名，一曰山鵲歸林，以《詩》曰「《鵲巢》，夫人之德」，東昏嬖寵淫亂，故鵲反藪；二曰兔度坑天，意言天下将有逐兔之事也；三曰反縛黄離嘍，黄口小鳥也，萬縳之應也；四曰鳳凰度三橋。鳳凰者，嘉三橋，梁王宅處也。』《齊書》。永明中，蕭諶開博風帽後裙之制，又爲破後帽。世祖崩後，建謀廢正，誅滅諸王。上。

黄綸帽，烏紗帽。徐龍駒住含章殿，着黄綸，南面向案，代帝書敕。上。預章王嶷，婢徐氏，常有病，瘳，上幸嶷第，後堂設金石樂，使嶷着烏紗帽，因極宴盡歡。

脱帽，著帽。『到慨嘗夢武帝遍見諸子，至湘東王而脱帽與之，於是龙敬事焉。』《梁書》。賀革之江陵也，意甚不悦，過御史中丞江革，上以情告之，答曰：『吾嘗夢主上遍見諸子，協至湘東王，手脱帽以與之，此人後必當璧，卿共行之。』沙門寶誌忽重着三布帽，不知於何得之，俄而武帝崩，文惠太子、預章文憲王相繼薨。上。

雜綵帽，白紗帽。倭國男女皆露髻，富貴者以錦繡雜綵爲帽。上。桓崇祖爲豫州刺史，魏攻壽春，崇祖着白紗帽，肩輿上城，决水破之。

索帽，着帽。『庾弘遠，字士操，清實有仕譽。仕齊爲江州長史。刺史陳顯達舉兵，敗斬於朱雀航。將刑，索帽着之，曰：「子路結纓，吾不可以不冠而死。」《齊書》。『辛紹先有至性，丁父憂三年，口不甘味，頭不櫛沐，髮遂落盡，故着皂帽。』《後魏書》。

賜帽，側帽。齊制，宫内天子紗帽，臣下絨帽，特賜平秦王歸彦紗帽，以寵之。上。『獨孤信在秦州，嘗因獵日暮，馳馬入城，其帽微側，詰朝吏人有戴帽者，咸慕信而側帽焉。』《後周書》。

司徒帽，突騎帽。『高昂轉司徒公，好着小帽，世因稱司徒帽。』《後魏書》。『後魏之時，着突騎帽，如今胡帽，蓋索髮之遺象也。』《隋書》。

着縠帽，表繡帽。『唐初以縠爲之，以隔風塵。』《唐實録》。『李晟與朱泚戰，必錦裘繡帽，自表曰：「昔在涇原，士頗畏伏，欲令見之，奪其心耳。」』《本傳》。

危帽，大帽。『李紳，河南惡少，危帽散衣。』《六帖》。蜀王衍晚年，俗競爲小帽，僅覆其頂，俯首即墮，謂之危腦帽，衍以爲不祥，禁之。而衍好着大帽。

黄帽，桐帽。杜詩《簿冠山谷》。『領得烏紗帽，全勝白接䍦。山人不照鏡，稚子道相宜。』李《答友人贈帽》。

烏紗摇，漆紗帽。晋成帝咸和中，三省侍郎、二宫直官，白帢抵幃，烏紗摇注帽。《語録》：『仁宗時，以漆紗爲之。』

王濛遺，孟嘉落。晉王濛，芙蓉姿色，入市，群嫗悦之，争遺其帽。晉孟嘉，桓温參軍，九日宴龍山，佐吏並着戎服，風至，吹嘉帽落。杜詩：『羞將短髮還吹帽。』

野老之服，野人之服。實録曰：『大帽，野老之服，至後魏，朝臣皆戴之。』伊川常服高帽，曰：『此野人之服也。』

『紗輕堪岸着，髮短恐歆吹。』『孟子落時披短髮，潘郎側處岸烏紗。』『參軍不惜從風落，仲子何勞過市來。』『高麗共詑烏紗貴，坡老何嫌新樣奇。』

巾

『巾，謹也，二十成人，士冠庶人巾，當自謹修於四教也。』《釋名》。『兩複結謂之幘巾，或謂之承露巾，或謂之覆髮巾。』《訪》。

幅巾，禿巾。光武徵鮑永，永疑，不至，及更始亡，乃發，去上將軍印綬，悉罷兵，但幅巾與諸將詣河内。幅巾，巾謂不着冠，但幅巾束首也。《後漢書》。華歆爲豫章太守，孫策略地，歆以策善用兵，乃幅巾迎策。《魏志》。曹操嫌猜孔融，令路粹枉狀奏融云：『位爲九卿，不遵朝儀，禿巾微行，唐突宫掖。』《後漢書》。

巾幗，葛巾。『諸葛亮出斜谷，司馬宣主堅壁不與戰，亮致巾幗婦人之飾，以怒宣主。』《魏志》。『武侯與宣王在渭濱將戰，宣王戎服莅事，使人視武侯乘輿，葛巾垂扇，指揮三軍，宣主嘆曰：「可謂名士矣。」』《蜀書》。

縑巾，飾巾。『漢末王公多委王服，以幅巾爲雅，袁紹、崔鈞之徒，雖爲將軍，皆着縑巾。』《傅子》。『何進、袁傀欲表陳實以不次之位，實謝曰：「久絶人事，飾巾待終而已。」』

大刀巾，白綸巾。『王敦欲伐甘卓，遣使送大刀巾。』《晋書》。謝萬，字萬石，簡文辟爲從事中郎，着白綸巾，鶴氅裘，帝與談移日。上。

賜鹿皮巾，贈白綸巾。『武帝賜陶弘景以鹿皮巾，屢加禮聘，並不出。』《梁書》。武帝與何點有舊，踐祚，手詔論舊，賜以鹿皮巾，點以巾褐引入華林園。上。賀德基，少遊學都門，衣資貧乏，盛冬止衣裌襦袴。於白馬寺逢一婦人，呼德基入寺門，脱白綸巾以贈之，曰：『君方爲重器，不久貧寒，故以此相遺耳。』問其姓名，不答而去。

紙帖巾，踣樣巾。『張同休謂楊再思曰：「公面似高麗，請作高麗舞。」再思欣然剪紙，自帖其巾。』《唐書》。『中宗賜百官英王踣樣巾，帝在藩時冠也。』《輿服志》。

以葛爲巾，以珠飾巾。武攸暨，璽書邀之，以葛爲巾，不名不拜。『昭宗遷鳳翔時，侯王將相以珠一顆，盤幞頭脚，軍人以珠飾巾，競相誇尚。洎朱梁篡立，乃知珠已居人上。』《紀異》。

夾綑巾，辟塵巾。文宗儉素，駙馬韋處仁，戴夾羅巾。『皇甫玄冥，新綑得一辟塵巾，時久旱，塵埃並無纖塵。』《酉陽》。

僕射巾，圓頭巾。『裴冕，人争效之，號僕射巾。』《孔帖》。『楊供奉官，有羅巾，圓頭巾子。』《輿服志》。

尖巾，接籬。前蜀王衍，好裹尖巾，其狀如錐。上。山簡鎮襄陽，有兒童歌曰：『山公出何許，往至公陽池，日夕倒載歸，酩酊無所知，時時能騎馬，倒着白尖巾，舉鞭望葛强，何如并州兒。』强家在并州，簡愛將也。《晉本傳》。古詩：『昨日東城醉，還應倒接籬。』李：『落日欲没峴山西，倒着接籬花下迷。』

變不及巾。與縋而逸。李顒節度鳳翔，竇綏將中兵驕，顒聞變，不及巾，與數人縋而逸。

人故折巾，見慕如此。郭泰遇雨，巾一角墊，時人故折巾一角，其見慕如此。

着絮巾，着葛巾。『趙岐避難至北海，着絮巾，市中賣餅。』《魏略》。『陶潛，郡將候之，逢其酒熟，取頭上葛巾漉酒，還復着之。』《宋書》。詩曰『漉酒用葛巾』是也。

烏角巾，白叠巾。杜詩：『錦里先生烏角巾。』坡詩：『三公白接籬，兩郎白叠巾。』孔帖：『高昌有草，名白叠纈花，可以爲巾。』

白綸巾，紫綸巾。謝萬與安共詣簡文，萬着白綸巾。石虎皇后出，以女騎爲鹵簿，冬月紫絮綸巾。

顔服膺詩：『一幅烏紗折角偏，不教華髮見盈巔。裹頭最稱青山瘦，覆頂宜歸紫府仙。周代製來新樣好，陶公戴處舊名傳。幾回醉倒金尊伴，莫笑簪花宴綺筵。』『半升僅漉淵明酒，二寸纔容子夏冠。』『攬鏡自省還自笑，烏紗如漆鬢如絲。』

幘

《方言》：『覆髻謂之幘巾，或謂之承露，或謂之覆髻。』《漢官儀》：『幘，古卑賤執事不冠者之所服也。』《通典》：『未冠童子幘無屋者，未成人也，入學小童幘也勾卷屋，示尚幼少，未遠冒也。』

緑幘，絳幘。『武帝從館陶公主飲，董偃緑幘伏殿下，曰：「庖人臣偃，昧死再拜謁。」』《漢書》。李：『緑幘誰家子。』『古者有冠無幘，秦加武將首飾爲絳幘，以表貴賤，後稍作顔題。漢興，續其顔，却結之，施巾連題，却覆之，今喪幘是也。至孝文，乃高顔，續爲之耳，崇其巾爲屋，貴賤皆服之。』《輿服志》。杜：『絳幘鷄人報曉籌。』

赤幘，白幘。『光武初起，與諸李市弓弩、絳衣、赤幘。』《東觀漢記》。魏白軍中無故作白帞，此喪徵也，横縫其前，名之曰顔。

坦幘，岸幘。馬援初見帝，坦幘坐。上。晋謝奕，桓温辟爲安西司馬，岸幘笑咏，無異常日。

幘然後見，幘壞不改。『馬援外類儻蕩，内重禮，事寡嫂，雖在閨内，必幘然後見。』《東觀漢記》。『巴祇，字敬祖，爲揚州刺史，黑幘毀壞，不復改易。』《後漢書》。『入幘肆，脱幘着。』『許劭字子將。劭知人，入幘肆，拔樊子昭。』《續漢書》。『孫堅爲董卓所攻，脱赤罽幘，令親近着之，從間道得出。』《春秋》。

冠幘加襲，取幘正色。『顧悌，字子通，疾篤，妻出省之，悌命左右自扶起，冠幘加襲，令妻還，真潔不黷如此。』《吴書》。『邵陵王酒後好聚冠，自裂，欲取謝舉幘，舉正色曰：「裂冠毁冕，下官不敢聞命。」』《梁書》。

墮幘徐答，脱幘投地。『庾顗，字子嵩，性儉家富，劉與説東海王越，令就换錢，冀其有吝，因此可乘。越於衆中問顗，顗頹然已醉，幘墮機上，徐答曰：「下官家故有兩千萬，隨公所取。」與乃服。越甚喜。』《晋書》。『檀道濟拒魏有功，及誅，憤怒，目光如炬，引飲一斛，脱幘投地曰：「乃壞汝萬里長城。」』《宋書》。

着幘不安，秃幘施屋。『平秦王歸彦額骨三道，着幘不安。文宣怒，使以馬鞭擊額，血被面，曰：「爾反時當以此骨嚇漢。」後歸彦竟反。』《北齊書》。『漢元帝額有壯髮，不欲使人見，始進幘服，群臣皆隨焉。尚無巾，王莽頭禿，因施巾，語：「王莽禿，幘施屋。」』蔡邕《獨斷》。

庳幘，短上。『梁冀改易輿服，庳幘輿服。』《漢書》。『梁冀誅後，京師作幘，顔短耳長，短上長下，以爲服妖。』《輿服雜事》。

平幘，介幘。公孫瓚，中書監令着介幘。

無顔幘，爲翠幘。『晋永嘉初，乃去其縫，名無顔幘，四海分崩，無顔以生。』《搜神記》。『處趾，蒼梧俗以翡翠爲幘。』《廣志》。

濕幘，緗幘。『晋明帝年少不倫，常微行。詔唤人以衣幘迎之，涉冰，衣幘悉濕。元帝已不重明帝，以爲無不廢理。既入，幘不正，元帝自爲正之，明帝大喜。』《語林》。『哀帝隆和元年，太學博士曹弘之等議，立秋御讀令，不應着緗幘，改爲素。』《晋書》。

緗幘，赤幘。謁者着緗幘大冠。『凡救日食者皆着赤幘，筋陽也。侍臣皆赤幘，帶劍。』吴摯《决疑》。

笄

『笄，繫也。所以繫冠使不墜也。』《釋名》。『笄，簪也，士以骨，大夫以象。』《三禮圖》。『女子幼，嫁必笄。』《白虎通》。笄，所以卷髮，其端刻鷄形。《記》：『女子十五而笄，笄而許嫁。』吉笄，惡笄。《檀弓》：『吉笄長尺二，齊衰一尺。』《檀弓》：『惡笄，或用櫛，或用榛爲之。』

磨笄，刺笄。《史》：『趙襄子姊爲代王夫人，襄子請代王，使厨人操銅斗擊殺之，平代地，其姊泣而呼天，磨笄自殺，因名地磨笄山。』《春秋後語》。『代君之妻，磨笄以自刺。故趙氏至今有刺笄之山。』《吕覽》。

有妾欲笄，杖子折笄。『司馬期欲以妾爲内子，訪於左史倚相曰：「吾有妾而惠，欲笄之。」倚相止之。』《國語》。范文子暮退於朝，武子曰：『何暮也？』對曰：『有秦客廋辭於朝，大夫莫之能對也，吾知三焉。』武子怒曰：『大夫非不能也，讓父兄也。爾童子，而三掩人於朝。吾不在晉國，亡無日矣。』擊之以杖，折其委笄。《周禮》：『追師掌王后之首服，爲副、編、次，追衡、笄，爲九嬪及外内命婦之首飾，以待祭祀，賓客。喪紀共髽絰，亦如之。』

簪

簪，篋也。

脱簪。周宣王后遺簪。

《史》：『淳于髡曰：「前有脱珥，後有遺簪。髡切樂此，可飲一斗。」』

蓍簪，玉簪。『孔子出遊少原之野，有婦人中澤而哭，曰：「鄉者刈蓍薪，亡蓍簪，吾是以哀也。」弟子曰：「刈蓍薪而亡蓍簪，有何悲焉？」婦人曰：「非傷亡簪也，蓋不忘故也。」』《韓詩外傳》。石上磨玉簪，欲成中央折。

斜簪，取簪。王儉斜簪，朝野效之。《淮南子》：『偷則往取其簪。』

髻

山髻，義髻。齊王儉作斛山髻，斜插簪，朝野多慕效之。貴妃以假義髻爲首飾，好服黄裙，後謡云：『義髻抛河裏，黄裙逐水流。』

抛雲髻，抛家髻。杜詩：『愁思抛雲髻。』唐末婦人，作抛家髻。冠髻在首，君之象也。『帝嘗問：「丈夫冠，婦人髻，皆高大，何耶？」令狐德棻對曰：「君之象也。」』《唐書》。

步摇

《釋名》：『首飾曰副，以覆於首上，有垂珠。覆也，步則摇也。』宋玉賦：『主人之女，垂珠步摇。』

黄金爲山，步摇爲慕容。『后入廟步摇，以黄金爲山題，貫而珠，桂枝相紉，八爵九華，熊、虎、赤羆、天鹿、辟邪。』《輿服志》。『莫護跋建國於棘城之北，燕代多冠步摇，護跋斂髮襲冠，呼爲步摇，其後音訛，遂爲慕容。』《晋書》。

黄金步摇，金作步摇。『飛燕爲皇后，女弟遺黄金步摇。』《西京雜記》。『孫皓以金作步摇、假髻以人數。令宫人着以相撲，朝成夕敗，輒令更作。』《江表傳》。步摇蔽髻，皆爲禁物。晋令。

傘

繖，蓋也。

徐干木之夢，荀伯子之奏。『徐干木嘗夜夢見烏從天上飛，御繖樹庭中，凡三過銜來，作惡聲而去。徐後果得繖，遂以惡終。』《俗語》。『御史中丞荀伯子奏左衛將軍何尚：「罩笠，有虧體制，建野笠於公門，棄華繖而不御。」』宋元嘉《起居注》。

繖出城外，傘覆途中。『始安王遥光，行還入，風飄依繖出城外，遂貶。』《齊書》。『王籍爲中散大夫，彌日忽忽不樂，途中見相識，輒以笠傘覆面。』《梁書》。

吏丁見少婦，小吏見女子。『湖波吏丁忽見少婦，青衣戴傘，呼初。顧婦自投波中，是大蒼獺，衣傘皆是蓮荷。』《搜神記》。『義熙中，小吏見女子戴青傘，乃是大狸，抽刀斫殺，繖乃枯荷葉。』《異苑》。

『赫赫炎官張火傘』，『池荷緑蓋圓如傘』。

雨傘

雨傘。遮頭隨手。　蔽雨遮衣。檠風蔽日，白羽彤油。

夏寅詩：『竹作胚胎紙作衣，不憂風雨洒淋漓。伴行有影隨千里，舒卷無期任四時。輪闊當頭從庇覆，柄長入手慣扶持。寒碎玉芭蕉上響，此景此情知未知。』

蓋

繖，蓋也。

《釋名》：『蓋在上，覆蓋人也。』《器物論》：『蓋之爲言覆也。形圓，象天，撩二十八，以象躔星。』

蓋之上爲部，非部無以納撩。於其旁下爲柄，非柄無以含斗。於其中，張帛爲之，一曰繖，一曰傘，蓋之別稱。

蓋，覆也，掩也。

『張帛避雨，謂之繖蓋。』《通俗文》。

翠羽蓋，羽葆蓋。以翠羽爲蓋，劉備曰：『吾當乘此羽葆車蓋。』

紫蓋，倚蓋。『黄旗紫蓋，見於東南，天圓如倚蓋。』《天文志》。

暑不張蓋。《史》。暑不張蓋。《五羖大夫》。勞不坐乘，暑不張蓋。『後魏裴佗爲中車將軍，清白，署不張蓋，寒不衣裘。』《史》。

華蓋，曲蓋。黄帝戰蚩尤於涿鹿，有五色雲氣，金枝玉葉，止於上，因作華蓋。崔豹注。

曲蓋，太公所作，武王伐紂，大風折蓋，遂爲曲蓋。

翠蓋，鶴蓋。宋玉賦：『翠爲蓋兮。』注：以翠羽爲蓋。劉孝標論鶴蓋成陰。注：蓋如飛鶴成陰，言其多也。

敝蓋，赭傘。《檀弓》：『敝蓋不棄，爲埋狗也。』上至青城，忽有赭傘衝突而來，蘇軾劾之。

無蓋，傾蓋。孔子將行，雨，無蓋，門人曰：『商也有之。』孔子曰：『商之爲人也，甚吝于財，吾聞與人交，推其長者，遺其短者，故能久也。』遂不假蓋而行。《少儀》：『事君者，量而後入，不入而後量，凡乞假於人亦然。』『剡子遇孔子於途，傾蓋而語終日。』《孔叢子》。韓古語有之曰『傾蓋若舊』是也。

持蓋，奉蓋。『孔子將行，命從者持蓋，既而果雨。』《家語》。上官桀爲羽林郎，從武帝上甘泉，天大風，解蓋投之，桀奉蓋，雖風，常屬車，雨下，蓋輒禦。

繡羽蓋，紫雲蓋。『太上大道君授務成君繡羽蓋、雙明珠。』《王君傳》。『紫陽山人周義山子，金屋銅門之内，以紫雲爲蓋。』《周君傳》。

與直蓋，賜車蓋。漱無存死於霤下，齊侯與之直蓋。黄霸，揚州刺史，宣帝詔賜車蓋，特高一尺。

或言登仙，皆呼登仙。或言黄帝造華蓋登仙。『王莽造華蓋，高丈一尺，輓者皆呼登仙。』《王莽傳》。

光武東巡之羽蓋，靈帝講武之華蓋。『光武東巡，還經封丘，門小不容羽蓋，帝怒。』《後漢書》。『靈帝講武平樂觀，建十重五彩華蓋，高十丈，建九重華蓋，高九丈。』《續漢書》。

覆陸遜，覆劉基。『陸遜破曹休，孫權以御蓋覆遜。』《吴志》。劉基、孫權愛敬，嘗御樓船，雨甚，權以蓋自覆，又令覆基，餘人不得覆。上。

賀齊之奢，桓玄之敗。賀齊爲將，性奢，青蓋絳襜。上。『桓玄遊水，南飄風，飛輗蓋，遂敗。』《晋記》。

訶綢國之奉，殷孝祖之隨。訶羅國奉孔雀蓋一具。上。『殷孝祖與賊合戰，以鼓蓋自隨，軍中人曰：「以羽仪自隨，欲不斃得乎？」中流矢死。』《南史》。

『飛蓋相追隨』。曹子建『傾蓋若飛鴻』。鮑明遠。

『傾蓋承華景』。陸士衡『日高黄繖動西清』。蘇子瞻。

『良工制作最精妍，開合隨宜若自然，骨連四七中含斗，形備三層上象天。』

綱念庵詩：『越綱裁取色嬋妍，翔鶴飛鴻共儼然。隨手展開紅日下，遮頭擎出畫樓前。三檐冠様層層地，一段風光小小天。記得玉堂曾退直，翠雲陰裏擁神仙。』

黄繖蔽日，緑綢翔風，亭亭彤芝，隱隱翠羽，傾側追隨，天倚蓋，日如蓋，相逢一顧頻傾蓋，淡淡凉風主翠蓋。

衣

《釋名》：『衣者，依也，人所依以，庇寒暑也。』《白虎通》：『衣者，依也；裳者，障也；所以隱形自障蔽也。』上曰衣，下曰裳。

衣皮，冒皮。『古初之人，卉服蔽體，辰放氏作，教民搴木茹皮以禦風霜，綯髮閨首以去靈雨，命之曰「衣皮之民」』。《外紀》。『上古穴居野處，衣毛而冒皮。後代聖人，易以絲麻。觀翬翟之文，乃染帛以效之，始作五采，以爲服。』《輿服志》。

胡曹作衣，黄帝垂衣。《世本》曰：『胡曹作衣。』宋衷注曰：『黄帝臣也。』《易·繫辭》：『黄帝、堯、舜，垂衣裳而天下治，蓋取諸乾坤。』『帝爲玄衣黄裳，以象天地之正色。旁觀翬翟草木之華，乃染五采文章，以表貴賤。』《外紀》。

『堯之純衣。』《外紀》。『舜之作服。』《書》。『帝曰：「禹，予欲觀古人之象，日、月、星、辰、山、龍、華蟲，作繪；宗彝、藻、火、粉米、黼、黻絺繡，以五采彰施于五色，作服，汝明。」』《益稷》。

禹之惡衣，文之卑服。《論》：『禹惡衣服而致美乎黻冕。』《書》：『文王卑服，即康功田功。』

商王侈服，漢帝綈衣。《書》：『今商王受侈服。』《史》：『漢文帝身衣弋綈，所幸慎夫人，衣不曳地。』

被半袖，服浣衣。魏主叡常着帽，被縹綾半袖。小兒及蠻夷頭衣，縹青白色，半袖短袂衣。少府楊阜曰：『此於禮何法服也？』叡自是不法服，不見阜。唐文宗開成二，上對中書舍人柳仲郢等於便殿，上舉衫袖示之曰：『此衣三浣矣。』衆皆美上之儉德。公權獨無言，上問其故，對曰：『陛下貴爲天子，富有四海，當進賢退不肖，納諫諍明賞罰，乃可以至雍熙，服浣濯之衣，乃末節耳。』

天興冠服之制，太和胡服之禁。魏天興六，初制冠服，法度草創，多不稽古。魏太和十八，禁胡服，欲變易舊風，詔禁民胡服。

開皇定服，大業戎服。隋開皇元，隋定服色，隋主始服黃，百僚畢賀，百官常服，同於庶人，皆着黃袍，隋主朝服亦如之，唯以十三鐶帶爲異。書法：『後世人君服黃始此。』大業五，詔百官，戎服從駕。書法：『吉行戎服，非事也，亂始兆矣。』

貞觀定服，嗣聖政服。貞觀四，詔定常服差等，三品以上服紫，四五品服緋，六七品服綠，八品服青，婦人從其夫色。胡氏曰：『朝服當以正色，緋近於朱，猶云可也，惡紫奪朱而加於緋上，可乎？青者，色之正也，绿爲間色而加於青上，可乎？必欲歸諸正，必則古昔、師先正可也。』嗣聖元太后改服色，旗幟皆從金色。書法：『旗幟從金色耳。』《書》：『改服色，何誅意也？金，土子也，其欲代唐之意昭昭矣。』

龍紀元年之制法服，乾寧二年之無袍笏。龍紀元年，昭宗祀□〔一〕丘。故事，中尉、樞密皆襆衫徒從。襆，睽柱反。衣裾分也，庶人服。僖宗之世，已有襴笏襴衫。上士之服。至是制法服，於是始服劍佩侍祠。胡氏曰：『僭亂之事，未有不自微而著，故孔子曰：「惟名與器不可以假人。」臯陶曰：「五服，五章哉。」故亂之所生，則衣服以爲階也。』昭宗乾寧二，百官無袍笏焉。

着皮衣，着黄羅。『明帝，體肥憎風，夏月常着小皮衣。』《宋書》。明帝疾，召褚彦回，帝坐帳中流涕曰：『吾近危篤，□〔二〕召卿，欲使着之耳。』彦回悲不自勝。黄羅褁乳母服也。上。『衣裗謂之㭫，黼領謂之襮，緣謂之純，衸謂之褮，衣眥謂之襟，衱謂之裾，衿謂之袸，佩衿謂之褑，執衽謂之袺，扱衽謂之襭，衣蔽前謂之襜，婦人之褘謂之縭。縭，緌也。裳削幅

〔一〕今按：疑爲『圜』。
〔二〕今按：疑爲『故』。

謂之纀。』《爾雅》。

錦衣，褒衣。『暴勝之爲直指使者，衣錦衣。』《漢書書》。朱博爲琅琊太守，敕官屬多作褒衣。上。

常服見上，盛服至門。江充初召見，衣紗縠單衣。上。

雋不疑謁暴勝之，褒衣博帶。上。

衣服鮮明，錦袴襜褕。王吉字子陽，好車馬衣服，遷徙所載，不過囊衣。上『更始時授官爵，皆群小賈竪，膳夫庖人多着繡，衣錦袴、襜褕，智者以爲服之不衷身之灾也。』《後漢書》。

裳不加緑，衣無兼副。祭遵常衣韋袴、寢布被，夫人裳不加緑。上。祭肜在遼東，衣無兼副，顯宗美其清約，賜之衣被。

衣履穿缺，裾不加緣。耿恭自疏勒還。上。明德皇后常衣大練裾，不加緣。上。

青絳采衣，黼黻冕旒。『袁忠乘船戴笠詣王朗，見朗左右僕從皆着青絳之衣，即辭疾廢而退。』《後漢書》。『郭賀拜荆州刺史，顯宗巡到南陽，賜以三公之服。敕行部去襜幃，令百姓見其容服，以彰有德。三世長者知被服，五世長者知飲食。』《文帝詔·魏志》。

管寧皂衣，甄后玉衣。明帝徵管寧爲光禄勳，辭不就，詔問刺史程喜，喜言：『寧着皂帽、布襦袴而裙，隨時單複，能自任杖，不復扶持。四時祭祀，輒自强力，改加衣服，着絮巾，故在遼東所有白布皂衣，親薦饋饌，跪拜成禮。』『文昭甄后每寢寐，家中彷彿見人，持玉衣覆其上。』《魏略》。

望清吏衣，賜周瑜衣。王允爲吏部郎中，曰：『某郡太守限滿，文書先至，乃釋遣山。帝望見其衣敗，曰：「清吏也。」』《吕氏春秋》。『孫權每賜周瑜衣，寒暑皆百領，諸將皆不能及。』《吴書》。

易新衣無作，致布衣不服。『石崇厠，有十餘婢置香粉，有客如厠，皆易新衣，客多羞脱故，而王敦脱故着新，意氣無作。婢相謂曰：「此必能作賊。」』《晋書》。郭文，字文舉，洛陽陷，入吴，居大辟山，恒着鹿裘葛巾。餘杭令顧颺與葛洪造之，颺使致韋布衣，不納，使置室中，竟不服。用今本作袴褶一具。

衣裳增制，浣衣稱疾。『范曄衣裳器服，增損制度。』《宋書》。江湛，字微深，爲吏部尚書，餉饋盈門，一無所受，無兼衣餘食，嘗爲上召，浣衣稱疾，經日衣成，然後起。上。

不衣自暖，白服侍宴。謝超宗爲義興太守，昇明二年，公事免，詣東府，門自通。其日風寒，高帝曰：『此客至，使人不衣自暖。』上『宋元嘉制：諸王入齊，各得自服裾褶見主人。出太極，西厢乃備朝衣，車馬幸其弟，白服、烏紗帽以侍宴。至於衣服制度，動皆陳啓，事無專制。』《齊書》。

裁衣稱體，脱服掛門。高帝即位，手詔賜張融衣，曰：『見卿衣服粗，故今送一通，效本意，謂雖故乃勝新也，是吾所着，已令裁減，稱卿之體。陶弘景，永明十，脱朝服掛神武門，上表辭禄，詔許之。上。

衣垢不前，紫服在匣。王思遠立身簡潔，諸客詣己者，衣服垢穢，方便不前，儀形新楚，乃與促膝，然及去之後，猶令二人交箒拂其坐處。上。王琨，性儉約，景和中，討義陽王，六軍戒嚴，應須紫服，琨曰：『元嘉初征謝晦，有紫服在匣，不須更製，撿取果得。』上。

朝服穿補，衣裳皆燋。『劉溉性儉率，不好聲色，庭室單床，傍無姬侍，冠履十年一易，朝服或至穿補。』《梁書》。何敬容爲吏部尚書，衣冠鮮麗，嘗有侍臣衣帶捲摺，帝怒曰：『卿衣帶如繩，欲何所縛？』敬容希旨，故蓋鮮明，衣裳不整，伏床熨之，或暑月，皆爲燋。上。

西華葛帔，任昉無衣。任昉有子西華，冬月着葛帔練裙。上。任昉爲義興太守，及被代登舟，止有絹七匹，至都無衣，將軍沈約遺裾床迎之。上。

着百戲衣，被華靡服。『樂限王萬壽彌，忠愚而無智，性好衣服，着紅羅襦，繡作領，碧衲袴，錦爲緣。帝曰：「朝服衣冠，應有常式，何爲着百戲衣？」忠曰：「臣少來所愛，情存綺羅，歌衣舞服，是臣所願。」帝曰：「人之無良，乃至此乎。」』《後魏書》。李璨被服華靡，胡叟貧老衣褐，璨頗忽之。上。

解綺綱之服，執綺衣之兒。『爾朱敞小，隨母養於宫中。彦伯之誅，自竇走，大街見童兒群戲，解所着綺羅金翠，服易衣而遁。追騎至，便執綺衣兒，究問知非，會日已暮，由是免。』《北齊書》。

以先王之服，爲伶人之衣。帝以舞工安叱奴爲散騎常侍，李綱諫曰：『魏武使禰衡擊鼓。』衡先解朝衣曰：『不敢以先王法服爲伶人衣。』今令舞胡鳴玉曳組，位五品，趨州地，殆非貽創業垂統，子孫之道。

袍拂踝，衣繿縷。『徐陵爲吏部尚書，陳暄以玉帽簪插髻，紅絲布裹頭，袍拂踝，靴至膝，不陳爵里，直上陵坐。陵不知識，命吏持下。暄作書謗陵，陵甚病之。』《陳書》。陳後主於苑内作貧兒村，親衣繿縷之服而行乞，其間以爲笑樂，多令人服烏衣以相執縛，後主果爲周所敗，被虜，妃后窮困，至以賣燭爲業。

衣婦人之服，制衮冕之服。李密簡驍勇數十人，衣婦人服，戴冪内籬，藏刀裙下，詐爲婢妾，須臾變服，出拗其城。閻立德，尚衣奉御，制衮冕六服、腰輿傘扇，咸有典法。

被羽裳，賜鷄袍。輕薄者諂言昌宗乃王子晋後身，后使被羽裳、吹蕭、乘白鶴，徘徊庭中，□〔一〕仙去狀。賜緑山品，有寶鷄袍。《酉陽》。

刺綉，奇服。宫中主貴妃，刺綉者七百人。玄宗貴妃楊氏，奇服變化若神。賜过衣，服黄裙。開元中，賜过衣，製自宫中，袍中得一詩，云：『留意多添纊，含情更着綿。今生已過了，重結後生緣。』持詩白帥，帥以聞明皇。問之，有一宫人自言萬死，即以嫁得詩者，曰：『與汝結今生緣。』天寶，貴族士民好爲胡服胡帽，婦人簪步摇釵，衿袖窄小。貴妃以假鬢爲首飾，服黄裙，近服謡也，語曰：『義髻抛河裏，黄裙逐水流。』

百鳥毛裙，碧羅籠裙。『安樂公主使尚方合百鳥毛織二裙，正視爲一色，旁視爲一色；日中爲一色，影中爲一色，百鳥之狀皆見，以其一獻韋后。』《五行志》。『安樂公主初出降，益州獻單絲碧羅籠裙，鏤金爲花鳥，細如絲髮，大如黍米，眼鼻嘴甲皆備。

縫戰士之衣，鬻親王之帶。肅宗廢后張氏，駐靈武，産子，三日起，縫戰士衣。德宗居奉天，儲蓄空窘，遣卒視賊，苦寒乞襦袴，帝不能致，剔親王金帶而鬻之。《食貨志》。

覆襭袍，衣緋衣。韋綬爲翰林學士，德宗幸其院，韋妃從，會綬方寢，時大寒，以妃蜀襭袍覆而去。陽城，德宗拜諫議，遣長安尉楊寧齎束帛詣其家。城褐衣到闕下辭讓。帝遣中

〔一〕今按：疑爲『如』。

人持緋衣衣之。

親紉綻衣，貶還所服。代宗以和政公主貧，詔諸節度餉億，主一不取，親紉綻衣，諸子不服紈絺。楊炎，道州之還也，家人以綠袍木簡棄之，炎止曰：『吾嶺上一逐吏，超登上台，可常哉？且有非常之福，必有非常之禍，安可棄是？』及貶，還所服。

服無文綺。盧懷慎。衣常垢弊。蕭復。

劉從諫之言，李德裕之奏。劉悟，字從諫，見賈直言輒衣紫擁笏，以兵自衛，直言諫悟曰：『郎少年，無使襲山東態，朝服可擅着耶？』節度使李德裕奏：『比以婦人，長裾大袖，朝廷制度，尚未頒行，微臣之分，合副天心。比聞閭閻之間，袖闊四尺，今令闊一尺五寸，裙曳四尺，今令曳五寸。』延安公主衣服逾制，駙馬竇浣得罪德裕，因而奏之。

諷服御之非法，問所服之何法。李德裕在先朝嘗獻大寶箴以諷，二曰《正服》，諷服御之非法也。文帝惡世流侈，因漢陽公主入，問曰：『姑所服，何年法也？今之弊，何代而然？』對曰：『妾自貞元時辭宮，所服者皆當時賜，未嘗敢變。元和後，數用兵，悉出禁藏纖麗賞戰士，由是散於人間，内外矜以成風。若陛下視所好于下，誰敢不變？』帝悦，詔宮人視主衣制廣狹，遍諭諸王。

解衣之焚，散衣之遁。夏侯端，壽春人，王世充以尚書印綬召端，解衣服以贈，端曰：

『吾天子使，寧污賊官耶？』非持首去不可見。』即焚書及衣。李紳爲河南尹，河南多惡少，危帽散衣，擊毬官道。紳治剛嚴，望風遁去。

衣弊不赴，衣蔽不食。張仲武，范陽人，子直方，時鄭畋輔政，頗言：『仲武會昌功第一，直方百口不自存，每内燕，以衣弊惡，辭不赴。陛下録功念舊，宜少優假。』李忠臣入華大掠，財物皆盡，官吏衣紙自蔽，累日不食。

雕銜綬帶，雁銜威儀。德宗貞元六，初賜節度使觀察使新製時服。節度使以雕銜綬帶，取武毅以靖封内；觀察使以雁銜威儀，取行列牧人有威儀。

玩服不爲鮮明。盧勻。衣服喜鮮明。李直素。

錦半臂，軿羅衣。來子珣還，遊擊將軍，常衣錦半臂自異。敬宗寶曆二，東閩國貢舞女二人，衣軿羅之衣，無縫而成，其文巧織，人未之識。

欲爲請銀緋，濺濕近侍衣。張宿使淄青，裴度欲爲請銀緋，韋貫之曰：『宿奸佞，吾等縱不能斥，奈何欲假以寵。』咸通末，淮南李公游江，舟子刺船，誤爲竹蒿所濺，水濕近侍衣，李公爲之變色，裴餘慶佐幕在坐。詩云：『半額鵝黄金縷衣，翠翹浮動玉釵垂。從教水濺羅衣濕，疑是巫山行雨歸。』

婦人散幅，宫人衣服。『周行逢爲武安節度，婦人着裙皆不縫，謂之散幅裙，或曰：「裙之于身，以幅多爲尚，周匝于身，今乃散開，是不周也，不周不縫，是姓與名俱去矣。」幅者，福也，福破散，其能久乎？未幾，行逢卒。』《荆湖近事》。蜀王衍與太后、太妃遊青城山，宫人衣服皆畫雲霞，望之若仙。

遺衣卧内，絹衫一領。楊行密嘗過楚州，臺蒙盛供帳，行密，遺衣卧内，皆經補浣，曰：『吾興細微，不敢忘本。』昭宗既誅宦官，量留三十人，各賜黄絹衫一領，以備宫中指使。

戎夷之死，無己之死。『戎夷違齊如魯，天大寒而後，與弟子宿於郭外，寒逾急，謂弟子曰：「子與我衣，我活，我與子衣，子活，我國士也，爲天子惜死，子不肖也，不足愛。子與我衣。」弟子曰：「不肖之人，安能與國士衣哉？」戎夷解衣與弟子，夜半而死。弟子遂活。』《吕氏春秋》。陳無己、趙挺之、邢和叔，皆郭大夫，婿陳在館職。當時祠郊丘，非重裘不能禦寒氣，無己止有其一，其内子爲於挺之家，假以衣之，無己詰所從來，内以實告，無己曰：『汝豈不知我不着渠衣耶？』却之，既而遂以涷病而死。『謝克家作文集序有云：「遺無副裘。」又云：「此豈易衣食者。」』《朱語録》。

寶衣，紫衣。『武王伐紂，紂蒙寶衣，投火而死。』《六韜》。『齊桓公服紫衣，國人盡服，公患之，管仲曰：「君謂左右，甚惡紫臭。」三日，境内莫有紫衣。』《韓子》。

無衣帛之妾，衣偏裻之衣。《魯語》：『季文子無衣帛之妾，無食粟之馬。』《晋語》：『晋獻公使申生伐東山，衣之偏裻之衣，佩之金玦。僕人贊曰：「太子殆哉！君賜之奇，奇生怪，怪生無常，無常不立。使之出征，先以觀之。且是衣也，狂夫阻之衣也。」』狂夫，方相氏之士也。阻，古詛字。

牂羊之裳，大布之衣。『晉文公好士之惡衣，故文公之臣，皆牂羊之裳，韋以爲帶。』《墨子》。『晉公苦奢，文公以儉矯之，乃衣不重帛，食不兼衣，無幾時，國人皆大布之衣，脱粟之飯。』《尹文子》。『春夏以珠玉爲飾，秋冬以翡翠爲温。宋景公時，懸四時衣』云云。《拾遺録》。

『啓期之衣，林既之衣。』《淮南子》。林類榮啓期，衣若懸蓑。《説苑》：『齊林既衣葦朝景公，景公曰：「何忽服小人衣耶？」林既曰：「衣羊裘者必不羊鳴，衣狐裘者必不狐乎。」』

賜外府之衣，蹈綺縠之衣。魏文侯封太子，擊於中山三年，使不往來。趙倉唐奉使侯問：『子之君長大孰與寡人？』倉唐曰：『君賜之外府之衣則能勝。』文侯賜太子衣一襲，太子迎拜。賜太子趣駕，曰：『賜之衣非以爲寒也，欲召擊也。』上。田文謂其父曰：『君後宫蹈綺縠之衣，而士不得短褐。』《春秋後語》。

懸鶉，吠狗。子夏家貧，衣若懸鶉。杜詩：『鶉衣寸寸針。』楊布衣素衣而出，天雨，淄衣而反，其狗吠之。

非先王之法服，議天子之所服。孔子曰：『非先王之法服，不敢服。』『漢高時，議天子所以服以安天下，趙堯舉春，李舜舉夏，倪湯舉秋，貢禹舉冬，四人各職一時制，曰：「可舉者各舉一時之事。」白之五服衣始於是。』《漢雜事》。

結網爲衣，織茅爲衣。天漢三祈淪國，其俗淳和，人壽三百歲，綴茅草爲繩，結網爲衣。『元狩六，獻網衣一襲，帝焚於九達之道，恐後人徵求此物，故焚之，烟如金石之氣。』《拾遺記》。禮敬國，人年三百歲，織芳茅爲衣，蓋《書》『島夷卉服』之類也。地移國，人長三尺，壽萬歲，以茅爲衣，衣服皆長裾大袖，因風以昇烟霞，若鳥用羽毛也。

題衣記事，持衣犯法。任末觀書，有合意者，題其衣裳，以記其事，門徒悦其勤學，更以静衣易之，時人謂任氏爲『經苑』。『王昌早卒，昌婦曹子大女，昌弟式，婦是桓偕女，昌母聰明有典教。二婦入門，皆令變服，偕子嘉尚魏主女，欲以金縷衣見式婦，嘉止之曰：「其婦嚴，不須持往，犯人家法。」』《耆舊傳》。

賭帝衣，襲私服。『明帝寵愛曹肇，與帝戲，賭衣服，有所獲，輒入御帳，服之趣出。』《曹肇傳》。『嵇侍中，詣齊王冏談事。葛旟曰：「嵇侍中善於絲竹。」遂進樂器，紹推却不受。曰：「公協輔皇室，令作事可法。紹雖官卑，職備常伯，豈可以先王法服爲伶人之業。今逼高命，不敢有辭，當釋冠冕，襲私服，此紹之心也。」旟等不自得而退。』《世説》。

不好着新衣，不肯服遺衣。桓車騎不好着新衣，浴訖，婦故送新衣。車騎大怒，催使將去，婦便持還。傳語云：『衣不經新，何由而故？』桓大笑而着之。朱桃椎澹泊絶俗，被裘曳索，長史竇軌遺以衣服、鹿幘、麂靴，逼署鄉正，委之地，不肯服。

玉衣，玉衣。『太始元，頻斯國來朝，以五色玉爲衣，如今之鎧。』《拾遺録》。《霍光傳》：『珠璣玉衣。』《漢儀注》：『以玉爲襦，如鎧狀。』玉衣，貴人死者旌異之服也。杜詩：『玉衣晨自舉。』

染帛爲服，綿帛作衣。《輿服志》見上。《墨子》：『古之人未知衣服之制，故聖人作之。冬則綿帛，夏則絺綌，所以適身體、和肌膚也。』

緼袍，麻枲。《論》：『子曰：「衣敝緼袍，與衣狐貂者立，而不耻者，其由也與。」』『古者聖人老耋而後衣絲，其餘則麻枲而已。』《鹽鐵論》。

冠男子之冠，服婦人之服。何晏好服婦人之服，傅玄曰：『此服妖也。』夫衣裳之制，所以定上下殊内外也。《大雅》云『玄衮赤舄』，歌其文也；《小雅》云『共武之服』，咏其武也。若内外不殊，王制失叙，服妖既作，身隨之亡。妹喜冠男子之冠，桀亡天下；何晏服婦人之服，亦亡其家。其咎均也。

服袍加襴，易青以碧。太尉長孫無忌議：『服袍者加襴，緋、紫、練，皆視其品，庶人以白。』《輿服志》。則天光宅元，九月甲寅，易内外官服青者以碧。

金字銘袍，綾麻索縷。『永壽中，敕賜岳牧，金銀字銘袍。』《鷄蹠集》。『余之初作衣也，綾麻索縷，手經指掛，其成猶綢繆。後世爲之機杼。』《淮南子》。『四種冠，五彩袍。』《東昏侯》。『梁焚七十二種于御街，號其所曰焚衣街。』《金陵志》。

共一單衣，有餘單衣。『陳留尹苞，與同郡范史雲善。二人俱貧，出入共一單衣，到人門外，苞年長，先着單衣前入，須臾出，解與史雲。』《後漢書》。过讓才辯俊逸，孔融薦讓於武帝曰：『爲九州之被則不足，爲單衣襜褕則有餘。』

賣衣還叔，市衣遺父。『鄭弘爲縣嗇父，民有弟斥兄錢者，未還之，嫂領詣弘，賣中單衣爲叔還錢，兄聞之慚，遣婦賫錢還弘，弘不受。』《會稽典録》。『吴祐爲膠東相嗇夫孫性，盜民錢五百，爲父市單衣，父恐，便以單衣謁門自謝，祐遂以單衣遺其父。』《耆舊傳》。

火布單衣，狐尾單衣。『梁冀作火布單衣，會賓，行酒失杯而污之，僞怒，解衣而燒之，垢盡火滅，燦然潔白。』《傅子》。『梁冀作狐尾單衣，上短下長。』《别傳》。

羊續示緼袍，郭璞與絲袍。『靈帝欲以羊續爲太尉。時拜三公者，皆輸東園禮錢千萬，續乃緼袍以示之，曰：「臣之所資，惟斯而已。」故不登公位。』《後漢書》。『續出黄紙繡袍以示使人，時人諺曰：「天下清苦羊續袍。」』《古今善言》。『郭璞每自爲卦，知其吉凶，脱青絲袍與之，此人不解其意，璞曰：「身命卒當在君手，故逆相與耳。」及當死，此人爲之歔欷哽咽。』

《搜神記》。

絳衣博袍，衣補車憲轞。『楚莊王解冠組紐纓，絳衣博袍，以理其國政也。』《墨子》。『梁孝王彤衣補車轞，以此爲清。』《晋書》。

《詩》：『葛之覃兮』，『爲絺爲綌』，『服之無斁』，『羔羊之皮』，『羔羊之革』，『羔羊之縫』，『心之憂矣，如匪澣衣』，『綠兮衣兮，綠衣黄裏』，『綠衣黄裳』，『象服是宜』，『制彼裳衣』，『毳衣如菼』，『毳衣如璊』，『之子無裳』，『縞衣茹藘』，『緇衣之宜兮，敝，予又改爲兮；緇衣之好兮，敝，予又改造兮；緇衣之席兮，敝，予又改作兮。』

《禮記》曰『好賢如緇衣』是也。『維鵜在梁，不濡其翼，彼其之子，不稱其服。』『青青子衿，粲粲衣服』，『摻摻女手，可以縫裳，要之襋之，好人服之』，『子有衣裳，不曳不委』，『素衣朱襮，素衣朱繡』，『豈曰無衣七兮？不如子之衣，安且吉兮！豈曰無衣六兮，不如子之衣，安且燠兮！』『豈曰無衣，與子同袍。豈曰無衣，與子同澤。豈曰無衣，與子同裳』。『衣裳楚楚』，『采采衣服』，『無衣無褐，何以卒歲』。『我朱孔陽，爲公子裳。』『九月授衣』，『載衣之裳』，『服其命服』，『朱芾斯皇』。

《論》：『士志於道，而耻惡衣惡食者，未足與議也。』『子路曰：「衣輕裘，與朋友共敝之而無憾。」』

《左傳》：『狐突曰：「衣，身之章也。」』《惘二》。《桓二》：『莊哀伯曰：「帶裳幅舄，昭其度也。火龍黼黻，昭其文也。」』《僖廿四》：『君子曰：「服之不衷，身之灾也。子臧之服，不構也夫。」』見冠。《襄廿七》：『叔孫曰：「服美不稱，必以惡終。」』《禮記・玉藻》：『衣正色，裳間色。朝服之以縞也，自季康始也。』康子用生絹。孔子曰：『國家未道，則不充其服焉。』未合先王，不宜盛服。田贊之衣，夫子之服。『田贊衣儒衣而見荆王，荆王曰：「先生之衣，何其惡也？」對曰：「衣又有惡此者。甲惡於此。」王曰：「何謂也？」對曰：「冬日則寒，夏日則熱，衣無惡於甲者矣。贊貧，故衣惡也。今大王萬乘之主也，富厚無敵，而好衣人以甲，臣竊爲大王不取也。」夫儒服先王之服也，而荆王惡之。兵者，國之凶器也，而荆王喜之。故《春秋》曰「善爲國者不師」，此之謂也。』《新序》。哀公曰：『夫子之服，其儒服與？』孔子對曰：『丘少居魯，衣逢掖之衣。衣深衣之裒大也。長居宋，冠章甫之冠。章甫，儒冠名。丘聞之，君子之學也博，其服以鄉。只隨鄉俗。丘未知其儒服也。』《周禮》：『司服：掌王之吉凶衣服，辨其名物與其用事。』

賜衣

《詩》：『服其命服。』《記》：『君賜衣服，服以拜賜。』

王賜晋侯，帝賜李忠。《左》：『王賜晋侯大輅之服。』《後・李忠傳》：『世祖以綉被衣物賜之。』

姚益恭之賜，南粤王之賜。姚益恭，南昌縣，賜衣服。帝賜南粤王佗上褚五十衣，中褚三十衣，下褚二十衣。

太祖之賜，真宗之賜。李彝興貢戰馬，宋太祖遣使賜帶。真宗親征澶淵，召李繼隆、石保吉宴，賜衣帶，曰：『北狄息戰，亦卿力也。』

杜子美之宫衣，董遵海之龍衣。杜詩：『宫衣亦有名，端午被恩榮。細葛含風軟，香綢叠雪輕。自天題處隰，當暑着未清。意内稱長短，終身荷聖情。』董遵海，范陽人，趙太祖使守通遠軍，藩漢悦服，帝賜真珠盤龍衣。

李白錦袍，韋挺貂裘。李白自采石至金陵，着宫錦。《韋挺傳》：『帝親解貂裘賜之。撫詞奚取掌中禁之絲綸，殊渥有加輟尚方之服御。』

賜衣襖

《詩》：『安且吉兮』，『敝改爲兮』。

賜衛公，旌文惠。韋瑞符，衛公賜錦袍。唐狄文惠，轉豳州，賜紫袍，后製金字袍。

《書》：『五服五章，五采五色。』

九章，五等。唐志法陽數，五等之命。

章身，稱德。見上。柳公綽，衣服稱德，過則爲僞。

典命，司裘。《禮》：『典命掌五等之命，衣服各視其命之數。』《禮・天官》：『司裘季冬，獻功裘，以待頒賜。』注功裘，人功微粗。

解衣。漢王。藏袴。韓侯。

降襖，賜服。

以備賞功，以嚮儒學。仁宗平儂智高，降空名宣頭。頭子各一百道，錦襖子、金銀帶三百，下狄青以備賞功。天聖賜真龍圖閣豐宗元三品服，以講孝經。時帝方嚮學，召宗元入講。

『學士舊規，十月初別賜錦長襖子，國初以來賜翠毛錦，太宗政賜黃盤雕錦。』《金坡遺事》。

錦衣猶帶御爐香，宫殿移麾下寵光。千里龍旌新政令，九重鳳闕舊文章。詹用之。時令届寒，方慮索裘之晚；君恩逮下，肆頒在笥之珍。芝泥開撿，奉宸詔以洊温；冰繭成袍，被身章而麗密。楚人挾纊，彰拊循士卒之能；漢祖解衣，得駕馭英雄之術。服之以拜，難忘戴記之功，敝而改爲，益咏周詩之寵。

屬當共服之辰，深軫無衣之念。爰出有司之幣，以爲公子之裘。全家相語，知安燠之自天；中心永藏，誓捐摩之有日。分頒在笥之珍，加賁章身之寵。

賜禹偁服，賜祭彤衣。王禹偁，長洲縣，日賦五題，宋太宗賜五品服。祭彤衣無兼副，賜之衣被。

章服黄履翁論古今章服異同

《周禮·天官》：『外府，掌邦布泉也。之入出，以共百牝，而待邦之用。凡有法者，共王及后、世子之衣服之用。歲終，則會，唯王及后之服不會。』

觀《夏侯勝傳》：『取青紫如拾地芥。』顔《注》以此爲卿大夫之服。顔師古。觀《張敞傳》：『備皂衣二十如年。』如《注》以此爲朝臣之服。如淳。及按百官表，有金印紫綬，有銀印青綬，是則朝用皂衣，蓋漢人之制，而謂青紫者，非也。

《戰國策》謂『得補黑衣之缺』，《鄭國風》謂『緇衣，卿士之服』。谷永，自太常權光禄大夫，自言擢之皂衣之吏，厠之群臣之末。漢制，簡賢姑舉大略。唐制，其服則三品紫，四品、五品朱，六品、七品緑，八品、九品青。其魚袋，則高宗時，五品以上用銀，三品以上用金，中宗時郡王始佩魚，特進亦佩魚。

舊致仕者不佩，至張嘉貞亦賞之。自是百官賜緋紫，必兼魚袋，謂之章服，此沿革之制然也。

舊檢校試官不佩，至開元亦佩之。

國朝宋。其服則舉子以白紵，品官以緑衣，章服以緋紫，其魚袋則故事，學士得服金紫而非學士得服始於薛居正。故事武弁不佩金魚，而武弁亦佩始於陳堯咨。學士而重戴，淳化制也。王元謝表云。學士而重金，元豐制也。蘇干膽謝表云。罷政而仍舊服，大觀制也，此沿革之制然也。

車服以庸，古人重報功。不稱其服，詩人譏無德。

温章爲大理丞，賜以緋衣，以審獄得情也。牛叢爲睦州刺史，力辭金紫，以越等不宜也。

陽城以處士而賜緋衣，非過也，所以旌逸德之高。李海以山人而賜金紫，非僭也，所以表異能之美。夫受之者不以爲褻恩，辭之者不以爲矯情，正唐人别功過之美意也。以三品服賜楊國，以五品服賜趙師民，重儒臣也。慶曆。以三品服賜王素，以五品服賜余靖、蔡襄、歐陽脩，寵諫臣也。慶曆。

曾致堯之浮躁，不可錫以章紱，則奪之。真宗。王文度之伎術，不可加以佩魚，則抑之。仁宗。夫予之者不以爲殉情，奪之者不以爲少恩，正我朝寓勸懲之微權也。沈佺期以弄辭而假緋牙，路應以有恩而賜金紫，何濫哉？永穆公主生子，三日而賜緋衣、銀魚。魚朝恩養息，不候帝賜而令服紫以謝，何褻哉。

賜紫

金紫服，紫袍子。唐馮沆爲皇太子諸王侍讀，對殿中，賜金紫服。《國史補》：『客譏宋濟：「近日白袍子紛紛。」濟曰：「正由緋袍子、紫袍子紛紛。」』

紫絁袍，集翠裘。張昌宗侍側，南海獻集翠裘，武后賜之。狄仁傑奏事，后令爭三籌，賭昌宗所衣裘：『卿以何物爲對？』狄因指所衣紫絁袍。

紫袍龜帶，金字環袍。狄仁傑轉幽州都督，賜紫袍金帶。『武后自製十二金字環袍，五色雙鸞，其文曰：「敷政術，守清勤。昇顯位，勵相臣。」乃命録之。』《家傳》。

賜緋

銀緋、牙緋、朱衣、銀印、腰白金、服赤芾。

腰垂魚服，魚袋。首戴武冠，朱衣象笏，朱衣象板。

鼠嚙之祥，驢乘之夢。張籌爲洪臚寺，帽帶、緑袍、鼠嚙，蜘蛛當寢門。數日，加階授五品服。又初爲歧王屬，夜夢着緋乘驢，其年应舉及第，授洪臚丞。

『徒使花袍紅似火，其如蓬鬢白如絲。魚綴白金隨步躍，鵠銜紅綬繞身飛。榮傳錦帳花聯萼，彩動莎衫雁趁行。』注：緋多以雁銜瑞莎爲之。『便留朱綬還鈴閣，却着青袍侍玉涂。』

唾袖，着黄。《飛燕外傳》：『后與其妹婕妤坐，后誤唾婕妤袖，婕妤妹唾曰：「染入紺碧，正似石華。」乃以爲石華廣袖。』故東坡云：『酡顔玉盞動纖纖，一點餘光唾碧衫。』肅宗即位，李泌客從，入議國事，出陪輿輦，衆指曰：『着黄者聖人，着白者仙人。』帝聞，因賜金紫。

總論

堯之有天下也，冬日鹿衣，夏日葛衣。《淮南子》：『文繡狐白，人之所好也，而堯布衣掩形，鹿裘禦寒，長裾短褐，雪羅風葛，卒歲禦寒，雲裾風袂，紆青曳紫，緑袍逢掖。』

《周禮》：『司服，掌王之吉凶衣服，辨其名物與其用事。王之吉服：祀昊天上帝，則服大裘而冕，祀五帝亦如之；享先王，則衮冕；享先公，享，社，則鷩冕；祀四望山川，則毳冕，祭社稷、五祀，則絺冕，祭群小祀，則玄冕。凡兵事，韋冕服。視朝，則皮冕服。凡田，冠弁服。凡凶事，服弁服。凡吊事，弁絰服。凡喪，爲天王斬服，爲王后齊衰。王爲三公六卿錫衰，錫，麻之滑易者。爲諸侯緦衰，爲大夫、士疑衰，疑之言擬也，擬於吉。其首服皆弁絰。大禮、大荒、大灾，素服。公之服，自衮冕而下，如王之服。侯伯之服，自鷩冕而下，如公之服。子男之服，自毳冕而下，如侯伯之服。孤之服，自絺冕而下，如孤之服。其凶服，加以大功、小功。士之服，自皮弁而下，如大夫之服，其凶服亦如之。其齊服如玄端、素端。凡大祭祀、大賓客，共其衣服而奉之。大喪，共其復衣服、斂衣服、奠衣服、廞衣服，廞衣服所藏於椁中。』

節服氏，衮冕人。《周禮》：『節服氏，掌祭祀朝覲衮冕，六人維王之大常。維王之以縷。諸侯則四人，其服如之。郊祀裘冕，二人執戈。』

有虞氏皇而祭，深衣而養老，夏后氏收而祭，燕衣而燕老。皇收冔皆冠冕名。殷人冔而祭，縞衣而養老。周人冕而祭，玄衣而養老。《禮運》：『孔子曰：「五色六章，十二衣，旋相爲竭也。」』青、赤、黄、白、黑，並天玄爲六章。衣服在躬而不知其名，爲罔衣裳之制；取諸乾坤，有其名則有其義，服之而不審名義，是無知之人矣。『衣服疑者，是謂争先，厚澤疑者，是謂争掌。疑則比争。』《賈子》。

衮衣

《説文》：『天子享先王，衮龍繡於下裳幅，一龍蟠上向。』按《周禮》：『衮，龍衣也，衣五章，裳四章，凡九皆絺繡，而畫以爲衮。』

繡，曲也，謂繡龍盤屈也。王之卿，六命，公之衮冕而下，如王之服；侯伯自鷩而下，如公之服。《禮記》：『三公一命卷，天子卷冕，亦作裷。』《荀子》：『天子袾裷衣冕。』《禮器》：『禮有以文爲貴者。天子龍衮，諸侯黼，大夫黻，士玄衣纁裳。』《釋名》：『衮冕，衮卷也。畫卷龍於衣也。王后之上，服曰褘衣。畫翬翟之文於衣也。翟之文於衣也。伊洛而南，雉青質五色備曰翬，鷂翟畫鷂雉之衣於文也。』上『内司服，掌王后之六服褘衣』。《天官下》。

五采，五服。《書》：『帝曰：「予欲觀古人之象，日月星辰，山龍華蟲，作繪宗彝。藻火粉米，黼黻絺績，以五采彰施于五色，作服，汝明。」』《益稷》。『五服：山龍青，華蟲黄，作繢黑，宗彝白，藻火赤。天子五服。』《書大傳》。

五采爲服，乾坤有文。上古衣毛而冒皮，後世聖人爲之以絲麻，觀翬翟之文、榮華之色，始涉五采，成以爲服。黄帝、堯、舜、禹衣裳，蓋取諸乾坤，有文，故上衣玄而下裳黄。

秦之玄衣，漢之冕服。秦繼戰國，滅去禮樂，郊祀之服，皆以玄衣。『漢承秦故，至顯宗初服冕旒衣章以祀天地。養三老五更，乘輿日月星辰十二章，三公諸侯山龍九章，九卿華蟲七章。』漢《輿服志》。

《詩》：『衮衣繡裳。』是以有衮衣兮，一曰龍，二曰山，三曰華蟲，四曰火，五曰宗彝，皆繢於衣；六曰藻，七曰粉米，八曰黼，九曰黻，皆繡於裳。『衮職有闕，維仲山甫補之。』『聖人處天子位，服日月昇龍，所以服其德，章其功也。賢人佐聖，封國愛民，黼黻文繡，降龍，所以顯其仁，光其能也。』《續漢·輿服志》。

秦除，漢造。『秦除衮冕之制，唯爲玄衣絳裳，一具而已。漢興亦如之。明帝始造冕服，至今用之。』《摯虞注》。

天子龍衮，堯帝黻衣。『天子龍衮，諸侯黼，大夫黻。白與黑謂之黼，黑與青謂之黻，青與赤謂之文，赤與白謂之章，五色備謂之繡。諸侯去日月星辰，卿大夫去山龍華蟲。山龍華蟲，服藻火，服粉米。』《要略》。『堯帝王天下，黼衣絓履不敝盡，不更爲也。』《六韜》。

王事斂衮，朝賀服衮。《左・僖》：『許穆公卒于師，凡諸侯薨于朝會，加一等；死王事，加二等。於是以衮斂。』『泰始六，詔皇太子朝賀，服衮冕九章。』《齊書》。『姚襄萇弟萇上御座，着衮服，曰：「此兒或能大起吾族。」』《後秦記》。『代宗時，渤海贄子盗衮龍服，捕得之，詞云：「慕中國衣服。」上赦之。』《唐書》。韋孟詩：『肅肅我祖，家自豕韋。衮衣朱黻，四牡龍旗。』《漢書》。

深衣

《禮記・深衣》篇：『古者深衣，蓋有制度，以應規、矩、繩、權、衡。短毋見膚，長毋被土。續衽，鈎过，要縫半下；袼之高下，可以運肘；袂之長短，反屈之及肘。帶下毋厭렴於髀，上毋厭於脅。制：十有二幅應十有二月。袂圓以應規；曲袷如矩以應方；負繩及踝以應直。故規者，行舉手以爲容；負繩布方者，以直其政，方其義也。下齊如權衡者，以安志而平心也。五法已施，故聖人服之。故規矩取其無私，繩取其直，權衡取其平，故先王尚之。故可以爲文，可以爲武，可以爲擯相，完且承費，可以治軍旅，善衣之次也。』

韠

《禮記》：『君朱，大夫素，士爵韋。天子直，其頸五寸，諸侯前後方，大夫前方後挫角，士前後正。』

韠韋爲之，所以蔽膝。下廣二尺，象地；上廣一尺，象天；長三尺，象三才；頸五寸，象五行。孔子始用於魯，魯人謗之曰：『麛裘而韠，投之無戾，韠而麛裘，投之無戾。』

顔潛庵詩：『義取乾坤制作良，各呈綵色燦文章，尊卑有定分高下，貴賤無違適短長，冬月暖披霞錦艷，夏時凉疊雪羅香。老萊七十貽親悦，笑舞斑斕戲畫堂。』

短長分貴賤，高下定尊卑。剪似鮫人室，裁從織女机。戲綵誇萊子，垂鶉異卜商。風袂飄飄舉，雲裾楚楚輕。遲遲慈母綫，戀戀故人袍。

襦

《説文》：『襦，短衣也。一曰䨲衣。』䨲，温也。奴案反。《釋名》：『襦，暖也，言温暖也。單襦，如襦而無絮也。反閉，襦之小者也，却向着之，領含於項，後閉其衿也，反於背。』

小獄之襦，左開之襦。『子産治鄭，鄧析約民，大獄一衣，小獄襦袴。鄭國大亂，子産殺鄧析而民服。』《吕氏春秋》。『勾踐與妻入臣吴，夫人衣無緣之裳，左開之襦，莝以養馬。』《吴越春秋》。

綺襦，珠襦。『班伯爲侍中，在於綺襦紈袴之間，非其好也。』《漢書》。昌邑王被廢，太后被珠襦，王前聽詔，如淳曰：『以珠飾襦。』《晉書》：『貫珠爲襦。』

珠襦，織襦。哀帝以珠襦玉甲（押），皆預以賜董賢。『飛燕爲皇后，其弟上遺織，成上襦。』《西京雜記》。

景子春之遺襦袴，鍾離意之作襦袴。『景子春善占，坐事，其婦朱君言遺襦袴，子春驚曰：「言與朱爲誅，袴而襦中絶，我當誅斬。」後遂腰斬。』《桓譚新論》。『鍾離意爲意，輒使屬縣出錢，侯霸府椽與徒作袴襦，光武謂侯霸曰：「君所使吏仁恕用心乎？」』《吴越春秋》。

襜襦，布襦。『來歙詣洛見上，上解所被襜襦衣歛。』《東觀漢記》。第五倫性節儉，常衣布襦。上。

孟光布襦，管寧布襦。孟光布襦袴裙，梁鴻曰：『此真梁鴻妻。』上。『管寧皂帽布襦，隨時單複。』《魏志》。

凍乞一襦，脱其着襦。司馬宣王從遼東還，六十假士，凍乞一襦。公乞之酒曰：『襦，官中物，臣無私施。』《世説》。謝朓爲吏部侍郎，見江革敝絮單席，耽學不倦，乃脱其着襦，手割中氈，與之而去。

着紫綢襦，服故布襦。『謝鎮西着紫綢襦，作大道曰。』《語林》。『郭祖深清儉，常服故布襦。』《梁書》。

脱襦，進襦。武陵昭王曄，道逢乞人，脱襦與之。『竟陵王子良，見曄衣單，進襦。』《齊書》。

不敢解襦，婦着小襦。顧協，少清介，初爲廷尉，正冬服單，簿寺卿蔡君度，欲解襦與之，憚其清嚴，不敢解襦。『高祖至鄴，見公卿曰：「昨日入城，見車上婦人冠帽而着小襦襖者，尚書何爲不察？」任城王澄曰：「着者猶少。」帝曰：「任城意欲全着乎？」一言喪邦，其斯之謂。』《後魏書》。

葬以珠襦，遺以青襦。『闔廬葬女，以珠襦之寶。』《吳越春秋》。『東海君以織成青襦，遺陳節方。』《列縛傳》。

着襦袴，着襦鎧。『紐伯子，冬着單衣，盛夏襦袴。』《列仙傳》。『乾綱者，慕容廆之十一世祖也，金銀鞍勒，自天而墮，着金銀襦鎧，乘白馬，鮮卑推爲君長。』《述異記》。

襦襠，襜襦。『襦襠，其一當胸，其一當背也。』《釋名》。『陳、魏、宋之間謂之襜，或謂之單襦。』《方言》。

杜詩：『小襦繡芳蓀。』芳蓀，乙繡。

衫

衫，芟也。衫末無袖，端也。

文婉單衫，皇后布衫。『小吏曹着，配以文婉。着妻求請退，婉贈織成單衫。』晋《東宮舊事》。『徐湛之母，會稽公主，高祖微時，有納布衫襖等，皆是皇后手自作，高祖既貴，以此付公主，曰：「後代若驕奢不節者，以此示之。」』《宋書》。

安都之着，謝洗之着。『薛安都解所帶鎧，着兩襠衫，馳入賊陣。』《宋書》。『太始二，御史丞羊希奏：山陰令謝洗，親憂未除，常着青絳納兩襠，請免洗前所居官。』《起居注》。

身被衫甲，豈可衣衫。『陽休之監修起居，左遷驍騎。文宣郊夫，衣兩襠，持白棓。魏收嘲之。休之曰：「昔爲常伯，首戴蟬冕；今處驍遊，身被衫甲。」』《齊書》。德宗在凉州，地熱，未給將士春衣，左右請御衫，上曰：『從我者，冬服未易，我豈可獨衣衫乎？』將士聞之，莫不流涕。

裙

『裙，下裳也，連接裙福也。緝下，横縫緝其下也。緣裙，裙施緣也。』《釋名》。

裙，裏衣也。古服裙不居外，皆有衣籠也。上。

『陳魏之間謂裙爲帔，繞衿謂之裙。』《方言》。

下裙，布裙。『飛燕爲后，女弟上織成下裙。』《西京雜記》。『戴良家五女，皆布裙，無緣裙四等。』《先賢傳》。

布裙，禿裙。『王良爲司徒，妻布裙徒跣曳柴。』《東觀漢記》。『明德太后，禿裙不緣。』《續漢書》。

裙上甚短，裙如羊腸。『獻帝時，女子好長裙，而上甚短。』《五行志》。『燉煌婦人作裙，攣縮如羊腸，用布一匹，皇甫隆爲太守，禁改之。』《魏略》。

單裙。管寧布裙，孟卓單裙。『管寧恒着布裙。』《魏志》。孟卓，字君偉，少修清苦之志，着單裙。

絹裙，珠裙。『太皇太后，絳碧絹雙裙，絳絹襹裙，絳紗複裙，白絹裙。』《晋宋舊事》。『世祖爲胡皇后造真珠裙，所費不可勝計。』《北齊》。

單白裙，青羽裙。『惠帝還洛陽，以單白裙爲幃。』《四王起事》。『南極夫人，被錦服青羽裙。』《真人傳》。

羊欣之裙，西華之裙。羊欣，字敬元，年二十，時王獻之爲吴興太守，欣夏月着新絹裙晝寢，獻之見之，書裙數幅而去，欣書本工，因此彌善。任昉子西華，冬月着葛帔練裙，劉孝標著《廣絶交論》，譏其舊友。

留仙裙，結纓裙。『成帝立飛燕爲后，帝步太液池，后歌舞歸風送院之曲，帝以文犀簪擊玉甌，酒酣風起，后揚袖曰：『仙乎留裙，去故而就新，寧忘懷乎？』帝令馮無方持后裾，風止裙爲之縐。他日宮姝，或襞裾爲縐，號『留仙裙』。《外傳》。『每輕風至，飛燕殆欲隨風入水。帝以翠纓結飛燕之裙，常怨曰：「妾微賤，何得復與纓裙之遊。」』《拾遺記》。

梁武帝之繡裙，隋煬帝之長裙梁。武帝作五色繡裙，以朱繩真珠爲飾。隋煬帝作長裙，十二破，名仙裙。

百鳥毛裙，碧綱籠裙。見上。

裙皆不縫，謂之散幅裙。見上。

借裙襦，充妓衣。于五月五日，於玄武門遊戲，非所爲子孫法。孫伏迦上表：『近太后常於民間借婦女裙襦，以充妓衣。』

『越女紅裙濕』，『蔓草見羅裙』。杜。

裩

褌，或作裩，褻衣也。

相如之着，王澄之着。『相如與卓文君還成都，相如着犢鼻裙滌器。』《西京雜記》。『王澄之荆州，送者傾城，澄脱衣，着犢鼻裩，上樹取鵲㲉，傍若無人。』《晋書》。

掣褌爲戲，衣褌爲蠱。王顥與唐太宗有舊，製褌爲戲，捋帽爲歡。隋辛但以衣緋褌，俗云利家〔一〕。文帝以爲厭蠱，將斬之。

〔一〕今按：『家』，《北史》卷七十七作『官』。

花上褌，朱冠褌。唐人以花上晒褌，爲殺風景。韓山火炎官，火屬朱冠褌。屋爲褌，婦無褌。劉伶課飲，曰：『我以天地爲棟宇，屋室爲褌衣，諸君何爲入我褌中？』韓康伯遺范宣絹百匹，不受，裂二丈與之，曰：『可使婦無褌耶？』乃受之。

上廳露褌，擲博無褌。『宋宗室茂德，性庸騃，爲郢州刺史，暑月露褌上廳事。』《宋書》。梁吉士瞻，少時擲博，無褌，爲儕輩所侮，及爲將軍，得絹三萬匹，爲百褌其外，並賜軍士。

着紅裙，着紅裙。『鬱林王常裸袒，着紅縠褌。』《齊書》。年少未知名，着紅裙，後爲尚書。

犢鼻褌，犢鼻褌。『夏月着犢鼻褌，爲有司所彈，其放達如此。周弘正，善玄理。』《梁書》。『夜着犢鼻褌，與門生登閣道。』《謝幾卿》。

裳

《釋名》：『上曰衣，下曰裳。裳，障也，以自障蔽也。』

禹之解裳，桀之服裳。『禹入裸國，欣然解裳。俗説：「禹治洪水，乃入裸國，君子入俗，不改其恒，於是欣然而解裳也。」原其所以，當言皆裳。裸國，今吴郎是也。被髪文身，裸以爲飾，蓋正朝所不及也。猥見大聖之君，悦禹文德，欣然皆着衣裳矣。』《風俗通》。『桀之時，女樂三千人，無不服文綉衣裳者。』

以裳裹首，披裳鼓盆。《昭廿一》：『厨人僕以裳裹首而荷而走曰：「得登華矣。」遂敗華氏于新里。』景公飲數日，去冠披裳，自鼓盆甕。

墨子裂裳，樊噲裂裳。『楚欲攻宋，墨子聞之，足重繭而不休息，自魯趨而往，裂裳而裹之，十日十夜至于郢。』《淮南子》。『樊噲常持鐵楯，聞項羽有意殺漢王，噲裂裳以裹楯，冠之入軍門。』《續漢書》。

裳化爲龍，裳不加緣。『東方朔生三日而母死，鄰母拾而養之。經歲，母忽失朔，累日方歸。後復去家萬里，見一枯樹，脱白布裳掛樹，化爲龍，名其地爲布龍澤。』《洞冥記》。『祭遵爲人廉約，夫人裳不加緣。』《後漢書》。

短布衣裳，編草爲裳。『鮑宣妻桓小君，曰：「生富驕，習美飾，吾貧賤，不敢當禮。」妻乃悉歸侍御服飾，更着短布衣裳。』《東觀漢記》。『孫登，字公和，於涿郡北山中爲土窟，夏則編草爲裳，冬則以髮自覆。』《嵇康集》。

碧山沁羅裳，紅漂露冷裳。露冷襲衣裳，西風透薄裳。有泪欲沾裳，便欲解朝裳。金縷綉羅裳，粗布勝無裳。黄鵠霜前碎鵠裳，鶴飛松露滴衣裳。看花凉露滴衣裳，夢中猶記舞霓裳。金爲衣兮菊爲裳，天孫爲織雲錦裳。

《詩》：『緑衣黄裳。』『玄裳縞衣。』『黻衣繡裳。』『裳錦褧衣。』

《易》：『黄裳元吉，文在中也。』東坡：『坤裳有正色。』

手巾

以巾拭泪，以巾拭泪。『王莽斥出王閎，太后怜之，閎伏泣失聲，太后自以手巾拭閎泪。』《漢名臣奏》。『孫權克荆州，將吏悉〔一〕皆歸附，而潘浚涕泣交横，權慰勞與語，使親近以手巾拭其面。』《江表傳》。

以巾插腰，以巾贈詳。『王戎雖爲三司，率爾私行，巡省園内，不從一人，以手巾插腰。』《七賢論》。『吴詳見一女子，共宿，女贈詳以紫巾，詳答以白手巾。』《志怪》。『在尊者前，宜各具其一手巾，不宜借人巾用。』《英雄記》。

賜禮物

章有德，著善政。漢郭賀賜，黼黻冕旒。唐王琳，武后賜瑞錦新帛。

幣帛將意，車服次庸。《詩·鹿鳴》注：『幣帛箱篚，以將厚意。』《書》：『車服次庸。』

拜衣，賜履。《記》：『君賜衣服之以拜。』《左》：『賜我先君履。』

〔一〕今按：據《三國志·陸凱傳第十六》。

文帔，瑞錦。司馬承禎賜寶琴、霞文帔。馮定召升殿，賜禁中瑞錦。紫艾綬，青羔裘。馮魴，漢安帝家君，作彈棊，漢成帝。論事無避，有節可嘉。慶曆賜王素三品服，余靖、蔡襄、歐陽脩五品服，曰：『論事無避，故有其賜。』天聖賜杭州林逋粟帛，兩浙運使言逋有節可嘉，二十年未入城也。德殿酒三行，石湖二大字。范成大，孝宗朝師巴東，兼行宮留守，辭還德殿，酒三行，命内侍奉縑素來，上有『石湖』二大字。豈伊極陋之姿，堪此殊常之寵，光塞門闌，驩傾里社，永謂非常之賜，直爲不朽之勞。

褐

《説文》：『褐，短衣也。』與褐，褰褐。『吴申叔儀乞粮於公孫有山氏，曰：「佩玉蕊兮，余無所繫之，旨酒一盛兮，余與褐之父睨之。」』《哀公》。『東郭西知宋之將亡，故褰褐而過鬲其朝，曰：「宋將亡，有荆棘，故褰褐而避之也。」居三年，宋果亡。』《韓詩外傳》。孟明被褐，無鹽拂褐。『五羖大夫，自鬻於秦，被褐食牛。』《史》。『齊婦極醜，號無鹽女，乃拂短褐，自詣宣王。』《新序》。

衣褐歸，衣褐見。『相如奉璧，秦王無償城色，相如使從者衣褐懷璧，徑道亡歸。』《史》。『婁敬衣羊裘，求見上，吴將軍欲爲易其衣，不肯，曰：「臣衣帛，衣帛見；衣褐，衣褐見。」遂見上，説上西。』《史》。

短褐不完，短褐穿結。『貢禹上書：「糖豆不贍，短褐不完。」』《漢書》。『短褐穿結，簞瓢屢空，晏如也。』《五柳先生傳》。

皋陶振褐，澤父衣褐。皇甫謐上書：『皋陶振褐，不仁者遠矣。』《晋書》。『有澤父，莎裳褐衣。』《符子》。

取皮爲褐。蠻夷取穀樹皮，熟槌之以爲褐。裴《記》。

『世〔一〕家多所宜，欬唾自成珠；被褐懷金玉，蘭蕙化爲蒭。』趙壹《疾邪賦》。

裘

《説文》曰：『裘，皮裘也。』《白虎通》曰：『所以佐女工助温也。獨以狐裘，取其輕暖，因狐死首丘，明君子不忘本也。羔，取其跪乳遜順也。』

〔一〕今按：『世』，《後漢書》卷八十作『勢』。

毛氏國出名裘。《周禮》：『司裘掌爲大裘，以共王祀天之服。中秋，獻良裘。季，秋獻功裘。大喪，廞裘，歲終，則會，唯王之裘不會。』

《左·僖》：『狐裘龍茸，一國三公，吾誰適從。』《襄》：『右宰穀辭曰：「余狐裘而羔袖。」乃赦之。』『昭公賜公衍羔裘，使獻龍輔於齊侯，遂入羔裘。齊侯與之陽穀。』『定黎彌曰：「晳幘而衣狸製。」公使視，東郭書曰：「乃夫子也！」』

一名煥質，一名暄肌。『周昭王綴青鳳色爲二裘，一名煥質，一名暄肌，裳以禦寒也。厲王流于彘，分裂此裘，遍于彘土。罪入大辟者，抽裘一毛以贈死，價直萬金也。』《拾遺》。

牂裘，羊裘。『晋文公好士之惡衣，故文公之臣皆牂裘。』《墨子》。『孫叔敖相楚，衣羖羊裘。』《韓子》。

貂裘，狐裘。『叔向聘吴，吴人飾舟以送，左右各五百人，有繡衣而貂裘。』《説苑》。平公出朝，有朝環平公不去，師曠對曰：『東方有鳥，名諫珂，文身而赤足，憎鳥而愛狐，君不衣狐裘以朝乎？』平公曰：『然。』上。

衣羖羊之裘，披狐白之裘。趙簡子，衣羖羊之裘，其宰曰：『狐裘則温，君宜改之。』上『景公時，雨雪三日。公披狐白之裘，曰：「怪哉，雨雪三日不寒。」晏子曰：「古之賢君，飽而知人飢，温而知人寒，今君不知也。」公乃命出裘以與寒者，發裳以與飢者。』《晏子》。

反裘負芻，賜裘不受。晏子睹弊冠反裘負芻者，晏子曰：『子何者？』對曰：『我越石父也，不免凍餓，爲人僕三年。』晏子脱左驂贖之也。上。景公賜晏子狐白裘，其價千金，晏子辭而不受，曰：『君服之上，而使嬰服之下，不可以爲教。』上。

非一狐之皮，衣韋衣而朝。『或謂孟嘗君曰：「大廟之椽，非一木之枝也；千鎰之裘，非一狐之皮也。」』《戰國策》。『林既衣韋衣而朝，景公曰：「此君子服耶？」既作色曰：「如君言，衣狗裘當狗鳴，衣羊裘當羊鳴。今君衣狐，意得無變乎？」』《説苑》。

披裘負薪，反裘負芻。『延陵季子適見路直遺金，當夏月，有披裘而薪者，季子呼取金，曰：「吾五月被裘而負薪，豈取金者哉。」』《吳越春秋》。『魏文侯出遊，見反裘負芻者，問之，對曰：「愛毛也。」文侯曰：「爾不知皮盡而毛無所附也。」明年，東陽上計，其布十倍，大夫賀之，文侯曰：「民不增而税倍，亦何異反裘負芻乎？」』《新序》。坡：『負薪反羊裘，皮盡毛無裏。』

取獻裘，朝委裘。『秦王幸姬曰：「願得君狐白裘。」此時孟嘗君有一狐白裘，直千金，天下無雙，獻之昭王，更無他。客爲狗盜者入秦宮藏中，取所獻裘奉姬。』《史》。賈誼曰：『植遺腹，朝委裘，而天下不亂。』孟康曰：『委裘，若客衣，太子未坐朝，事先帝裘衣也。』

服羊裘，披羊裘。『馬援嘆曰：「殖貨財産，貴其能施賑也，不能守錢虜耳。」乃盡散以班昆弟故舊，身服羊裘皮袴。』《後漢》。嚴光披羊裘鈎澤中，帝三聘而後至。上。

着裘，覆裘。『劉虞爲幽州刺史，常着裘。』《後漢書》。『高文惠爲刺奸令史，夙夜匪懈，至擁膝抱文書而寤寐，太祖微出觀察諸吏，見而哀之，徐解裘覆之而去。』《魏氏春秋》。

賜裘，盗裘。『陸遜破曹休，上爲群僚大會酒，與遜對舞，解所着揮子裘賜遜。』《吴志》。『趙王倫坐使劉緝買工所將盗御裘，廷尉杜友正緝棄市，綸當與緝同罪。有司奏倫爵重屬親，可不坐。諫議大夫劉毅駁曰：「王法賞罰，不阿貴賤，然後可以齊禮制而明典刑也。論知裘非常，蔽不語吏，與緝同罪。」』《晋書》。

以王觸寒賜貂裘，六月重茵披狐裘。東平王蒼來朝，章帝以王觸寒，賜乘輿、貂裘。『汲桑盛暑重裘重茵，使人扇之，恚不清凉，斬扇者。軍中爲之語曰：「仕爲將軍何可羞？六月重茵披狐裘，不識寒暑斷人頭。」』《趙書》。

着裘得脱，披裘涉雪。『步熊，字叔羆。好學，兼術數。趙王倫辟熊，熊言「倫死不久，不足應。」倫遣兵圍之。熊使諸生着己裘南走，圍者奔之，從北道走，得脱。』《晋書》。『王恭披鶴氅裘，涉雪行，孟旭〔一〕曰：「此神仙中人也。」』

〔一〕今按：『孟旭』，《晋書》作『孟昶』。

孔雀裘，青鼠裘。『文帝製孔雀毛裘。』《齊書》。文惠太子性奢侈，織孔雀毛爲裘。上。『唐邕，字道和。少明敏，有治世才。解律金。啓太后曰：「唐邕强幹，一人當千。」顯宗乃解所服青鼠皮裘賜之。』《北齊》。

羽裘，鹿裘。『少昊氏都於曲阜，鞬鞮毛人獻其羽裘。』《田休子》。『堯之王天下也，冬則鹿裘。』《韓子》。

珍裘，褐裘。『渠搜之人服夏禹之德，獻其珍裘，毛出五采，光曜五色。』《田休子》。『夏禹時，渠搜國來獻褐裘也。』《帝王世紀》。

裘尾，裘弊。『齊有盜狗子，與胡跪子相誇。盜狗子曰：「吾父之裘獨有尾。」胡跪子曰：「吾父冬夏獨有一足袴。」』《韓子》。『淳于髡見鄒忌子曰：「狐裘雖弊，不可補以黄犬之皮。」忌曰：「諾，謹受教，請擇君子，無雜小人其間。」』《春秋後語》。

送黑貂裘，弊黑貂裘。『蘇秦説李兑，兑送秦黑貂裘。』《戰國策》。蘇秦詣秦王書十上而説不行，黑貂之裘弊。上。

羔青裘，狐白裘。成帝好蹴踘，群臣以爲勞體，帝曰：『可擇似而不劳者奏。』劉向作彈棋以獻，帝大悦，賜羔青裘、紫絲履，服以朝覲。上。楊興謂史高曰：『將軍所舉，不過門下賓客，而烈士不舉，是有狐白之裘而反之也。』《漢書》。

錦裘，貂裘。魏武與楊彪書：『今贈足下錦裘二領。』管寧恒着布衣貂裘。致裘，撤裘。魏武與孫權書：『今因趙咨，致文馬一匹，韅子裘一領。』『魏朗，字少英，爲郡工曹。正朝，掾史顧龕，披裘以加朝服，朗以裘非臣服，敕卒撤去。右手鳴鼓，左手撤裘。』《典略》。

畏寒乞裘，無衣着裘。『謝萬就安乞裘云畏寒。答曰：「若畏寒，無勝綿者。」以三十斤綿與萬。』《語林》。『謝萬與安共詣簡文，萬無衣幘，着白綸巾鶴氅裘，履板而前。共談移日，大器重之。』《世説》。一掖千金，翠雲紫絺，青豹玄狐，貂襜羔袖。

『挾夫私計以論公政，猶與狐衣裘，無時而可也。』《潛夫論》。

『古者袒其朝服見裘，袒覆衣謂之裼，裼之言露，可見之辭，加以朝服謂之，袒謂之裼，大裘不覆，反本以其質也。』《五經要義》。諸侯黼裘以誓田，雜狐裘爲黼文也。上。

『爲千金之裘，而與狐謀之，其皮不可得也。』《符子》。

『天下無粹白之狐，而有粹白之裘，取之於衆白也。』《吕覽》。

『夫夏日之不披裘者，非愛之也，愛有餘於身也。聖人度形而衣，節於己而已。』《淮南子》。

藏死人者，裘不可以藏，裘不可以藏者，非爲其綈絺曼帛温暖於身也，世以爲裘者，難得貴價之物，而不可傳於後世，無益於死者，而足以養生，故因其資以襲之。上。

狐與蓑孰急，見雨則裘不用，上堂則蓑不御，此代爲帝者。白狐之裘，天子之披也，而在朝堂，然爲狐計者，不若走於澤。

披羊裘而賃，固其事也，狐裘而負籠，甚可怪也哉。上。

《禮記·玉藻》：『唯君有黼裘以誓省，大裘非古也。』《誓軍誓耕》。僭亂之失。

欲敵嚴風冷，無如襲毳裘。禦寒宜老叟，换酒稱詩人，一掖應難就，千金未易酧。《黑貂詩》：『組麗紫綺襲蒙茸，安得大裘長萬丈，與君都蓋洛陽城。』

《酬殷明佐見贈五雲裘》李：『粉圖直〔一〕裘五雲色，曄如晴天散彩虹』，『輕如松花落金粉，濃似苔錦含碧滋』，『故人贈我我不違，着令山水含晴暉』，『襟前林壑斂暝色，袖上雲霞收夕霏』，『相如不足誇鷫鸘，王恭鶴氅安可方』，『瑶臺雪落數千點，片片吹落春風香』。

杜詩：『天子翠雲裘。』

王褒論：『千金之裘，非一狐之腋。』

杜詩：『弊裘蘇季子。』

〔一〕今按：『直』，上海古籍出版社《全唐詩》卷一百六十七李白《酬殷明佐見贈五雲裘》作『珍』。

李白相如□〔一〕『鷫鷞换美酒。』

雉頭裘，吉光裘。晋大司馬程劇上雉頭裘，武帝於殿前焚之。『漢武天漢三，西國王獻吉光裘，毛色黄，蓋神馬之類，入水不濡，入火不燋。』《十洲記》。

集翠裘，浮光裘。則天時，唐寶曆中，南粤進集翠裘，即紫海水染其色也。值暴雨，而略無沾潤。

袍

《釋名》：『袍，大夫着，下至跗者，袍，苞也，内衣也。』《説文》：『如絮曰繭，繭以緼曰袍。』《玉藻》：『纊爲繭，緼爲袍。』

博袍，緼袍。『楚莊王絳衣博袍，以理其國政也。』《墨子》。『子思居衛，博袍無裏，田子方遺狐白之裘，竟不受。』《説苑》。『原憲之緼袍，一賢於季孫之狐貉。』《鹽鐵論》。

綈袍，錦袍。須賈使秦，見鳌叔寒，取一綈袍以賜之，及數其罪，曰：『公之所以得無死者，以綈袍戀戀有故人之意。』『文帝使遺單于錦袍一。』《漢記》。

赤霜之袍，青龍之袍。『上元夫人降，武帝服赤霜之袍，雲綵亂色，非錦非繡。』《漢武内

〔一〕今按：疑爲『不足夸』。

傳》。『石虎臨軒，着青龍袍。』《鄴中記》。『倪寬練袍，袁安粗袍。倪寬練袍，衣若僕妾。』《鹽鐵論》。『袁安爲光禄，粗袍糲食。』《續漢書》。

桓鸞緼袍，三老大袍。『桓鸞，字始春，緼袍糟食，以濁世耻，不肯仕。』《後漢書》。『三老五更，服都緑大袍。』《續漢書》。

給皂袍，賜御袍。『欒松無被，糟食，詔給帷被、皂袍。』《後漢書》。『薛夏，字宣聲，黄初中爲秘書丞，帝與夏講論書傳，帝見其衣薄，解御袍以賜之。』《魏略》。

許靖緼袍，鄭冲緼袍。『秦安薦許靖曰：「竊見處士綿竹秦安，应山甫之德，履雋生之直，枕石漱流，吟咏緼袍。」』《蜀志》。『鄭冲以儒雅爲德，無幹局之譽，簞食緼袍，不营資産。』《晋書》。

大袍，綾袍。『江東賜凉州刺史，張駿金印大袍。』《晋書》。惠帝自鄴還洛陽，賜中書監盧志鶴綾袍領。上。

武帝之賜，符堅之送。武帝賜桓伊錢百萬，袍裏千端。上。慕容冲逼符堅，堅送一領錦袍，曰：『古者交兵，使在其間，今送一袍，以明本懷。』上。

袍極粗疏，袍不製一。『文德皇后袍極粗疏。』《東觀漢記》。辨彬《蚕虱賦》序：『布衣十年，不製一袍之緼。』《齊書》。

銘金背袍，被絳紗袍。『武皇出緋紫單羅銘金背袍以賜文武臣，其袍文各有炯戒：諸王飾以盤石，宰相飾以鳳池，尚書飾以對雁，將軍飾以麒麟，武衛飾以對虎，鷹揚飾以鷹，千牛飾以牛，豹韜飾以獅子，金吾飾以象，又名其襟背作八字回文』。《唐書》。肅宗爲太子，當被絳紗袍，以爲與帝同，辭不敢當，敕改爲朱明服。上。

薛平緑袍，袁彭緼袍。薛平能守法度，一緑袍十年不易，恩加朱紱。上。『袁彭字伯楚，爲南陽太守，糲食、緼袍不改其操。』《良吏傳》。

《論》：『衣敝緼袍，與衣狐貉者立，而不耻，其由也與。』

被

《身章撮要》：『被，寢衣也。大被曰衾，單被曰裯。世人或以錦綉、或以布素、或以褚皮爲之。』

繡被，布被。『後王忳，字小林。於京師見一書生，金彦疾，曰：「有金十斤相贈，死後乞藏骸骨。」命絶。忳鬻一斤營葬，餘置棺下。忳後署大度亭長。有白馬入亭中而止。大風飄一繡被，墮忳前。此陰德所致也。』《史》。后宣秉爲御史中丞，瓦器布被。『黔婁先生卒，覆以布被，覆頭則足見，覆足則頭見，曾西曰：「斜其被則斂矣。」妻曰：「斜之有餘，不如正之不足。」』《高士傳》。公孫弘，布被飾詐，汲黯云：『弘位至三公，俸禄甚厚。爲布被，此詐也。』

百幅被，九州被。『梁裴之横不事産業，兄之尚爲狹被以激之，之横曰：「丈夫富貴，當作百幅被。」及後立功，乃作百幅被。』《梁書》。『邊讓爲九州之被則不足，爲單衣之襜則有餘，孔融薦於魏武云云。』《别傳》。

賜錦被，卧布被。後漢宋寵爲太尉，賜錦被。漢李恂，兖州，卧布被。

鍾繇畫被，王勃覆被。鍾繇曰：『吾學書三十年，坐則畫地，卧則畫被。』王勃屬文則酣飲，引被覆面卧。

青綾被，神錦被。漢官典職，尚書郎入直，供青綾、白綾被，或錦被。《六帖》：『元和八，大軫國貢神錦被，冰蠶絲所織也，方二丈，厚一寸，龍文鳳彩，殆非人工。』

翠被，綉被。『楚子次于乾溪，雨雪，楚王翠被。』《襄三》。鄂君乘青翰之舟，越人歌曰：『山有木兮木有枝，心悦君兮君不知。』於是郭君舉綉被而覆之。

蒙被，賜被。李夫人病篤，上自臨視，夫人蒙被謝曰：『妾久寢病，不可以見帝，願以妾及兄弟爲記。』霍光薨，詔賜繡被百領。上。

布被。『祭遵奉公，家無私財，布被，夫人裳不加綵。』《後漢》。『樂崧爲郎，宿臺無被，帝乃推被與之。』《後漢》。

無被，賜被。范丹爲萊蕪長，去官無被，空囊自隨。上。京兆朱寵，字仲威，爲太尉，家貧，卧布被，朝廷賜錦被。上。

布絢，布被。羊續，字興祖，爲南陽太守，以清率下，唯卧一幅布絢，裯。絢敗，糊紙補之。上。『王良爲大司徒，在位恭儉，妻子不入官舍，布被瓦器。』《東觀漢記》。

中被，覆被。馮豹，字仲文，後母惡之，嘗因豹卧，引刀斫之，正值其起，中被獲免。上。馮豹每奏事，未報，伏省閤下，或從守至明，天子默，常使小黄門持被覆之，曰：『勿驚之。』上。

三代大夫知被服，五代大夫知飲食。『文帝詔朝臣三代大夫知被服，五代大夫知飲食。此言被服、飲食難曉也。』《魏書》。

撲被，截被。『魏舒爲尚書郎。或以當時郎官多非其才，有沙汰之言，舒乃曰：「吾即其人也。」撲被徑出，同僚素無清論者，咸有愧色。』《晋書》。楊駿徵高士孫登，遺以皮被，登截被於門外，大呼曰：『斫斫刺刺。』旬日托疾詐死，及是，其言果驗。上。

被爲禿髮，被而殺人。『禿髮烏孤祖壽闐之在孕，母胡掖氏因寢而産於被中。鮮卑謂被爲禿髮，因而氏焉。』《晋書》。『光逸，字孟祖，爲博昌縣令，冒雨，令不在，逸解衣卧衾被中。令還，詰之，逸曰：「衣單，冒雨。如不易衣，勢必凍死，奈何惜一被而殺一人耶？」』

《晋書》。

共被而寢，有被而已。吴訥爲吴興守，徵爲尚書，去任，有被髮而已。『祖逖、劉琨共被寢，中夜聞鷄鳴，蹴琨起曰：「此非惡聲也。」因起舞。』《晋書》。

舒被覆書，剔被覆尸。虞龢位中書郎，好學，家貧屋漏，恐濕墳典，舒被覆書，書獲全而被大濕，時人以比高鳳。沈麟士以楊王孫、皇甫謐深達生死而終禮矯俗，乃自爲終制，遺令：『氣絶剔被，取三幅布以覆尸，及斂，仍移布於尸下，以爲斂服，反被左右兩際以周上。』上。

羅文被，鴛鴦被。『高宗時，預州獻羅文錦被，詔於雲龍門外焚之。』《陳書》。『飛燕爲皇后，女弟遺鴛鴦被。』《西京雜記》。

兄弟同被，母蒙錦被。『姜肱事繼母，兄弟感凱風之書，同被而寢，不入室，以慰母心。』《先賢傳》。『傅信遭父喪，母憐之，竊以錦被蒙其上。林宗往吊之，見被，謂之曰：「卿海内之俊，四方是則，如何當喪，錦被蒙上？」郭奮衣而去。賓客絶百許日。』《語林》。

十月無被，隨風綉被。孫晨家貧，爲郡工曹，十月無被，夜卧蒿菜。『馬入庭中，被隨風而來，馬突入金彦父家，彦父曰：「真得盗矣。」忳説得之狀，又取被示之。彦父曰：「卿有何陰德？」忳説形狀，彦父曰：「真君子也。」忳即以被馬歸之。彦父不受，迎生喪，金具存焉。』《耆舊傳》。餘見上。

十二幅被，二幅被。『江夏孟宗，少遊學，母爲作十二幅被，曰：「小兒無異操，懼朋類之不顧。」大其被以招貧生之臥，庶聞君子之言耳。』《列女傳》。『桓任後母酷惡，常憎任，爲作二幅被。』《本傳》。

乞被，推被。『尹曾新作被，暖眠不覺，晏起，乃嘆「暖眠使人忘起。」陌上有寒苦人，舉被乞之。常眠布被中。』《别傳》。『親親有窮老者，或推被以恤之，不解帶而寢。』《孫略别傳》。

誰知魏武之眠，反見小兒之斫。魏武云：『我眠中不可妄近，近輒斫人。』乃陽東眠，小兒以被覆之，因便斫殺。《語林》。

反卧錦被，兩幅布被。辛憲英，性不好華，從外孫胡母楊上夫人錦被，夫人取反卧之。『晉惠帝至朝歌，無被，中黄門以兩幅布被給帝。』《起居注》。

小暮取被，其母縹被。『殷浩作揚州，尹，日小暮，左右取被幞，曰：「刺史嚴，不敢夜行。」』《郭子》。蔣欽爲右護軍，孫權入其内，母練帳布被。

繡被，錦被。見上。同昌公主設繡被。

霞文被、鵝毛被。唐司馬子徽，洛州温人，廬天台不出，睿宗命兄承禕，錫寶琴霞文被，還山。『南方酋豪多選鵝細毛，夾以布白絮而爲被，其温柔不下于挾纊也。』《録異》。

『客從遠方來，遺我一段綺，文彩雙鴛鴦，裁爲合歡被，著以長相思，緣以結不解。』《古詩》。鄭愚津《陽門詩》：『象林塵埃罨靸被，燕寢覆時籠翡翠，合歡擁處效鴛鴦，龍文巧織吳綾美，鳳彩新妝蜀錦香。』

衾

《身章撮要》：『大被曰衾。』

《説文》：『衾，大被也。』

《釋名》：『衾，所以被覆人者也。衾，六也，其下廣大如六，受人也。』

『錦衾爛兮，抱衾與裯。』《詩》。

絹衾，錦衾。晋庾冰輔政，及卒，無絹爲衾。齊宗室赤斧，爲太子詹事，及卒，無絹爲衾。康福自言沙院種，寮佑見美錦戲曰：『錦衾爛兮。』福怒。

范堯夫《布衾銘》：『藜藿之甘，綈布之温，名教之樂，德義之尊，求之孔易，享之常安，錦綾之奢，膏粱之珍，權寵之盛，利欲之繁，若難其得，包辱先臻。』杜：『布衾多年冷似鐵，嬌兒惡卧踏裏裂。』

紙被

吴夢庵詩：『溪藤熟擣凈涓涓，縠浪龜文色瑩然。秋水半泓輕似練，春雲一片軟如綿。暖回茅屋霜朝日，寒隔梅窗雪夜天。蜀錦吴綾何足比，安貧隨分度流年。』劉子翬答《吕居仁惠建昌紙被》：『寒聲移晚林，残臘無幾日。高人擁褚眠，戀惓意自適。素風含混沌，春照迴呼吸。餘温偶見分，來自芝蘭室。乍舒月流輝，乍卷潮無迹。』周山經詩：『玉色嬋娟蝶夢圓，水沉烟暖壓紅綿。白雲一片寒如水，只合蒼松伴鶴眠。』

笏

笏《釋名》：『笏，忽也。君有教命，及所啓白，則書其上。』天子搢珽，方正於天下也。『諸侯舒〔一〕，前詘後直，讓於天子也。大夫前詘後詘，無所不讓也。』《記》。又天子以球玉爲之，挺然而方其首，示無所屈於天下；諸侯以象，前詘後直

〔一〕今按：『舒』，《禮記·玉藻》作『荼』。

圓其首，屈於天子也；大夫以魚班飾竹，士竹本，前詘後詘，又示無所不屈焉。上。

凡有指畫於君前，用笏，造受命於君前，則書於笏。笏畢用也，因飾焉。笏度二尺有六寸，其中博三寸，其殺六分而去一。上。

『天子御珽，諸侯御荼，大夫服笏。』《大戴禮》。

『天子之笏謂珽，珽然無所屈也。』《五經要義》。

『士竹笏飾以象骨，大夫飾以魚。』《三禮圖》。

『笏以書君教令，記善刺惡，今之手板以象。』《仲子》。

『古者貴賤皆執笏，主書君上之政令。有事，則搢之於腰帶中。近代，唯八座尚書執笏者，白筆綴手板頭，以紫囊裹之。其餘王公卿士，但執手板，板主于敬。』《雜事》。又古者貴賤皆執笏，有事則搢之於腰帶，所謂搢紳之士者，搢笏而垂紳帶也。

傳之三世，賜以一詩。韓皋家自黄門以來三世傳執一笏，經祖父所執，未嘗傳授於僕人之手，歸則別置在内一榻，以示敬謹。王起兼太常，帝使題詩大字，以笏賜之。

薦角，獻骨。孫樵笏銘：『靈豸薦角，比干獻骨。合以憤烈，在公爲笏。拄天不仄，指日不蝕。摽儀絛臆，起敬開直。怒虎可唾，笏不可挫。』

李絳良笏，衛公象笏。唐憲宗賜李絳金紫，親擇良笏與之。唐韋瑞《衛公故物記》衛公家傳，賜書與他服器，象笏一，差狹，玉帶一，首末爲十有三玉。

崔榻之笏，魏家之笏。唐崔儆爲諫議，以一榻置笏，每歲時宴于家，猶重積於其上。魏謩徵，五世孫，文宗問：『卿家書詔，頗有存者乎？』謩對：『唯故笏在。』詔令上，鄭覃曰：『在人不在笏。』帝曰：『此笏乃今甘棠。』

始製手板，與以玉笏。『荆軻逐秦王，其後持匕首以備不虞。漢高祖偃武修文，始制手板。』《輿服雜事》。『孟岐，清河逸人，年可七百歲。岐以手摩成王之足，周公以玉笏與之。』《洞冥記》。

執板入閤，舉笏相短。『陳蕃爲光禄，范滂爲主事，蕃執板入閤，滂授板振衣而去。郭泰責蕃曰：「以階級言，滂宜有敬；以類數推，至閤宜省。」』《後漢書》。『獻帝見郗慮及孔融曰：「鴻預何所優長？」融曰：「可與適道，未可與權。」慮舉笏曰：「融昔在北海，政散民亂，其權安在？」互相長短。』《江表傳》。

執板交拜，手板擊幘。『朱治領吴郡，舉孫權爲孝廉，後權爲吴王治，每見權，常執板交拜。』《吴志》。『王敦表温嶠爲丹陽尹，因餞會錢鳳，自起行酒，至鳳，未飲，嶠僞醉，以手板擊鳳幘墜，作色曰：「錢鳳何人，温大真行酒。」敦不悦，兩釋之。』《晋書》。

手板倒持，手板何在。桓温秉政，王謝候之，坦之倒持手板。上。綦母珍之在西州時，相者云當貴，又圖黄門郎，帝問之曰：『西州時手板何在？』珍之曰：『此是黄門手板。』帝大笑。上。

褚遂良之致笏，孔道輔之持笏。高宗將立昭儀，褚遂良對曰：『昭儀昔事先帝，今立之，奈天下耳目何？』致笏殿階，叩頭流血曰：『還陛下此笏，丐歸田里。』孔道輔爲雷州判官，道士冶真武像，有蛇穿其前，道輔持笏碎蛇首而去。石守道銘：『至正之氣，天地則有，笏爲靈物，笏乃能受。笏之爲物，純剛正直，公惟正人，公乃能得。笏之不公，能破陰妖，公之在朝，讒人乃消。靈氣未竭，斯笏不折，正道未亡，斯笏不藏，惟公寶之，烈烈其光。』

笏誡，笏囊。『崔漪，玄宗時出入宫掖，慮有漏泄，乃於笏上，親書「愼密」二字，以誡之。』《唐書》。張九齡體弱，有醖藉，故事公卿皆搢笏于帶，而後乘馬，九齡獨常使人持之，因設爲笏囊，自九齡始。

舉笏却揖，捉笏且前。宋璟，告滿入朝，公卿以次謁，易之等後至，促步而附，舉笏却揖唯唯。顧少連，裴延齡方横，嘗與少連會田鎬第，酒酣，少連捉笏曰：『段秀實笏擊賊臣，今吾笏將擊奸臣。』奮且前，元友直解之。

以笏中顙，以笏叩額。段秀實，朱泚召計事，秀實奪源休象笏，奮而前，唾泚面，大罵曰：『狂賊可磔萬段，吾豈從汝叛耶。』遂擊之，中顙流血。宋申錫，豆盧署誣告與漳王謀反，望延英門，以笏叩額，還第。

置笏在陛，執笏簾外。鄭注誣宋申錫，捕逮，崔元亮苦諫數百言，文宗未諭，元亮置笏在陛。宋遜爲連州參軍，刺史聞其善歌，使婢執笏簾外，唱吟自如。

手板畫地，擁笏自衛。賈隱林，德宗偉其器，引至卧内，以手板畫地，陳攻守計。劉悟子從諫，見賈直言，衣紫擁笏，以兵自衛，直言諫悟：『朝服可擅着耶？』

陽墮笏，潛植板。柳璨希賊臣意，誅天下才，詔司空圖入朝，圖陽墮笏，璨知無意於世，乃聽還，呂用之憚高駢術窮，乃刻青石手板爲龍蛇隱起，文曰：『帝賜駢。』使人潛植几上，駢得之，大喜。

書四字，賜百官。元稹上裴相書：『閤下以文皇敕起居郎，書「居安思危」四字於笏上爲至計矣。』唐明宗天成元年，八月丁酉，以象笏三十二賜百官。《五代》。

以笏叩顙，以笏畫地。河澤邪佞，嘗班退，獨留，以笏扣顙，北望而呼曰：『明主，明主！』王彦章，至京師入見，以笏畫地，陳勝負，趙岩等劾不恭，敕還第。

手板拄頰，以笏擊僕。『王徽之爲桓冲參軍，冲曰：「卿在府日久，比當相料理。」徽之初不酧答，直高視，以手板拄頰云：「西山朝來，致有爽氣耳。」』《本傳》。『晏殊坐以笏擊死僕隷出守南京。』《詩話》。

雖廿事而未書，用一字而爲目。王播善占奏，雖數十事，未嘗書于笏。余靖奉使入辭，書所奏事于笏，各用一字爲目。

李穆之笏，程瑀之笏。李穆拜太師，贊拜不名，一門執笏者百餘人。程瑀特賜象笏，示隆眷也。

笏架，笏囊。會昌以來，朝則有笏架，各有笏囊。

知休咎，知官禄。『李參軍善相笏，知休咎，必驗，呼爲李相笏。又龍復本者，無目，凡有象竹笏，以手捻之，必知官禄年壽。』《南部新書》。

三面，一面。有聶長史者，年過八十，獨善相笏，取大者曰：『此王侯笏也。』舉次者曰：『宰相笏也。』取三者曰：『亦可爲。』然生人不當事，節度而非真，後第一致武肅王祠中，次者進沈相第，三奉錢昭宴，昭宴知滑州。沈良除大理寺丞通判吉州，借緋，有一道士，自出一面，授沈曰此笏：『此笏借緋，兼是吉州通判。』執得。

出自蕭何，以示許子。相手板法出自蕭何，或曰四皓，初出殆不行世，東方朔見而善之，曰：『此非庸人所至。』『魏司空陳長史見此書，嘆服，以示許士宗、韋仲將而推嘆。管輅、郭景純以夜兼晝，方得其妙理。』《初學記》。《左·桓二》：『莊哀伯曰：「衮冕黻珽，昭其度也。」』詘直明從義，圓方示有章。對揚資指畫，受命助心藏。正要擊奸佞，非徒備忽忘。

珍重傳三世，榮華置滿床。美哉段太尉，爲國擊豺狼。丁謂笏待黄山谷詩：『拄笏看到南山雲。』

帶

帶。《説文》：『帶，紳也。』《釋名》：『帶，蔕也。着於紳，如物蔕也。』

珠帶，貝帶。天子北征，舍于珠澤，珠澤獻白玉食，天子賜黄金之環三十，珠帶貝飾三十。『西征至赤烏氏，赤烏氏先出自周宗，賜赤烏之貝帶三十。』《穆天子傳》。漢文帝遺匈奴黄金飾貝帶一。

金帶，革帶。『魯連謂田單曰：「黄金横帶，騁乎淄、澠之間，有生之樂，無死之心。」』《戰國策》。『楊賜拜太常，詔賜冠幘綬、玉革帶。』《東觀漢記》。

緄帶，石帶。『祭遵破匈奴，賜鮮卑緄帶一具。』《漢記》。『疏勒王獻大秦赤石帶一枚。』《魏略》。

石金帶，金交帶。『陽嘉三，疏勒王獻海西青石、金帶。』《魏略》。『陸遜破曹休於石亭，上脱御金交帶以賜，又親以帶，爲鈎絡帶。』《吴書》。鈎絡者，鞍飾革帶也。大秦人着袴褶絡帶，扶南人着鈎絡帶。

革帶寬洽，革帶大急。『張融形貌短醜，精神清撤。王敬則見融革帶寬洽，將至骼，曰：「革帶太急。」』《齊書》。

上鐶帶，賜銀帶。『隋文作相，李穆曰：「周德既衰，愚智共悉。天時若此，豈能違天。」仍遣使謁隋文，並上十三鐶金帶，蓋天子服也，以微中其意。』《後周書》。杜如晦薨，帝賜玄齡黄銀帶，曰：『如晦與公同輔朕，今獨見公。』泫然流泪曰：『世傳黄銀鬼神畏，更取金帶遺玄齡。』

改魚爲龜，罷龜給魚。天授二，改佩魚爲龜，三品以上龜帶飾以金，四品以銀，五品以銅。『中宗罷龜袋，復給以魚。郡王、嗣王，亦佩金魚袋。景龍中，令特進佩魚。』《唐輿服志》。

紅玉帶，紫金帶。『上自解紅玉帶賜寧王。』《明皇雜録》。上以紫金帶賜岐王。高宗破高麗所得。開元中，高麗使來朝，宴内庭，言於内臣曰：『紫金帶本國亡，是歲荒，干戈屢起，幸在内帑，一見足矣。』上聞之，命封付其使。

上元中之玉帶，永徽中之魚帶。文武官，三品以上金玉帶，四品、五品並金帶，六品、七品並銀帶，八品、九品並鍮石帶，庶人銅鐵帶，九月百官具新服，上宴之于麟德殿。『永徽中，四品、五品並給隨身魚，天后改爲龜。』《唐實録》。

鶻銜綬帶，雁銜威儀。德宗貞元六，初賜節度使、觀察使新製衣服，節度使以鶻銜綬帶，取武毅以靖封内。觀察使以雁銜威儀，取行列，牧人有威儀。

于闐玉帶，通天犀帶。李靖五代孫彦芳，其舊物，有靖破蕭銑時所賜于闐玉帶。馬植進中書侍郎，左軍中尉馬元贄爲帝寵信，賜通天犀帶，植與元贄善，元贄遺以賜帶，他日對便殿，帝識其帶，以詰植，罷爲天平軍節度使。

辟塵帶，還玉帶。『石賓吉知陳州，每毀舊屋則風塵自去，蓋其所服帶，乃辟塵帶也。』《本草》。『裴晋公質狀眇少，相者曰：「若不至貴，即當餓死。」一日遊香山寺，有婦人以父被罪，假得玉帶三，犀帶一，以賂津要，置于欄楯，忘收而去。度得而授之。相者曰：「必有陰德，前途萬里，非某所知。」』《摭言》。

賜御帶，進玉帶。『裴度拜淮西宣慰招討處置使，入對延英，曰：「主憂臣辱，義在必死。賊未授首，臣無還期。」帝壯之，爲流涕。及行，帝賜通天犀帶。』《本傳》。『晋公平淮西，賜以玉帶，臨薨，却進。口占奏狀曰：「内府之珍，先朝所賜，既不敢將歸地下，又不合留在人間。」聞者嘆其不亂。』《因話録》。

冰玉帶，夜明帶。『文宗朝，李訓講《易》，頗叶上意，時方盛暑，命取冰玉腰帶以賜訓。』《杜陽編》。唐敬宗時，南昌進夜明犀，製爲寶帶，光照百步。

奪玉帶，求玉帶。蔣從簡，陳州人，許州富人有玉帶，欲之而不得，遣二卒夜入其家，殺而取之。卒逾垣隱木間，見夫婦相待如賓，二卒嘆曰：『吾公欲奪其寶而害斯人，吾必不免。』躍出而告之，使其速以帶獻，遂逾垣而去。『蘇逢吉以李永吉故秦王從暇子，家世王侯，當有奇貨，使人告永吉，許以一州，求先世玉帶，永吉以無爲辭，逢吉使人市玉帶，直數千緡，責永吉償之，既而不得州。』《五代史》。

有光犀帶，開水犀帶。『楚馬希聲，海商有鬻犀帶者，直數百萬，晝夜有光，洞照一室。希聲殺商而取之，逾月光遂滅。』《九國志》。『江西鍾氏既滅，子光範歸武肅，獻雲鶴通天離水犀帶。武肅迴帶，賜錢二萬緡，範因登碧波亭，擊楫而行，水開七尺許，大爲驚賞。』《傳載》。

唐世所寶，德明所貢。『韓似夫使金國，見虜王所繫犀帶，倒透中正透如圓鏡，光彩絢目，虜王云：「此石晋小主歸獻耶律氏者，唐世所寶日月帶也。」』《揮麈録》。『宋王介甫所賜玉帶，闊十四稻，號玉抱肚，真宗時趙德明所貢也。紹興中，王氏猶藏之。曾孫奉議郎𤪌，始復進入禁中。』《筆記》。

獻金帶，賜銀帶。『葉護可汗獻萬釘寶鈿金帶。』《突厥傳》。姚益恭，南昌縣，賜銀帶。

進犀帶，擇犀帶。太和中，尚書右丞王起，進亡兄播通天犀帶。王禹偁，長洲縣，日賦五題，太宗召直秘閣，擇犀帶寵之。

《左·桓二》：『莊哀伯曰：「鞶、厲、遊、纓，昭其數也。」』鞶，紳帶，厲，帶垂。旌旗之游，在馬膺前。

劉憑事始，古有腰帶之制，秦二世腰帶之名始立，今下插垂頭，取順下之義也。

《詩》：『之子無帶，其帶伊絲。容兮遂兮，垂帶悸兮。彼都人士，垂帶而厲。匪伊垂之，帶則有餘。』

帶垂蒼玉佩，錦衣佩吴鈎。韓照。此帶閲人如傳舍，傳流到我亦悠哉。錦袍錯落渾〔一〕相襯，付〔二〕與佯狂老萬迴。坡。

金帶光分赤，銜恩白玉除。冰玉新頒李，黄金舊賜房。魚佩祥鱗光至地，鶻銜瑞帶勢冲天。金横朝服懸魚袋，玉束征袍掛虎符。

如帶，緩帶。漢祖誓黄河如帶。羊祜在軍，輕裘緩帶。

書帶，博帶。鄭玄教授山下，生草如薤葉，名書帶草。蟹䗁曰：『博帶。』

天子之賜，衛公之傳。天子入朱全忠軍，解玉帶賜之。唐衛公故物記，衛公家傳玉帶

〔一〕今按：『渾』，蘇軾《以玉帶施元長老》詩作『猶』。
〔二〕今按：『付』，蘇軾《以玉帶施元長老》詩作『乞』。

一首，末爲十有三玉。見笏。

賜玉帶，賜御帶。唐穆宗賜楊元卿金玉帶。皇祐中，孫沔爲將，平儂智高，還自嶺南，帝問勞，解所服御帶賜之。

錢若水，自舍人，遷學士。宋太宗曰：『吾欲令錢若水緑袍上繫金帶，儒門美事也。』

杜詩：『八寶裝腰帶』，『内分金帶赤』。

韓詩：『不知官高卑，玉帶懸金魚。』

囊

《説文》：『囊，謂橐也。橐，車上大囊也。』

《方言》：『自關而西，食囊謂之掩囊。』

囊，袋也。

舉而至，盛而投。『齊景公死，舍立，陳乞迎陽生，舉巨囊而至，開之，則公子陽生也。乞曰：「此君也。」諸大夫皆再拜稽首，自是往殺舍。』《公羊傳》。『吴王殺子胥，盛以鴟夷，而投之於江。』《國語》。

作囊，載囊。『魯哀公曰：「五穀囊者，起伯夷叔齊讓國，不食周粟而餓首陽之山，恐魂之飢，故作五穀囊。」』《王肅記》。『王陽好車馬，衣服鮮明，而遷徙轉移，所載不過囊橐。時人怪其奢，伏其儉，故傳王陽能作黃金。』《東方朔傳》。

處囊，盛囊。『平原君曰：「賢士處世，譬如錐之處囊，其鋒立見。」遂曰：「若早處囊中，乃脱穎而出，非特末見也。」』《春秋後語》。『惠帝與趙王同寢。帝早獵王不能夙興，吕后命力士於被中縊殺之。以緑囊盛之。以小軿車入見。力士是官奴。帝腰斬之。』《西京雜記》。

錦囊，書囊。『帝見王母，有一卷書，盛以紫錦囊。』《漢武内傳》。『文帝集上書囊以爲殿帷。』《東方朔傳》。

安世持囊，丙吉見囊。張安世持囊簪筆，事孝武數十年，見謂忠謹。丙吉馭吏，習知邊塞，嘗出，適見驛騎持赤白囊，知虜入代郡，遽歸府見吉白狀。上。

囊沙壅水，囊土爲堤。楚使龍且爲將，夾濰水而陣，韓信夜使人囊沙壅水上流，朝渡擊且，佯敗還走，使扶水，且軍太半不得渡，急擊殺且。『岑彭與吴漢圍隗囂，壅谷水，以縑囊盛土爲堤，灌西域。』《東觀漢記》。

張堪之囊，范滂之囊。『光武召見諸郡計吏，問前後守令能否。蜀郡計椽樊顯曰：「漁陽太守張堪昔在蜀，仁以惠下，威能討奸，去職之日，乘折轅車，布被囊而已。」』《後漢書》。

『范滂被詰受紀贓，滂曰：「曾爲北部督郵，今有紀囊表裏六尺，以此爲贓，贓真六十耳。」』《先賢傳》。

緋囊，青囊。楊璇爲零陵太守，以囊盛石灰繫於馬尾，從風鼓灰，賊不得視。上。『郭公精卜筮，郭璞受業。公以《青囊中書》九卷與之，璞由是洞曉其術。』《晉書》。

縑囊撲殺，一囊裹足。『郭后臨朝，杜根以安帝長，宜親政事，上書直諫。太后收根，盛以縑囊，撲殺之。執法者以根持名，載出城外，根得蘇。』《後漢》。『馬超爲督軍，從事討郭援，爲飛矢所中，乃以囊裹足而載，斬援首。拜徐州刺史。』《典略》。

韋囊自隨，布囊以盛。『大秦國王有五宫，一朝至一宫，明朝至一宫，以一韋囊自隨，上書者，收辭囊中，遇宫乃省。』《魏略》。『步騭《表》言：「北降王，多作布囊，欲以盛沙塞江。」孫權云：「每讀騭《表》，輒獨失笑。此江與開闢俱生，寧有可囊塞理乎？」』《吴録》。杜牧詩曰『魏帝縫囊真戲劇』，謂此。

十囊，五囊。棗嵩用事於王浚，時人語曰：『十囊、五囊入棗郎。』《晉書》。

陳遺帶囊，張虔負囊。『吴郡陳遺，少爲郡吏，母好食鐺底飯，遺仕後，恒帶一囊，每煮食，輒録其焦以貽母。』《宋書》。『張虔威晝在道，見一遺囊，恐其主求，因令左右負之而行。後數日，物主求認，悉以付之。』《隋書》。

羅囊，錦囊。『謝玄年少時好着紫羅囊，垂覆手，太傅患之，而不欲傷其意。乃譎與戲賭，得即燒之。』《世説》。杜詩曰『莫帶紫羅囊』，謂此。『閻憲，字孟度，爲綿竹令，男子杜成行於路，得遺裝囊，開視有錦二十五匹，明送詣吏。』《耆舊傳》。

遺囊，香囊。『信安鄭微，年少時見人遺囊，云：「中有秘，欲碎便爲凶兆。」微密開看，乃是一挺炭。意甚秘之。年八十，病篤，云：「吾齒老矣，可試啓〔一〕此囊。」見炭悉碎折，於是遂死。』《異苑》。『石虎爲浴臺，池中紗縠爲囊，盛百雜香，漬於水裏。』《拾遺録》。

《詩》：『于橐于囊。』

《易》：『括囊無咎。』

詩囊，皀囊。李賀出，從小奚奴，背錦囊，每得詩，投其中。《漢官儀》：『凡表章皆皀囊封事。』

智囊，飯袋。晁錯爲太子家令，以辯得幸，號智囊。補衡云：『荀彧可與强言，餘皆酒囊飯袋。』

萸囊，香囊。桓景九日繫萸囊登高避災。明皇過貴妃葬所，密遣棺槨葬焉，啓瘗，故香

〔一〕 今按：據《太平廣記》卷一一四。

囊猶在，帝視流涕。珠璣溢錦囊。得句滿奚囊。羞澀盡空囊。囊空恐羞澀。曉行星斗射詩囊。風月閑邀入錦囊。秘書一卷在青囊。自笑侏儒粟一囊。

黛

《説文》：『黛，作黱，畫眉也。』《釋名》：『黛，代也。滅去眉毛，以此代其處也。』

《説文》：『黛，作黱，畫眉也。』《釋名》：『黛，代也。滅去眉毛，以此代其處也。』《通俗文》：『染青石謂之點黛，以此代其處也。』《後漢書》：『明德馬皇后，眉不施黛。獨左眉角少缺，補之如粟。』

『河西王沮渠蒙遜，獻青雀頭黛百斤。』《宋起居注》。

脂澤

《釋名》：『香澤者，人髮恒枯瘁，以此濡澤之也。唇脂，以丹作之，象唇赤也。』

《世説》：『江淮以上，謂面脂爲面澤。』

『翁伯販脂而傾縣邑。』《漢書》。『孔回處膏而長清儉。』《漢書》。

『晉舊儀，典櫛三人，掌宮中櫛膏沐。』《北史》。

燕脂

『取藍藹搗以水，洮去黄汁，作小餅如手掌，着濕竹卧一宿，便陰乾。欲用燕脂，以水浸之，三四日，以水洮去黄汁，盡得赤汁而止也。』《博物志》。

祈連山，燕支葉。『「失我祈連山，使我六畜不蕃息。失我焉支山，使我婦女無顔色。」匈奴失此三山，乃歌云云。』《河西舊事》。『燕支葉似薊，花似蒲，出西方，土人以染，名爲燕脂，中國人謂之紅藍。以染粉爲面色，謂爲燕一支粉。今人以重絳爲燕脂，非燕脂花所染也。』《古今注》。

紅藍，閼支。習鑿齒《與燕王書》：『此下有紅藍，足下先知之否？北方人採取其花染緋黄。』班固曰：『匈奴名妻作閼支，言可愛如燕支。』

粉

《釋名》：『粉，分也，研末使分散也。赭粉，赭赤也，染粉使赤以着頰上也。』造粉，作粉。墨子曰：『禹造粉。』紂燒鉛錫作粉。此等飛脂粉，胡粉。惠帝侍中，皆傅脂粉。『順帝時，除官多不次，李固奏免百餘人。章，誣固曰：「大行在殯，路人掩涕，固胡粉飾貌，搔頭弄姿。」』《續漢書》。粉不去手，粉以自傅。『何晏自喜，動靜粉白不去手，行步顧影。』《魏書》。『臨淄侯植，時天暑，取水浴，以粉自傅。』《魏略》。

以法爲粉，以水爲粉。若毛嬙、西施之美麗，無益吾面，用脂澤粉黛，則倍其初，言先王仁義，無益於治，明法度、施賞罰，則國之脂澤粉黛。『巴郡有清水穴，巴人以此水爲粉，則皜曜鮮芳，嘗貢京師，名爲粉水。』《華陽國志》。

夢粉澤爲懷妊，以胡粉而塗壁。『婦人夢粉飾，爲懷妊。』《夢書》。石崇以胡粉和椒塗壁。

袴

袴，脛衣也。《説文》：『袴，跨也，兩「胯」、「跨」別也。』『留幕，冀州所名大褶，下至膝者也。留，牢也；幕，絡也。言牢絡在衣表也。』《釋名》。

皮袴，縑袴。唐婁師德爲豐州都督，衣皮袴，積穀百萬。『李白遊慈恩寺，僧用水松牌乞詩，題訖，僧獻蘭縑袴。』《雲仚散録》。

鑿新爲孔，經冬無袴。『鄭人卜子，使妻爲袴。曰：「寫吾故袴。」妻因鑿新袴爲孔。』《韓子》。『馮讙經冬無袴，面有饑色。』《列士傳》。

藏袴，匿袴。韓昭侯有敝袴，命藏之，不以賜左右，侍者曰：『君亦不仁者矣。』昭侯曰：『明主愛一嚬一笑，嚬有爲嚬，笑有爲笑，今袴豈特嚬笑哉。吾必待有功者，故藏之。』『趙朔有遺腹子武，岸賈索於宫中，夫人匿兒袴中，祝曰：「趙宗若滅，即號；若不滅，即無聲。」兒竟無聲。』《史》。

大袴，大袑。『昌邑王賀衣短衣大袴。』《漢書》。朱博，琅琊郡功曹，宦者多褒衣大袑，謂大袴也。上。

俯出袴下。少年侮韓信者，因衆辱之曰：『能死，刺我；不能，出我袴下。』信熟視之，俯出袴下，蒲伏。上。周仁爲人陰重不泄，常衣弊補衣溺袴，甚不潔清，以是得幸景帝。上。

窮袴，錦袴。昭帝上官后，霍光外孫女，光欲后擅寵有子，帝體不安，左右及醫皆阿意，言宜内宫人使令皆爲窮袴，多其帶，後宫無進者。上。更始所爵多群小，被服威仪不似衣冠，或繡面衣錦袴。上。

皮袴，韋袴。『馬援盡散昆弟，身衣皮袴。』《後漢書・祭遵》：家無私財，身衣韋袴。

尚無袴，冬無袴。吴良，清白守正，爲郡議曹椽。正朔，王望舉觴曰：『明府視事五年，家給人足。』良跪曰：『門下椽諂佞，明府勿受其觴。盜賊未盡，人庶困乏，今良爲議曹椽，尚無袴。』太守曰：『此生言是。』賜良鰒魚百枚。上。『秦護清廉，不受禮賂，家貧，衣服單露。語曰：「冬無袴，有秦護。」』《後漢書》。

昔無襦，今五袴。廉范在蜀都，歌曰：『廉叔度，來何暮！不禁火，民安作。昔無襦，今五袴。』

居貧無袴，避難布袴。『賈逵居貧無袴，過其妻兄柳孚家宿，着孚袴去，時人謂爲通達。』《魏略》。趙岐遜難，至北海，着布袴絮巾，在市中賣餅。

碧絲布袴，青綬羅袴。『愍懷太子，昵狎群下，着碧絲布袴，元帝責之。』《梁書》。王裕之着青綬絧袴，飾以朱彩。上。

壞裳爲袴，裂裙爲袴。『劉穆之壞布裳爲袴，往見武帝。帝笑曰：「卿能自屈，吾事濟矣。」』《宋書》。『何點。永元中，崔景惠圍城，人間無薪，點悉伐園樹以贍親黨。景惠好俠，意欲交點，點不顧之，乃逼召點。點裂裙衣爲袴，往赴其軍，終日談説，不及軍事。』《梁書》。

作袴賜凍者，脱袴遺貧士。安城王秀爲郢州，冬月常作袴以賜凍者。『孫略冬日見貧士，脱袴遺之。』《高士論》。

謝仁祖之文袴，申元遊之布袴。『謝仁祖年少時，喜着紫文袴，出郊郭外，叔父責之，遂爲名流。』《俗説》。『申朝，字元遊，爲九真郡尉，布襦布袴，鄉邑歡慕。』《廣川賢傳》。

直幅之袴，直文之袴。『晋中興，作袴者直幅爲口，無殺。』《搜神記》。『皇太子納妃，直文羅袴、枉文綺袴。』《東宫舊事》。

絹袴，縷袴。『楊平善裁袴，以官絹百匹，作袴百枚。』《鄴中記》。石虎獵，着金縷合歡袴。應劭：『漢官儀，司空騎吏以下皂袴。因秦水行，今漢火行，宜絳袴。』

履

《釋名》：『履，禮也，所以飾足，亦曰屨。屨，拘也，所以拘足也。』複其下曰舄。舄，腊也，行立久立地，或泥濕，故複其末下，使乾腊也。不借言賤易有，宜各自蓄之，不假借人也。齊人曰『搏腊』，腊猶把鮓麄貌也。荆州人曰『麄』。麻、韋、草皆同名也。鹿麄，措也，言所以安措足也。

《說文》：『履，足所依也。靸，小履也。鞮，革履也。』

《世本》曰：『於則作履扉。』

《周禮》：『屨人掌王及后之服屨，爲赤舄、黑舄、赤繶、黄繶、青句、素屨、葛屨。辨命夫命婦之命屨、功屨、散屨、青絲、金齒、兜鞋、整履、履霜、躡露、麻鞋、葛屨、絲屨、蠟屐。』

《淮南子》：『禹之趨時，冠挂而不顧，履遺而不取。』

《六韜》：『蔡侯虎曰：「今周伯昌懷仁而善謀，冠雖弊，禮加於上。履雖新法以踐地，可及其未成而圖之。」』

曳履，結履。『穆王起春霄之宮，王母曳丹王之履。』《拾遺記》。『晋文公與楚戰，至黄鳳之陵，履繫解，因自結之，左右曰：「不可以使人乎？」公曰：「先君之人皆在，是以難之也。」』《韓子》。

陳仲織屨，許行捆屨。

《孟》：『從許子之道，屨大小同則價相若，巨屨小屨同，價人豈爲之哉。』『龍子曰：「不知足而爲屨，我知其不爲蕢也。」屨之相似，天下之足同也。』上。『孟子之滕，館於上宫。有業屨於樓上，館人求之不得。或曰：「若是乎從者之廋也？」曰：「子以是爲竊屨來與？」』

《詩》：『葛屨五兩，糾糾葛屨。』

扉屨，芒屨。《左》：『鄭申侯見齊侯，曰：「若師出於陳鄭之間，供其資粮扉屨，其可也。」』扉，父沸反。注：草屨，扉也。坡詩：『幽人行未已，草露濕芒屨。』

誅屨，織屨。《左》：『齊侯墜於車，傷足，喪屨。反，誅屨於徒人費。不得，鞭之。』『翟方進京受業，母織屨以給方進。』《史》。

齊屨之賤，楚屨之及。《左・昭三》：『晏子曰：「踊貴屨賤。」』《宣十四》：『楚子聞之，屨及於窒皇，闕寢門。』

齊景之履，楚靈之舄。『景公爲履，黄金之綦，飾以銀，連以珠，良玉之絇，其長尺。』《晏子》。《左》：『雨雪，楚王豹舄，豹皮爲履。』

木履，木履。東方朔《瑣語》曰：『木履起于晉文時，介之推抱樹而死，公撫木哀嘆，遂以爲履，每思從亡之功，輒俯視其履，曰：「悲乎足下。」』足下之稱，亦自此始也。南方草木狀。抱木生于水松之旁，若寄生，然濕時刳而爲履，易于削瓜，履雖猥大，輕若通腕，夏月納之，可禦蒸濕之氣。太康六年，扶南貢百雙。上。

齊公爲履，楚王取履。景公爲履，飾以金玉，服以聽朝。履重，僕不能舉。問曰：『天寒乎？』晏子曰：『古之製衣服，冬輕而暖，夏重而清，金玉之履，是重而寒也。』公入撤履。『楚昭王與吳戰。楚軍敗，昭王走，履決失之。行三十步，復旋取，左右問曰：「何惜此一蹻履乎？」王曰：「楚國雖貧，豈愛一蹻履哉？惡與偕出，弗與俱反也。」自是之後，楚國之俗無相棄者。』賈誼《書》。

昭王忘履，簡主履屩。楚昭王出奔而忘其履，使人求之以百金，曰：『吾不忘其相從于患難之中也。』故論功而未及者，皆無怨矣。『世宗詔趙修云：「楚履既墜，江君徘徊。鐘中一聲，東向改覺。」』《魏書》。『簡主謂左右：車席泰美，夫冠雖賤，頭必戴之。履雖貴，足必履之，今車席如此泰美，吾將何屩以履之。夫美下而耗上，妨義之本也。』《韓子》。

忘履往市，織履徙越。鄭人有欲買履者，先自度足，而置其坐，往市而忘操，見履乃曰：『吾忘持度。』乃歸持之，及歸取之，市罷不得，履人曰：『何不試以足？』曰：『寧信度，無自信也。』魯人身善織履，其妻善織縞，而徙於越，或曰：『子必窮。履飾足者也，而越人徒跣。縞爲冠者也，而越人披髮。欲不窮，可得乎？』上。

曾子納履，陳仲織履。『曾子居衛，捉衿而肘見，納履而踵决。』《莊子》。『陳仲自齊適楚，楚王欲以爲相，其妻曰：「子織履以爲食，淡然而無爲，樂在其中矣。」謝使不就。』《高士傳》。

上客躡履，老父墮履。趙使爲瑇瑁簪，楚上客皆瑁珠簪。杜詩：『未爲珠履客。』『張良遊下邳圯上，老父至，墮其履圯下，顧謂良曰：「孺子，下取之！」父曰：「履我。」良爲取履，長跪進之。』《史》。

東郭之履，茨充之履。東郭先生行雪中，履有上無下，足盡踐地。上。『茨充，字子何，爲桂陽太守，民懶惰，無履，足多剖裂，茨教作履。今江南知織履，皆充之教。』《東觀漢記》。

尚書履聲，王莽履厚。鄭崇，哀帝擢爲尚書僕射，數諫諍，每見，曳革履，上笑曰：『我識鄭尚書履聲。』杜詩『聽履上星辰』。王莽好高冠，厚履。上。

解屐祠廟，以履搏面。『曹公令曰：「議者以祠廟當解履。吾受錫命，帶劍不解履上殿。今有事乎廟而解履，是尊先公而替王命，敬父祖而簡君王也，吾不敢脱履上殿。」』《魏志》。『劉琰妻胡入賀太后，后特留胡，經月乃出。胡有美色，琰疑與從王有私，呼卒五百撾胡，以履搏面。胡具以言告，琰坐下獄。有司議曰：「卒非撾妻之人，面非受杖之地。」琰竟棄市。』《魏志》。

孔子之履，浦津之履。『夜，武庫火，累代之寶皆焚焉，孔子之履、漢祖斬馬劍、王莽頭。』《晋書》。符犍時霖雨，河溢，浦津監寇登，得一履於河，長七尺三寸，内指迹長一尺，深三寸。上。

謁陵無履，從人脱履。『帝還洛陽，謁陵，無履，取左右履着，下拜。』《晋惠帝起居注》。『江州刺史王弘，造陶淵明，無履，弘從人脱履以給之，與左右爲彭澤作履。左右請履度，淵明於衆坐申脚，令度，及履至，着而不疑。』《續晋漢春秋》。

以箒得履，以脚縛履。『昔有盧耽仕州爲治中。當元會，化爲白鵠，至閣前迴翔欲下。以箒擲之，得一雙履。』《南康記》。『冀州刺史劭碩元徽二年，困卧而薨，後見以一隻故履縛左脚，而行甚疾。』《宋書》。

紫絲履，七寶履。『高祖儉素，宫人着紫絲履。』《齊書》。『趙飛燕爲皇后，其弟遺同心七寶履。』《西京雜記》。

常着穿履，嘗着絲履。『王導從容恬素，若處丘園，常着穿履，好事者多毁新履以學之。』《後魏書》。『慶安世，十五爲侍郎，嘗着青絲履。』《西京雜記》。

阮長之之誤着，朱桃椎之嘗織。『阮長之，字景茂，爲中書郎直省，夜往鄰省，誤着履出閤，倚事自列門下。以暗夜人不知，不受列，長之固遣送曰：「一生不侮暗室。」』《南史》。朱桃椎嘗織十芒屩，置道上，見者曰：『居士屩也。』爲鬻朱茗，置其處，輒取去。

履謎。孫廉便辟巧官，得爲列卿，廣陵高爽，乃爲履謎以喻廉曰：『刺鼻不知嚏，蹋面不知瞋。嚙齒作步數，持此得勝人。』譏其不計耻辱，取此名位。

民取其靴，母製其履。崔戎爲華州刺史，徙兖海沂密觀察使，民擁留于道，抱持取其靴。崔彦昭與王凝外昆弟也，凝爲兵部侍郎，母聞彦昭相，敕婢多製履襪，曰：『王氏妹必與子皆逐，吾將共行。』

高頭草履，常履蒲�。『文宗時，吴越間織高頭草履，如綾縠，前代所無。履，下物也，織草爲之，又非正服，而被以文飾，蓋陰邪、闒茸、奢侈之象。』《五行志》。『江南李昇常履蒲鞋。』《九國志》。

仁凱之言，劉繪之賤。『鄭仁凱爲密州刺史，有小奴告以履穿，門夫着新鞋者至，廳前樹上有鵲窠，遣門夫上樹取其子，夫脱鞋而緣之，令奴着鞋而去，門夫竟至徒跣，吏訴之，仁凱曰：「刺史不是守鞋人。」』《僉載》。『齊始安王遥光，生而躄疾，人有餉履者，以爲戲己，大被嫌責。劉繪嘗爲牋云：「智不及葵。」亦以忤旨。』《南史》。

是卿履耶，非卿履耶。『北齊沈麟士，性寬恕，鄰人認其所着履，麟士曰：「是卿履耶？」即脱與，跣而歸。後鄰人得履，送還前日履。曰：「非卿履耶？」笑而笑之。』《史》。

雙燕飛至得雙履，雙舄飛來得雙舄。『惠州冲虚觀有「遺履軒」。』王母履，玄譎鳳文之舄。『相傳南海太守鮑靚，嘗夜訪葛洪，與語達朝乃去，訝其往來之頻，而不見車使。人往家伺之，但見雙燕飛至，網得雙履。』《一統志》。漢顯宗時，王喬爲葉令，朔望，每朝，帝怪其來數而無車馬，令太史候之。有雙舄來飛，乃網得之，曾所賜尚方舄也。王勃《序》：『仙舄朝舉，影入銅章。』杜詩：『王舄聊暫出』，『歲晚留舄舄』。宇文彧詩：『舄看令宰仙。』《詩》：『赤舄几几。』杜詩：『組軟青絲履。』李白詩：『足下遠遊履。』

飛雲履，金齒屐。樂天作飛雲履，以綾爲質。李白詩：『一雙金齒屐。』『履襪爲子，屬體末也。若夢得履襪者，必有子息也。履者爲男子，襪者爲女子也。』《夢書》。

桀爲酒池，縱靡靡之樂。伊尹接屐而趨，遂適於湯。

有澤夫納麃之履。《符子》。龍逢曰：『觀君之履非履，履春冰，未有履春冰而不陷也。』上。

屐

『屐，楮也，爲兩足楮以踐泥也。』《釋名》。帛屐，以帛作屐，如屩者也，不曰帛屩而帛屐者，屩不可以踐泥，屐可以踐泥也，故謂之屐。

乘檋，製屐。禹泥行，乘檋丘狀反，以板爲之，其狀如箕。《書》：『予乘四載。』注：泥乘輴。

拊木製屐，抱木乘檋。『文公拊木哀嗟，伐而製屐，俯視其屐曰：「悲乎足下。」』《異苑》。孔子屐，孔穿屐。『孔子至蔡，夜有取孔子一隻屐去。孔子屐長一尺四寸，與凡人屐異。』《論語隱義注》。『孔穿振方屐見平原君。』《孔叢子》。

袁盎屐行，周黨屐解。『袁盎使吴，吴王圍守，直出，屐行七十里。』《漢書》。『周黨、王良，使者三到，脱衣解屐，升于華轂。』《東觀漢記》。

橋下據屐，平底木屐。『鄭玄在馬融門下，業成辭歸，融心忌之，玄疑有追，乃坐橋下，據屐，融果逐之，告左右曰：「玄在橋下，水上而據木，此必死矣。」竟以免。』《語林》。『宣王欲追諸葛亮，多置蒺藜，使軍着平底木屐前行，蒺藜悉着木屐，馬步俱進，始知亮死。』《晉書》。

屐折不覺，屐間見任。謝玄征符堅，安與客圍棋，有驛書到，棋畢還内，過户限心喜，不覺屐齒折。謝玄任才，雖屐履間，亦見其任。

王述下屐，阮孚好屐。『王述性急。當食鷄子，以箸刺，不得，便怒擲于地。鷄子圓轉，下以屐齒踏之，不得，援口中，嚼而吐之。』《晋書》。祖約好財，阮孚好屐。同有是累，未判得失，有詣約者，見料財物，客至，屏不盡，餘兩小簏，有阮孚者，正見蠟屐，因嘆曰：『未知一生，當着幾兩屐。』于是勝負始分。上。

着鐵屐，達屐齒。石勒擊劉曜，着鐵屐施釘登城。上。『舊爲屐者，齒皆達，名曰「露却」，太元中，名「陰却」，亦復妖也，識者以爲升，謀也，必有陰謀。烈宗末，元悦之始有陰謀之事，隆安初，遂至大亂。』《搜神記》。

上山則去其前齒，下山則去其後齒。『謝靈運嘗着木屐。』《宋書》。

不受新屐，不取認屐。吴阮之爲少傅，猶躡屐，高帝取屐視之，問曰：『卿此屐已幾載？』阮之曰：『着已三十年。』高帝咨嗟，賜以新屐，阮之不受，曰：『舊簪弊席，復不可遺，所不敢當。』上。劉凝之，有嘗認其着屐，笑曰：『僕已敗，家中覓新者還君。』此人田中得所失屐，送還不肯取。

玉屐，蠟屐。襄陽盗發冢，云是楚王冢，獲玉屐、玉屏風。阮孚蠟屐。

屐謎。高爽喻范廉曰：『刺鼻不知嚏，蹋面不知瞋，囓齒作步數，持此得勝人。』譏其不計耻辱，以取名位。《梁書》見履。

着木屐，漆畫屐。『延嘉中，京師長皆着木屐，婦女始嫁，作漆畫屐，五色采爲系。後黨事起，九族皆繫，婦人桎蓋木屐之咎也。』《風俗通》。

圓頭屐，方頭屐。『昔作屐，婦人圓頭，男子方頭，蓋作古意，欲别男女也。太康婦人皆方頭屐，與男無異。』《搜神記》。

足着木屐，以杖荷屐。『袁閎，字夏甫，汝南人。築室于庭，首不着巾，身無單衣，足着木屐。』《高士傳》。『劉盛公，枝江人，桓司空遊于靈溪，盛公詣市還，着皂蓋布裙，以杖荷屐詣司空。』《荆州記》。

斫屐以刀，着屐行水。『廣平遊方，見一人以刀斫之，良久方變，是所常着屐。』《集異記》。『丹陽縣梅姑廟，生時有道術，着屐行水上，婿怒殺之，投其尸于水上。』《異苑》。

韋朗荆屐，左慈木屐。劉禎彈刺史韋朗，有白荆屐六七十里，宋元嘉。『孫討逆驅馬，左慈着木屐，終不能及。』《仙傳》。

王褒作屐，何隨挈屐。王褒《僮約》曰：『持斧入山，斷輮裁轅，若得餘材，當作木屐。』『何隨家養竹，人盗其笋，隨行見，恐盗者覺，挈屐而歸。』《華陽國志》。

嫁女木屐，夢得粗屐。『戴良嫁女，布裳木屐。』《先賢傳》。『粗屐爲使令卑賤類也，夢得粗屐，得僮使也。』《夢書》。

靴

《釋名》：『靴，本胡也。』趙武靈王服之。

綉靴一量，織靴一量。慕容晃《與顧和書》曰：『今致綉靴一量。』魏武與楊彪書曰：『奉足下織靴一量。』

石虎着靴，趙柔鬻靴。『石虎與皇后女騎千人，皆着五色織成靴。』《鄴中記》。『趙柔有遺靴數百枚者，有人買絹二十匹。商人知賤，與柔三十匹。子善明欲取之，曰：「與人交易，一言便定，豈可以利動心。」』《後魏書》。

召嫗示靴，與妃作靴。『任城王諧爲并州刺史。有婦人臨汾水浣衣，有乘馬人換其新靴而去，婦人持故靴，詣州言之。諧召諸嫗，以靴示之，曰：「有乘馬人于路被賊劫害，遺此靴者，得無親屬乎？」一嫗哭曰：「兒昨着此靴。」如其語，捕獲。一時稱明察。』《北齊書》。鄭太妃與神武避葛榮，同走并州，貧困，燃馬屎，自作靴。上。

方屣而靴，皂靴爲服。『建中初，贈司徒沈易良妻崔氏，即太后之季父母也，上見之，方屣而靴。』《唐書》。『隋煬數出幸，百官以戎服從，皂靴乃馬鞾也，後世沿襲，遂爲朝服。』朱《語録》。

以麻爲靴，以羊爲靴。『唐馬周以麻爲靴，殺其鞠，加以靴氈靴。』《紀原》。開元中，裴叔通以羊爲靴，加以帶子裝束。上。

不服麂靴，全用鞠靴。『推人長史竇軌，遺以衣服、麂幘、麂靴，不肯服。』《本傳》。『北齊全用胡服，長鞠靴。』《筆談》。

文賓賣靴，力士脱靴。『仙人文賓，賣靴爲業。』《仙傳》。李白供奉翰林，帝使高力士脱靴。

涼州民先辯靴，然後作衣。靴，從軍之物。

屩

屩屩，草履也，又麻曰屩，木曰屐。

虞卿躡屩，劉勤作屩。『虞卿躡屩檐簦説趙武成王。一見，賜黄金百鎰，白璧一雙；再見，爲趙王卿，號爲虞卿。』《史》。江夏劉勤，作屩供食，嘗作一量屨，斷，勤置不賣，出行。妻賣以糴米，勤歸炊熟，怪問：『何所得米？』妻以實告，勤責妻曰：『賣毀物，欺取其直也。』因棄不食，仕至司徒。

敗屩聚道，投屩墜盤。『元康之末，有敗屩自聚於道，或云：「見狸摺而聚之。」世之所説：「屩者，人之賤服。而當劳辱下民之象也。敗者，疲弊之象也。道者，地理四方所以交通，王命所由往來也。敗屩自聚道者，象下民疲疾，將相聚爲亂，絶四方而壅王命。」』《搜神記》。『劉敬宣夜與僚佐宴，空中有投一隻芒屩於坐，墜敬宣食盤上，長三尺一寸，已經人着，耳鼻間並欲壞。頃之，敬宣參軍司馬道賜反，敬宣爲其所害。』《宋書》。

膏粱着屩，富吏芒屩。張暢在彭城，爲魏太武所圍，李伯曰：『君南土膏粱，何爲着屩？君而着此，其將士云何？』上。『沈瑀爲餘姚令，富吏皆鮮衣美服，怒曰：「汝等下縣吏，何得自擬貴人？」悉使芒屩粗布，侍立終日。』《齊書》。

着芒屩，着芒屩。宋元嘉末，魏軍逼，褚彦回父湛之爲丹陽尹，使其子弟並着芒屩，於齊前習步。或譏之，湛之曰：『安不忘危。』上。『侯景僭位，童謡曰：「脱青袍，着芒屩，荆州天子挺應着。」』《梁書》。

柴車草屩，布袍芒屩。何點爲尚書，乘柴車，躡芒屩，恣心所適，致醉忘歸。上。『沈衆，武帝時兼尚書監，恒布袍芒屩，以麻繩爲帶。』《陳書》。

至市貨屩，至京嚼屩。『劉禎少時居丹徒，家至貧。劇方迴數出南射堂射。往市貨屩，劉過不顧。方迴異之，遣問。答：「老母朝來未得食，至市貨屩，不得展諸。」』《俗説》。『南人至京，人戒之曰：「得物惟食，慎勿問名！」見敗屩棄於路，因收嚼，殊不可咽。』《笑林》。

草屩卜式，棕屩志和。『卜式爲郎，布衣牧羊。屩，草屨也，南人謂之屩。』《本傳》。『張志和築室越川，茨以生草，豹帶棕屩，垂釣不設餌。』《本傳》。

屧

屧履，巾薦也。

步屧與飲，斫屧爲業。『袁粲爲丹陽尹，步屧白楊郊野間，道遇一士，呼與酣飲。明日，此人到門求進。粲曰：「昨飲無偶，聊相要耳。」竟不相見。』《南史》。『江泌，字士倩，濟陽人也，少貧，好學，晝則斫屧爲業，夜則讀書，隨月光，光斜則握卷升室。』《齊書》。『梁臨川王宏，潘妃寶屧直千萬。』《梁書》。

襪

《説文》：『襪，足衣也。』

《釋名》：『襪，末也，在脚末也。』

《器物叢論》：『襪，足衣，文王伐崇襪繫帶。則其物色已見於商代。』

《實録》：『自三代有之，前後相承，謂之角襪，中心繫帶。』

自結解襪，莫肯繫襪。文王伐崇，至鳳凰之墟而襪繫解，文王自結曰：『所與處皆先君之人也，以無令結之學。』『武王伐紂，行至商山，繫襪解，五人在前，莫肯繫，皆曰：「臣所以事君，非爲繫襪。」』《帝王世紀》。

聲子之襪，王生之襪。衛侯與諸大夫飲酒，褚師聲子襪而登席，公怒。哀公『景帝時，王生善黄老，公卿晝會，釋之爲廷尉，王生顧曰：「吾襪解，爲我繫襪。」釋之跪而結之。人或讓王生，王生曰：「吾老且賤，廷尉天下名臣，使廷尉跪結襪，欲以重之。」諸公聞之，賢王生而重釋之。』《漢書》。

解襪繫，賜襪屐。中山王來朝，成帝賜食，飽後起，下襪繫解，成帝以爲不能，而賢定陶置。上『和帝召諸儒，賈逵、黄香相難，罷朝，特頒賜履襪。』《東觀漢記》。

綾羅爲襪，在官着襪。魏文帝吴妃炙轂、綾、羅、紬、絹爲襪子，《宋玉賦》：『羅襪生塵。』『賀劭，爲人美容，止在官府，常着襪。』《會稽録》。

龍縞襪，錦袎襪。『巴印大橘有二老叟曰：「我輸阿母龍縞襪八緉。」』《幽怪録》。『妃子死之日，馬嵬媪得錦袎襪，相遇過客一玩百錢。』《太真外傳》。

元載脱襪，仁矩不襪。『乃脱穢襪，塞口而終。』《劉賓客嘉話》。『董璋置酒召李仁矩，仁矩不往，璋怒，仁矩不襪而鞋走廷中。』《五代史》。

如拆襪綫，無一條長。『僞蜀吏部尚書韓昭，多能而皆不精，李日段云：「韓八座事業，如拆襪綫，無一條長。」』《北夢瑣言》。

李白：『可惜陵波步。』《羅襪》。

陳子昂：『香塵動羅襪。』

杜詩：『羅襪紅蕖艷，垢膩脚不襪。』

劉禹錫《馬嵬行》：『不見岩畔人，空見凌波襪。郵墨愛踪迹，私手解盤結。傳看十萬口，織絶香不絶。』

杜牧《咏襪》：『細尺裁量減四分，纖纖玉笋裹輕雲。五陵年少欺他醉，笑把花前出畫裙。』

贄幣

摯之爲言至也，所執以自致也，亦作贄。《周禮注》。

哀姜之至，晉侯之會。《左・莊廿四》：秋，哀姜至。公使宗婦覿，用幣，非禮也。御孫曰：『男贄大者玉帛，小者榛栗，以章物也。』公侯伯子男王，諸侯世子、附庸孤卿帛，卿羔，大夫雁，士雉。女贄，榛栗棗脩，以告虔也。脩，取自修。榛，聲近虔，取虔於事。栗，取載栗。棗，取早起。今男女同贄，是無別也。男女之別，國之大節也，而由夫人亂之，無乃不可乎？定八公會晉侯于扈，范獻子執羔，趙簡子皆執雁，中行文子，魯於是始尚羔。《禮》：『卿執羔，大夫執雁。』

出疆載贄，傳贄爲臣。《傳》曰：『孔子三月無君則皇皇如也，出疆必載贄。周霄曰，出疆必載贄，何也？』孟子曰：『士之仕也，猶農夫之耕也，農夫豈爲出疆舍其耒耜哉？』孟子曰：『士不傳贄爲臣，不敢見於諸侯，禮也。』

周禮之贄，曲禮之贄。《周禮・太宗伯》：『以禽作六贄，以等諸臣。孤執皮帛，卿執羔，大夫執雁，士執雉，庶人執鶩，工商執鷄。』皮帛者，束帛而表，而爲之飾。皮，虎豹之皮。羔，小羊，取群而不失類。雁，取候時而行。雉，取守介而死，不失節。鶩，取不飛先。鷄，取守時而動。《曲禮》：『凡贄，天子畅，諸侯圭。』天子無客禮，見於神而已。命圭也，公桓圭，侯信圭，伯躬圭，子穀璧，男蒲璧。公羔，大夫雁，士雉，庶人鶩，童子委贄而退，野外軍中無贄，以纓拾矢可也。射韝。婦人之贄，椇榛脯脩棗栗。椇形似珊瑚，一名石李。

楮幣

古者券幣造於下而行於下，故聽於民之自便。後世券幣造於上而行於下，故貴於君民之俱便。夫法無精粗，便民者良，論無當否，便民者至。幣造於下而民自便者，周也；幣造於上而君民俱便者，漢唐也。

《周官・小宰》：以官府之八成經邦治，七曰『聽稱責以傅别識』者，謂傅别券書也。蓋民間私相稱貸，以爲符驗，而小宰特聽之而已，故曰『聽於下而行於下』，故其用聽於民之自便者也。

由周而漢，自漢而唐。有所謂皮幣，有所謂飛錢。合商至京，使富家以輕業趨四方，委錢諸道，合券取之，號飛幣。皮幣造於武帝，飛錢造於憲宗，一以濟公上之不給，一以便商賈之懋遷，而公私兼濟焉，故曰：『造於上而行於下』，故其用貴於君民之俱便者也。

國家，開寶中，在京有便錢務，太祖。天禧中，建州有便錢務，真宗。建德中，又有交引之制，然楮幣則始於蜀也。太祖乾德二年，募商人入粟麥材木於邊郡，給文券，謂之交引。真宗祥符中，張忠定公鎮蜀，患鐵錢之重，設質劑之法，一交一緡。天聖初，始置益州交子務，然行於蜀而未行於外也。仁宗薛田請。熙寧中，欲行於河東，以莫若之言而罷。真宗欲行於陝西，以張景寧之言而罷。初，張忠定公之始行於蜀也，主以富民而官不與，其後以薛錢、張若谷之議而置務，則始斂之於官。仁宗天聖，蜀民以鐵錢重私爲券，謂之交子。

天聖創置之初，一界一百二十五萬。仁。至紹聖，則增爲一百四十萬。哲。至元符，則增爲一百八十萬。哲。至建炎，則增爲三百七十萬。高。淳熙間，兩界共四千五百餘萬。孝。紹興慶元以後，又溢至十萬之數。以方寸之楮，不積錢以爲本，亦不能以空文行，此富公弼所以爲神宗言也。故紹興間，陳季若請行交子於諸路，高宗詔於都茶場，置會子務。撥左藏錢一十二萬貫爲本，有本如是，楮其不重乎？在昔，楮券之行於蜀，賤則官出錢以斂之，貴則官出楮以散之，使居者以藏鏹爲得，行者以挾券爲便，是錢重而楮亦重。今則中半之法行於出而不行於入，不然元陌之命行於近而不行於遠。未嘗不嚴入納之禁矣，而巧爲名色邀阻者自若也，未嘗不嚴殿最之課矣，而虚數僞冒罔上者自若也。若是則今日斂散之責何如？必如孝宗之出内帑金帛以收换則可重，必如孝宗之綱運許中半入納則可重，不然則得宋臣如趙闢者用公錢以收之則可重。

内帑 林駉

古者藏富於民，後世藏富於國，又其後藏富於府庫。周人制於冢宰，冢宰，大臣也，故不敢有侈用之心。漢祖屬於小府。小府，外朝也。故亦無滲漏之弊。至東漢歷唐，以閹人主之，而財用始爲私用。

《周官》之書，有太府，有王府，有天府，有外府，有内府，皆王之府藏也。頒其貨于受藏之府，頒其賄于受用之府，則太府掌之。貨賄之藏，共王之珠玉，則王府掌之。藏國之寶器，則天府掌之。外府之職，則掌布之出入。内府之藏，則受九貢九財之貨賄。

漢之財寶，分爲二品，其一以給國家之公用，則司農之所掌，其一以給天子之私養，則少府之所掌。至其田租均輸，司農事，陂澤市租，少府事。

哀帝發武庫兵送董賢，毋將隆奏：『武庫兵器，天下公用。國家武備，繕治造作，皆度大司農錢，大司農錢自乘輿不以給公養，公養劳費，一出少府，是不以本藏給末用，不以民力共浮費。』

元帝世，賈捐之言，往者暴師，曾未一年，兵不逾千里，費四十萬，大司農錢盡，乃以小府禁錢續之。是以私藏爲公用，以内帑爲外費。夫大農公用也，而天子不敢私用之。少府私用也，而大農得公用之。況少府外朝之臣而得主内庭之物，故宫掖無横出之私，閹宦無干預之弊。

東漢始以山海鹽鐵而歸之郡縣，出少府禁錢而屬之司農，非不可也。然宫中私用，皆於司農取之。章和以來，别白立點而用閹人領之章帝，威靈之君開鴻都賣爵以爲私藏矣。

唐始以財賦所入，皆在左藏，盈虚之數，太府上之；出納之數，比部覆之，非不可也。及第五琦，不能禁豪將之求，乃悉納之内帑，天子以給取爲便，而天下公賦皆爲天子私藏，有司不敢計弊端而舞弄於孺臣之手。楊炎請出内帑以歸有司，盧杞一用，炎卒貶死。異時瓊林、大盈，第爲己蓄，而不計邦用之盈虚矣。

宋太祖嘗語近臣曰：『軍興饑饉，須預爲備。』引爲内帑，以貯金帛。又嘗語近臣曰：

『八州之民久陷夷虜，俟蓄滿五百萬緡，以贖出没諸群〔一〕。』太宗太平。牙錢匣藏參驗定數，防滲漏也，神宗熙寧。『金帛雖多，不敢私用』，真宗訓之。『朕於宫中，一月所備』，仁宗戒之。宫中私費，孫甫有諫。慶曆。近侍侵漁，吕誨有諫。治平。

異時，州庫之羨，侈爲歌詩。元豐。詩曰：『五季失德，玁狁孔熾。藝祖守邦，思有懲艾。爰設内庫，期以募士。曾孫保之，敢忘厥志。』

凡三十庫，後積羨贏。詩曰：『每虔夕惕心，忘意遵洪業。顧予不武姿，何以成戎捷。』

明道出禁錢以賜三司。仁宗。慶曆罷月進務以賜縣官。此則爲經費之助也。

皇祐出内藏庫絹以糴軍粮，至和出内藏庫錢以糴軍儲，此則爲軍食之費也。

陝西博糴以濟饑民，則責奉宸銀三萬兩。慶曆。河北水灾，欲行賑貸，則出内藏絹三十萬匹。嘉祐。此非爲民乎？

河北賞軍，此公費也，而亦出内庫之帛絹五十萬。皇祐仁宗河北買馬，此外帑也，而亦責奉宸之珠，出二千三百四十萬。熙寧神宗此非兵用乎？平荆胡則用之，祠郊丘則用之。

〔一〕今按：『群』，《澠水燕談録》作『郡』。

真宗。

景德中，真宗合内庫，取索必經三司。景祐中，程琳爲三司，禁中所取，輒覆奏罷。財之所用，既爲國費，財之所主，又歸大臣。然祖宗之内藏，爲幽燕設也，今日之内藏，亦爲祖宗計可也。

商賈

商賈　行貨曰商，居貨曰賈。

《周禮》：『通四方之珍異以資之，謂之商旅。』

《書》：『遠服賈。』《詩》：『賈用不售。』楙遷有無貨居。如賈三倍。

《孟》：『今王發政施仁，使天下商賈皆欲藏於王之市，天下之民皆悦，而願藏於其市矣，征商自此賤丈夫始矣。』

《易·復·象》：『至日閉關，商旅不行。』

《論》：『求善賈而沽諸？沽之哉！沽之哉！我待賈者也。』

鄭商，鄭賈。《左·僖卅三》：『秦師及滑，鄭商人弦高姓名將市於周，遇之，以乘韋先，牛十二犒師，曰：「寡君聞吾子將步師出於敝邑，敢告從者。」且使遽告于鄭，穆公使皇武子辭焉，孟明曰：『鄭有備矣。』」遽，傳車，猶今之驛遞。荀罃之在楚也，鄭賈人有將置諸褚中以出，既謀之未行，而楚人歸之。賈人如晉，荀罃善視之，如實出己，賈人曰：『吾無其功，敢有其實乎？吾小人，不可以厚誣君子。』遂適晉。

《淮南子》：『段干木，晋國之大駔也，而爲文侯師，然而功名不滅者，其略得也。』賈多端則貧，心不一也。《周禮・地官》：『各掌其次之貨賄之治，示其物而均平之，展其成而奠其賈，然後令市。凡天患，禁貴儥者，使有恒賈。』

毋得衣錦，不得爲吏。漢高帝令賈人毋得衣錦、繡、綺、縠、絺、紵、罽，操兵，乘馬。惠帝：『市井之子，不得仕官爲吏。』

算商車，增商税。漢武元光元，初算商車。發明商車，前未有算也。罔利蓋始於此。《書》法譏《書》：『初則帝之掊斂作俑，曉然見矣。』唐建中二，增商賈爲十一，以軍興故也。《書》法譏重斂也。

不征商，括富商。後唐同光三，楚王殷不征商旅，由是四方商旅輻輳，湖南地多鉛鐵，殷用高郁策，鑄鉛鐵錢，商旅出境，能以境内所餘之物易天下百貨，國以富饒。建中三，括富商錢，兩河用兵，府庫不支數月粮，太常博士韋都賓、陳景建議，請括富商錢，判度支杜佑大索商賈所有貨，輒加榜捶，人不勝苦，有縊死者。《書》法去年書：『增商税矣，於是書括富商錢，國亦急甚矣。』

引以爲卿，制不仕進。奏甘露八，富商趙掇等車服僭侈，引以爲卿，堅乃詔工商皂隷不得服金銀、錦繡。開皇十六，初制工商不得仕進。

無預士伍，不預此會。武德七，工商雜類，無預士伍。周以韋安石同平章事，武三思、張易之兄弟用事，韋安石數面折之，嘗侍宴禁中，易之引蜀商數人，在座同博。安石跪奏曰：『商賈賤類，不應侍預此會。』顧左古逐出之。座中皆失色。太后以其言直，劳勉之，同列皆嘆服。

商賈升籍，大夫扼腕。穆宗，商賈、胥吏争賂藩鎮，牒報列將，即升朝籍，士大夫扼腕嘆息。

四轄

榷貨務　都茶場

榷貨務，掌物博斛斗金帛之屬。太平興國，以諸國入貢通關市，京師置榷易院。太中祥符，並入榷貨務。建炎，創都茶場。

國居利源，鹺茗甚多。白合同關子行，遂虧常額，即都堂條救斃之策，關子罷而歲入增矣。丞相吴雍公問歲終出納，陳從古云云。監在京榷貨務，出知鄜州。薛向。

頃分榷務。白。能權萬貨輕重。劉晏。

雜買務　雜賣場

雜買務，舊曰市買司。至道廢，咸平復。宫禁官物所需，以時貢納。雜賣場，景德置，掌受内外弊餘之物。

平准。武帝。中准。和帝

司市。周禮。京市。隋司農。三市。唐東西南。

平市。唐。均市。

經市、平市。

均市、行市。

司市之掌，質人之掌，廛人之掌。《周禮》：『司市掌市之治教、政刑、量度、禁令。以次叙分地而經市，經，界也。以陳肆辨物而平市，陳，列也。以政令禁物靡而均市，以商賈阜貨而行市。靡，貨也。以量度成賈而徵價，徵，召也；價，賣也。以質劑結信而止訟，質、訟，兩書一札。以賈民禁僞而除詐，以刑罰禁暴而去盜，以泉府同貨而斂賖。民貨不售，爲斂而買之，民無貨，賖貰而予之。大市，日昃而市，百族爲主；朝市，朝時而市，商賈爲主；夕市，夕時而市，販夫、販婦爲主。百姓凡通貨賄，以璽節出之，國凶荒札喪，則市無征而作布。國君過市，則刑人赦；夫人過市，則罰一幕；世子過市，罰一帟；命夫過市，罰一蓋；命婦過市，罰一帷。市者，人之所交利而行刑之處，君子無故不遊觀焉，若遊觀則施惠以爲説也。質人，掌成市之貨賄人民、牛馬、兵器、珍異，大市以質，小市以劑。質大賈，劑小賈。大市，人民馬牛之屬，用長券；小市，兵器珍異之物，用短券。同其度量，一其純制。幅廣。廛人，掌斂市絘布、總布、質布、罰布、廛布而入于泉府。凡屠者，斂其皮角筋骨，入于玉府。凡珍異之有滯者，斂而入于膳府。

司虣之掌，司虣掌憲市。禁門囂。司稽之掌，司稽掌巡市。掌盜賊。

禁民之不敬，禁民之不法，禁民之不儉，禁民之不仁。《禮記・王制》：『有圭璧金璋，不鬻於市；命服、命車，不鬻於市；宗廟之器，不鬻於市；犧牲，不鬻於市；戎器，不鬻於市，此所以禁民之不敬。用器不中度，不鬻於市；兵車不中度，不鬻於市；布帛精粗不中數，不鬻於市；廣狹不中量；奸色亂正色，不鬻於市，此所以禁民之不法。錦文珠玉成器，不鬻於市；衣服、飲食，不鬻於市，此所以禁民之不儉。五穀不成、果實未熟，不鬻於市；

木不中罰，不鬻於市；禽獸魚鱉不中數，不鬻於市，此所以禁民之不仁。』

司市，徒市。《周禮》：『朝士，凡民同貨財者，令以國法治之。犯令者，刑罰之。』同貨財者，合錢共賈者也，國法行者，司市爲節以遺之。《禮記・檀弓》：『歲旱，穆公召縣子而問然曰：「徙市，則奚若？」曰：「天子崩，巷市七日；諸侯崩，巷市三日。爲之徙市，不亦可乎？」』

『遷有無，和利用。』《六典》。

嚴禁防謹，次第大官要人無敢干以私，以廉白自將。潘時。

吏或自私，漠然如不見，終秩未嘗售一物。呂好問。

論當世事，皆天下大計，人以爲國器矣。趙粹中。

天市，日市。《天官書》：『旗中四星曰天市。』正義：『主國市交易之所，明則市吏急，商人無利，不明則反是。』《易》：『神農氏作日中爲市，致天下之民，裂天下之貨，交易而退，各得其所，蓋取諸噬嗑。』『燧人氏，爲日中之市，興交易之道。』《外紀》。

黄帝之市，商紂之市。《外紀》：『黄帝市不預價。』《外紀》：『紂宫市九市。』

歸市者不止。湯。市譏而不征久。文。

《孟》：『今王發政施仁，使天下商賈皆欲藏於王之市』，『市廛而不征，法而不廛，天下之商皆悦而願藏於其市矣』，『古之爲市者，以其所有易其所無，有司者治之耳。有賤丈夫者，求隴斷而登之，以左右望，而罔市利，人皆以爲賤，故從而征之。征商自此賤丈夫始矣』，『從許子之道，則市價不貳，雖使五尺之童適市，莫之或欺。』曰：「物之不齊，物之情也。或相倍蓰，或相什百，或相千萬。子比而同之，是亂天下也。」』

掌其肆之政，領長安之市。《周禮》：『肆長，掌其肆之政令。陳其貨賄，名相近者相遠也，實相近者相邇也。』惡者遠，善者近。第五倫領長安市，公平廉介，市無奸枉。

泉府之掌，蒲胥之及。《周禮》：『泉府，掌以市之征布，斂市之不售，貨之滯於民用者，以其價買之。』《左・宣十四》：『楚子聞之，車及於蒲胥之市。』

後宮列肆，苑中立市。漢靈光和，作列肆於後宮，使諸采女，更相盜竊爭鬥，帝着商賈服，從之飲宴爲樂。書法：作列肆，甚譏之也，是故靈帝好狎，則作列肆於後宮，肅宗好佛，則書置道場於三殿。發明：爲天子而作列肆於後宮，是甘爲閭閻猥賤之人矣，尚可據皇極而臨大寶乎？齊主寶卷芳樂苑中立市，以潘貴嬪爲令，自爲録事。

市奪民物。市皆閉邸。吴主皓愛姬遣人至市奪民物，司隷校尉陳聲，繩之以法。吴主怒，假他事燒鋸斷聲頭，投其身於四望亭之下。梁邵陵王綸爲揚州刺史，市物不給其直，市皆閉邸，少府丞何智通啓聞，綸被責還第，遣人刺智通事覺，免爲庶人，鎖之三角，既而復之。書法：書既而復之，何譏過慈也。

判官收市，宦者使市。貞元八，嶺南奏：『近日海舶多就安南市舶，欲遣判官收市，乞命中使與俱。』上欲從之，陸贄奏曰：『嶺南、安南，莫非王土，中使、外使，悉是王臣，豈必信嶺南而絶安南，重中使而輕外使乎？』十三，以宦者爲宫市使，先是，宫中市外間物，令官吏主之，隨給其主，比歲以宦官爲市，謂之宫市，置白望數百人，抑買人物，以紅紫染故衣敗繒，尺寸裂而給之，仍索進奉門户及脚價錢，名爲宫市，其實奪之。有農夫以驢負柴，宦者取之，農夫遂驅宦者，賜農夫絹十匹。發明：書以宦者爲宫市，使是張官置吏，白晝使之行劫於通衢耳。

子宅近市，小人近市。《昭三》：『初，景公欲更晏子之宅，曰：「子之宅近市，湫隘囂塵，不可以居，請更諸爽塏者。」辭曰：「君之先臣容焉，臣不足以嗣，於臣侈矣，且小人近市，朝夕得所求，小人之利也。」公笑曰：「子近市，識貴賤乎？何貴何賤？」對曰：「踊貴屨賤。」』

左藏庫

掌受四方財簿之入，以待邦國之經費，其源蓋起於周職内主賦入。職歲主財出，而邦布之入出則外府又主之。

晋置左右藏令，唐於左、右藏分建東、西庫，以太府少卿知出納。

國初，左藏止一庫，太平興國分爲二，東幣帛絁紬，西金銀絲纊，紹興選提轄官一員，充左藏庫，此提轄所由始。

御府，京藏。『天積珠府，天子藏府，離珠爲藏府，在須母北。』《天文要集》。

瓊林、大盈，受藏之府。

天下財賦，皆納左藏庫。唐。

特陛治藏之名。宋制。典司國帑。宋制。

韓琦之滯，程琳之監。時貴高科，獨滯管庫，多爲館職，處之自若。禁中索金帛，内臣直批，聖旨下庫，公奏天禧中，專置傳宣，合同一司，願復舊制。從之，舊有監秤内臣一員，至必監秤，交納遠方，始得銜校，苦於稽留，奏罷之。灾傷州郡所輸物帛，不以度者例猶追判，請蠲之。程琳監左藏庫，詔進文學，直進賢院召試。

《周禮》：『職内掌邦賦之入，辨其財用之物而執其總。以貳官府、都鄙之財入之數，以逆邦國之賦。用凡受財者，受其貳令而書之。』

文思院

太平興國，置掌造金銀、犀玉工巧之物，金絲繪素裝鈿之飾，以供輿輦册寶等物。凡器服之用，隸少府監。文臣一員，武臣一員，分上下界，上界作金銀珠玉，下界作銅鐵竹木。

季春之月，孟冬之月。季春之月，審五庫之量，毋或不良，百工咸理，毋悖于時，毋或作爲淫巧。孟冬之月，命工師效功，工官之長，見所作器。陳祭器，案度程，毋或作爲淫巧，必功致爲上。

工正，工尹。明綸疏寵，文石升班。疏寵中宸，跻榮内轄。策勳製錦之邦，提綱離珠之府，此成周職内之遺意，亦本朝淳化之舊規。聚百物於日中之市，得一賢於天下之財。要在提綱，允符遴選。惟司帑有東西之分，故設官兼文武而致。凡曰：金刀布帛之制，欲斂散之有常，惟知本末源流之儒信，出入而無悖。

太府寺

卿

周官有太府下大夫，掌貢賦之貳，受其貨賄之入，歷代不置，梁置太常府，金帛府帑，關津市肆。

後魏太府卿，北齊兼掌造器物。

後周太府中大夫，掌貢賦貨賄。煬帝分太府寺爲少府監，管尚方、織染等。唐因之，本朝太府事，判寺事一人。

夏卿，天府。治藏之長，外府少卿，貨幣山積，財物精好。唐。『居監臨之官，典出入之務。』《六帖》。領貢獻於四方，掌財用於五庫。九卿之重，參理於佐邦；六府孔修，頒貨於別藏。聚九州之賦，辨百貨之名。會帑藏出入之要，修權量平校之法。

少卿

後魏孝文帝改少府爲太府，置少卿一人，北齊、隋、唐，並隨寺改復。兼領三尚之班，以榮四至之列。不畏侯君杖，惟畏尹卿筆。唐尹思正爲太府少卿，侯知一亦厲威嚴，語云云。帝問：『何年老？』對曰：『臣節尚少。』魏孫紹。

寺丞

丞：於周官爲太府上士之任。

《梁選部》：『太府丞二人。後周太府上士。唐一人。宋二人。』

分治衆務，參領寺事，俾領參贊，必惟其人

主簿

主簿，亦周官，太府下士之任。

梁置一人，陳因之。後魏、隋、唐掌印，省置抄月，勾撿稽失。

宋朝二人。

木契七十隻，九雄一雌。九雄主簿掌，一雌庫官掌。

詔裁金花，春降玉藻。中宸疏寵，外府命卿。惟月之卿，出納允司於太府；自天之春，論思行綴於甘泉。三尚之須，四至之列，出納惟精；九土之貢，百貨之名，辨明必謹。貨如山積，而公天地之藏；財若鬼輸，而謹泥沙之用。陞外府之名卿，暫劳經畫；綜中臺之庶務，即預論思。

卷之二十四

三　八政

五曰司徒

虞之司徒，周之司徒。

《虞書・舜典》：帝曰：『契，百姓不親，五品不遜，汝作司徒，敬敷五教在寬。』

五品：父子、君臣、夫婦、長幼、朋友五者之名位等級也。

五教：父子有親，君臣有義，夫婦有別，長幼有序，朋友有信，以五者當然之理而爲教令也。

《周書》《周官》〔一〕：司徒掌邦教，敷五典，擾兆民。

契之司徒，君牙之司徒。

《禮記·祭法》：契爲司徒而民成。

《書·君牙》：穆王命君牙爲大司徒。王曰：『弘敷五典，式和民則。爾身克正，罔敢不正？民心罔中，惟爾之中。正以身言，中以心言。』此告君牙以司徒之職也。

《周禮》：司徒，大司徒。

惟王建國，設官分職，以爲民極。乃立地官司徒，使帥其屬，以佐王安擾邦國。

大司徒之職，以土會之法，卞〔二〕五地之物生：一曰山林，其動物宜毛物；二曰川澤，其動物宜鱗物；三曰丘陵，其動物宜羽物；四曰墳衍，其動物宜介物；五曰原隰，其動物宜贏物。因此五物，施十有二教：一曰以祀禮教敬，二曰以陽禮教讓，三曰以陰禮教親，四曰以樂禮教和，五曰以儀卞等，六曰以俗教安，七曰以刑教中，八曰以誓教恤，九曰以度教節，十曰以事教能，十有一曰以賢制爵，十有二曰以庸制禄。以鄉三物，教萬民而賓興之。

〔一〕今按：周書，《尚書》篇名。周官，《僞古文尚書》篇名。

〔二〕今按：卞，《十三經注疏》本《周禮》作『辨』。

一曰六德：智、仁、聖、義、忠、和；二曰六行：孝、友、睦、姻、任、恤；三曰六藝：禮、樂、射、御、書、數。

《王制》：司徒，鄉司徒。司徒修六禮以節民性，明七教以興民德，齊八政以防淫。一道德以同俗，養耆老以致孝，恤孤獨以逮不足。上賢以崇德，簡不肖以絀惡。

命鄉司徒論秀士，升之司徒曰選士。論選士之秀者而升之學，曰俊士。升於司徒者，不征於鄉；升於學者，不征於司徒，曰造士。

《周禮》：大司徒之職，以鄉八刑糾萬民：一曰不孝之刑，二曰不睦之刑，三曰不姻之刑，四曰不弟之刑，五曰不任之刑，六曰不恤之刑，七曰造言之刑，八曰亂民之刑。

教民化俗反

《周禮・地官》：大司徒之職，六曰以俗教安，則民不愉。音偷。

《書》：『慎徽五典，五典克從。』『命汝典樂，教胄子，直而温，寬而栗，剛而無虐，簡而無傲。』『天叙有典，敕我五典五惇哉。天秩有禮，自我五禮五庸哉。肇修人紀，重民五教。』

《伊訓》：湯武，成武。『天有顯道，厥類惟彰，今商王受，狎侮五常。鯀彝倫攸斁，禹彝倫攸叙。』

《周禮·師氏》：以三德教國子：一曰至德以爲道本，二曰敏德以爲學本，三曰孝德以知逆惡。教三行：一曰孝行以親父母，二曰友行以尊賢良，三曰順行以事師長。保氏養國子以道，乃教之六藝：一曰五禮，二曰六樂，三曰五射，四曰五馭，五曰六書，六曰九數。乃教之六儀：一曰祭祀之容，二曰賓客之容，三曰朝廷之容，四曰喪紀之容，五曰軍旅之容，六曰車馬之容。

《春官·大司樂》：以治建國之學政，掌成均之法，而合國之子弟焉。凡有道者、有德者，使教焉。死則以爲樂祖，祭於瞽宗。以樂德教國子：中和、祗容、孝友。以樂語教國子：興、道、諷、誦、言、語。以樂語教國子舞。

顓頊治氣，帝嚳教民。

《外紀》：顓頊治氣以教化，帝嚳撫教萬民而利誨之。

隨其教不易其俗，齊其政不易其宜。《王制》。

人文，德教。

《易·賁象》：觀乎人文，以化成天下。

《史》：崔寔曰：『德教者，治平之粱肉也。』

漢之教化，唐之教化。

司馬公曰：教化，國家之急務也，而俗吏慢之；風俗，天下之大事也，而庸君忽之。夫惟明智君子，深識長慮，然後知其爲益之大，而收功之遠也。光武敦尚經術，賓延儒雅，開廣學校，修明禮樂。明章臨雍拜老，横經問道。是以教立於上，俗成於下。自三代既亡風化之美，未有若東漢之盛者也。是以政治雖濁，而風俗不衰。

唐太宗初即位，語及教化。魏徵曰：『久安之民驕佚，驕佚則難教；經亂之民愁苦，愁苦則易化。』封德彝曰：『三代以還，人漸澆詭。故秦任法律，漢雜覇道。』徵曰：『五帝、三王不易民而化，湯武皆承大亂之後，身致太平。』上卒從徵言。范氏曰：『魏徵仁義之言，欲順天下之理而治之。治天下在順之而已。封倫刑罰之言，欲拂天下之性而治之，拂之而能治者，未之聞也。』

胡氏曰：『一治一亂，天下之大數也。亂極人小，則氣厚而人淳；治極人夥，則氣漓而人澆。若夫人之所以爲人，出於本心，不可泯滅者，則古猶今爾。是故懷之以仁，理之以義，先之以敬讓，示之以好惡也。魏徵有見於飢渴者易爲飲食，而無見於人心之未亡者，故其效止於斗米數錢。外户不閉，則無以進矣。』

漢武之詔，隋令之論。

元朔五年，詔曰：『蓋聞導民以禮，風之以樂，其令禮官勸學興禮，以爲天下先。』

隋郎茂爲衛國令，有民張元預兄弟不睦，丞尉請加嚴刑。茂曰：『元預兄弟本相憎疾，又坐得罪，彌益其怒，非化民之意也。』乃徐論之以義，元預等各感悔，頓首請罪，遂相親睦。

家語之教，學記之化。

子曰：『入其國，其教可知也。温柔敦厚，《詩》教也；疏通知遠，《書》教也；廣博易良，《樂》教也；潔静精微，《易》教也；恭儉莊敬，《禮》教也；屬辭比事，《春秋》教也。故《詩》之失愚，《書》之失誣，《樂》之失奢，《易》之失賊，《禮》之失慎，《春秋》之失亂。其爲人也，温柔敦厚而不愚，則深於《詩》者也；疏通知遠而不誣，則深於《書》者也；廣博易良而不奢，則深於《樂》者也；潔静精微而不賊，則深於《易》者也；恭儉莊敬而不煩，則深於《禮》者也；屬辭比事而不亂，則深於《春秋》者也。』

天有四時：春、夏、秋、冬。地載神義，吐納雷霆。風雨霜露，無非教也；流形萬物，無非教也。《禮經》解註，决非孔子之言。《學記》：『如欲化民成俗，君子其必由學乎？古之教者，家有塾，黨有庠，州有序。比年入學，夫然後足以化民易俗。近者悦服，遠者懷之。』註：二十五家爲閭，巷首有門，門側有塾。五百家爲黨，黨之學曰庠。萬二千五百家爲州，州之學曰序。《周禮·鄉大夫》『春秋以禮，會民而射於州序』是也。

大學之教，大學之法。

大學始教，皮弁祭菜，示敬道也。《宵雅》肄三，官其始也。《小雅・鹿鳴》《四牡》《皇華》。入學鼓篋，遜其業也。發篋出書，警以鼓聲。夏楚二物，收其威也。未卜禘不視學，游其志也。時觀而不語，存其心也。幼者听而不問，學不躐等也。註：五年大祭。不五年不視學，觀感於心，不言其理。听受師説而無所詰。此七者，教之大倫也。今之教者，呻其佔畢，多其問言。吟諷佔視之簡牘，不能通其藴奥。其施之也悖，其求之也拂。大學之法，禁於未發之謂豫，當其可之謂時，不陵節而施之謂遜，相觀而善之謂摩。此署教之所由興也。發然後禁，則扞格而不勝；時過然後學，則勤苦而難成；雜施而不遜，則壞亂而不修；獨學而無友，則孤陋而寡聞；燕朋逆其師；燕辟廢其學。此六者，教之所由廢也。燕朋，燕私之朋。燕辟，燕游邪僻。君子既知教之所由興，又知教之所由廢，然後可以爲師也。

善歌者使人繼其聲，善教者使人繼其志。

《祭義》：祀乎明堂，所以教諸侯之孝也；祀三老五更於大學，所以教諸侯之弟也；祀先賢於西學，所以教諸侯之德也。祀三老五更於大學，執醬而饋天子，袒而割牲，執爵而酳，冕而總干，所以教諸侯之弟也。

《王制》：樂正、大樂正。樂正崇四術，立四教，順先王。《詩》《書》以造士。春、秋教以禮樂，冬、夏教以詩書。將出學，《王制》九年之期也。小胥、大胥、小樂正，簡不率教者，以告於大樂正，以告於王。王命三公、九卿、大夫、元士皆入學，不變。王親視學，不變。王三日不舉，屏之遠方，終身不齒。大樂正論造士之秀者，以告於王，而升諸司馬，曰進士。

觀之觀民，蠱之振民。

觀：盥而不薦，有孚顒若。下觀而化也。觀天之神道而四時不忒，聖人以神道設教，而天下服矣。象曰：『風行地上，觀。』先王以省方觀民設教。傳：省方，觀民也。設教，爲民觀也。

象曰：山下有風，蠱。君子以振民育德。

臨之保民，漸之善俗。

象曰：澤上有地，臨。君子以教思無窮，容保民無疆。

象曰：山上有木，漸。君子以居，賢德善俗。

仲舒教民之言，荀悦化民之語。

董仲舒曰：『萬民之從利，如水之走下，不以教化隄防之，不能止也。古之王者莫不以教化爲大務，立學校以教於國，設庠序以化於邑。漸民以仁，摩民以義，節民以禮。故其刑罰甚輕而禁不犯者，教化行而習俗美也。』

荀悦曰：『世有三遊，德之賊也。立氣勢、作威福、設私交以立彊於世者，謂之遊俠；

餙辨辭、設詐謀、馳逐於天下以要時勢者，謂之遊説；色取仁以合時好，連黨類、立虚譽以爲權利者，謂之遊行。聖王在上，經國序民，養之以仁惠，文之以禮樂，則風俗正而大化成矣。』

王吉流化之訓，傅玄隆教之辭。

王吉曰：『臣聞宣德流化，必自近始。朝廷不備，難以言治。左右不正，難以化遠。安上治民，莫善於禮。敺〔一〕一世之民，躋之仁壽之域。俗何以不若成康？壽何以不若高宗？』

晋諫官傅玄以魏末士風頹敝，上疏曰：『臣聞先王之御天下，教化隆於上，清議行於下。近者魏武好法術，而天下貴刑名；魏文慕通達，而天下賤守節。其後綱維不攝，放誕盈朝，遂使天下無復清議。陛下龍興，未舉清遠有禮之臣以敦風節，未退虚鄙之士以懲不恪。臣是以敢言。』晋主嘉納，亦不能革也。

陳頵之言，崔浩之對。

晋陳頵言於琅邪王睿曰：『洛中承平之時，朝士以小心恭默爲凡俗，偃蹇倨肆爲優雅。流風相染，以至敗國。今僚屬皆承西臺餘敝，養望自高，請自今臨使稱疾者，皆免官。』

〔一〕今按：敺，當为『敺』。敺，同『驅』。《漢書·禮樂志》：『驅一世之民，躋之仁壽之域。』

不從。

崔浩對魏主曰：『劉裕欲以荆揚之化，施之函秦。此無異解衣包火，張羅捕虎。』

卞壺厲色，坦之厲諫。

貴游子弟，争爲放達。卞壺厲色曰：『悖亂傷教，中朝傾覆，實由於此！』

謝安好聲律，朞功之慘，不廢絲竹。王坦之諫曰：『天下之寶，當爲天下惜之。』

仲琮之對，荀悦之云。

咸亨三年，吐蕃遣大臣仲琮入貢。上問以風俗，對曰：『地薄氣寒，風俗樸魯。然法令嚴整，上下一心，議事因人，常自下而起，所利而行之，斯所以能持久也。』

荀悦曰：『善惡要乎功罪，毁譽效於準驗。听言責事，舉名責實。無或詐僞，以蕩上心。故俗無奸怪，民無淫風，是謂正俗。榮辱者，賞罰之精華也。禮教榮辱以加君子，化其情也，桎梏鞭撲以加小人，化其形也。教化之廢，推中人而墜於小人之域；教化之行，引中人而納於君子之塗。是謂章化。凡民，禀五常之性，而其剛柔、緩急、音性不同，繫水土之風氣，故謂之「風」；好惡取捨動静無常，隨君上之情欲，故謂之「俗」。』

王豹處於淇而河西善謳，綿駒處於高唐而齊右善歌，華周杞梁之妻善哭其夫而變國俗。《孟》。

杜詩：今王德教尊。

杜詩：俗薄江山好。無情者不變。

江草日日喚愁生，巫峽泠泠非世情。盤渦鷺浴底心性，獨樹花發自分明。不徇俗。

文命敷於四海，聲教訖於四海。

祗台德，揆文教。

《禹貢》：『祗台德先，不距朕行。』註：躬行心得，以爲教化之本也。

三百里揆文教。註：教化之流行，而躬行之效驗也。

魯有沈猶氏者，旦飲羊，飽之，以欺市人。公慎氏有妻而淫，慎潰氏奢侈驕佚，鬻牛馬者善豫賈。孔子將爲魯司寇，沈猶氏不敢朝飲其羊，公慎氏出其妻，慎潰氏逾竟而走，鬻牛馬不豫賈。布政以待之也。《新序》。

杜詩：古者三皇前，滿腹志願畢。胡爲有結繩，陷此膠與漆。禍首燧人氏，厲階董狐筆。上古葛天氏，不貽黄屋憂。交態知流俗，俗薄難具論。俗薄防人面，風俗盡還淳。漠漠世界黑，區區爭奪繁。其俗則淳樸，不知有主客。散才嬰薄俗，俗態猶猜忌。喜見淳薄俗，坦然心神舒。

國學

《王制》：天子曰辟雍，諸侯曰泮宮。舊說：國學，水環如璧，泮宮半之。

《祭義》：天子設四學，當入學而太子齒。

《詩》：於樂辟廱，鎬京辟廱。

張子曰：『靈臺國學，文王之學也；鎬京國學，武王之學也。』

《孟》：設爲庠序、學校以教之。庠者，養也；校者，教也；序者，射也。夏曰校，殷曰序，周曰庠。學，則三代共之。皆所明人倫也。人倫明於上，小民親於下。

朱子曰：『庠以養老爲義，校以教民爲義，序以習射爲義，皆鄉學也。學，國學也，共之無異名也。』

魯泮，鄭校。

《詩》：思樂泮水，薄采其芹。魯侯戾止，言觀其旂。思樂泮水，薄采其藻。魯侯戾止，其馬蹻蹻。思樂泮水，薄采其茆。魯侯戾止，在泮飲酒。明明魯侯，克明其德。既作泮宮，淮夷攸服。矯矯虎臣，在泮獻馘。淑問如皋陶，在泮獻囚。濟濟多士，克廣德心。桓桓于征，在泮獻功。翩彼飛鴞，集於泮林。憬彼淮夷，來獻其琛。

《王制》：『釋奠於學，以訊馘告。』

《左傳》：鄭人游於鄉校，以論執政。然明曰：『毁鄉校，何如？』子産曰：『何爲？其所善者，吾則行之；其所惡者，吾則改之。是吾師也，若之何毁之？』仲尼曰：『人謂子産不仁，吾不信也。』

米廩，有吴氏之庠也。序，夏后氏之序也。瞽宗，殷學也。泮宫，周學也。

綏和年之辟廱，元始年之辟廱。

漢成綏和元年，詔立辟廱。犍爲郡水濱，得古磬十六枚。劉向説上，宜興辟廱，設庠序。胡氏曰：『向之論美矣，而未循其本也。』孔子曰：『人而不仁，如禮何？人而不仁，如樂何？』仁者所待皆禮，所安皆樂。是則禮樂之本也。庠序聲容，特其具耳。時又有言弟子員小，增弟子員三千人。胡氏曰：『夏曰校，商曰序，周曰庠。此古者建學之名也。人君躬行於上，公卿表式於下。以明習人倫爲要，此三代教化之實也。今徒增弟子員以隆觀美，成帝則湛女色、惑燕樂，孔光則亂經義、獻諛説。忠直之士屏作不用，政歸外戚，國家將傾，而何太學之爲哉！』書未作而罷，惜之也。

元始三年，王莽起明堂、辟廱、靈臺，徵天下通經異能之士。胡氏曰：王者向明而治。

古之堂，今之殿也。故《孝經》以爲宗祀之所，《孟子》以爲王政之堂。然則是天子之外朝，猶後世大朝會之正衙也。若呂不韋青陽總章之制，劉歆世室重屋之説，則豈可盡信乎？若靈臺，則《詩》與《孟子》言之，若燕游之所耳。若辟雍，則未有明言其義也。《詩》曰：『於樂辟雍。』又曰：『鎬京辟雍。』夫辟，君也。雍，和也。言人君有和德，則天地之和應之，而天下之心服之也。此二詩者，亦言與民未遽同樂，建立都邑之事而已，及學校之政也。《王制》記天子諸侯之學，始有辟雍、泮宫之名，不知何所本而云也。《泮水》之詩，亦未有以爲學校者，獨取『匪怒伊教』之一言以爲證，則末矣。

光武太學，明帝辟雍。

建武五年，初起太學，帝還視之。還，音旋。如魯而返。發明：《禮·王制》：『親視學。』則學謂之『視』者古也。自漢以來，則謂之『幸』矣。特書曰『視』者，推原古制也。

漢明永平二年，臨辟雍，行大射禮，行養老禮。

李躬三老，桓榮五更。三老東面，五更南面。

《孝經〔一〕》：『尊事三老，父象也，老老也。兄事五更。長長也。』宋均曰：『老人知天

〔一〕今按：孝經，引文不見於《孝經》，當爲簡稱，語出《孝經援神契》。

地之事，老人知五行更代。』鄭玄註：『名三五者，象三辰五星。』書法：書，美之也，文治可謂盛矣。發明：光武中興，投戈講藝，息馬論道。末年，肇建三雍，未及游嚮。明帝舉宗祀，望雲物，行大射、養老之禮，東都文物，於是彬彬可見。書之於册，足爲美稱。

蔡邕《封事》：『養老辟雍，帝者之大業。』

永平年之立學，永建年之起學。

永平九年，匈奴遣子入學，又爲外戚立學於南國。書法：特書也，文治於是極盛矣。

順帝永建六年，起太學。安帝薄於藝，學舍頹毁，鞠爲蔬園。翟酺上疏，請更修繕。從之。造三百四十房、八百五十室。書法：書，予之也。

光和年之學，建安年之學。

靈帝光和元，置鴻都門學樂松等圖象立贊。陽球諫曰：『松等皆出於微蔑斗筲小人。形圖丹青，有識掩口。』書奏不省。書法：書，譏也。置學，美事也，則何譏？於是諸生皆出辟舉，往往多無行趨勢之流。其所取者，文賦尺牘，下至鳥篆，果何益於教化哉？是故樂松等圖象立贊不書，削之也。《綱目》書立學，皆美也。惟鴻都門學及劉表立學、宋立四學爲譏辭。

獻帝建安元，立學校，作雅樂。書法：書學校雅樂何？譏也。立學校雅樂，則何譏？

帝室將傾，不能出兵匡國，而方從事禮文之事，若平世然，可謂不知務矣。

建興年之學，景耀年之學。

建興二年，魏立太學。初平以來學道廢墜，至是初立太學，置博士，依漢制，設五經課試之法。

景耀元年，魏主髦養老乞言於太學，王祥三老，鄭小仝五更。書法：養老乞言，盛典也。髦能行之，然亦無救於亂矣。

晋建武年之立太學，趙建平年之起辟雍。

晋元建武元，立太學。征南軍司戴邈上疏，以爲世道久喪，禮俗日敝，猶火銷膏，莫之覺也。今王業肇建，萬物權輿。謂宜篤道崇儒，以厲風化。王從之。

晋成咸和六年，趙建平二年，趙起明堂、辟雍、靈臺。發明：盜賊而爲盜賊之事，固盜賊之常也。盜賊而爲君子之事，君子亦豈得不予之哉？此固書法之意也。雖然，中國不競，而夷狄得以竊中國之文物。夷狄固可進也，其如中國何哉？噫！

晋咸康之立太學，秦甘露之臨太學。

晋成咸康二，祭酒袁瓌、太常馮懷以江左寢安，請興學校。帝從之。立太學，徵集生徒。而士大夫習尚老莊，儒術不振。

秦甘露四，秦王堅臨太學，考第諸生經義，與博士講論，每月一至焉。書法：晋書『遣生徒』，秦書『臨太學』，中國爲可愧矣，特書，予之。

宋元嘉之立四學，宋泰始之立明觀。

元嘉十五，宋立四學。宋主雅好藝文。使丹陽尹何尚之立玄學，太子率更令何承天立史學，司徒參軍謝元立文學，並次中儒學，爲四學。以雷次中爲給事中，不受。好學，隱廬山，徵爲散騎侍中，不就。是歲，徵至建康，爲開館鷄籠山，使聚徒教授。註：鷄籠山在應天府，即鷄鳴山。劉宋名龍山，以黑龍見玄武湖，故名。司馬公曰：『史者，儒之一，文者，儒之餘事。至於老莊虛無，固非所以爲學也。夫學者所以求道，天下無二道，安有四學哉？』書法：書『立四學』何？譏也。道一而已，儒無不通。又有史學、文學之分，固已非矣，玄何爲者，而可與儒並列哉？

宋泰始六年，立總明觀。置祭酒一人，儒玄文史學士十人。

魏太延年之置館，魏太平年之入學。

魏太延五年，索敞爲博士，勤於諭導，將軍常爽置館温水之右，教授七百餘人，魏之儒風始振。

太平真君五年，令公卿子弟皆入太學。百工商賈之子，各習父兄之業，毋得私立學校。

齊之開學，齊之立學。

齊黄門郎崔祖思言：『人不學則不知道，此悖逆禍亂所由生也。宜開文武二學。』

齊永明三年，復立國學。釋奠先師，用上公禮。

魏之養老，魏之立學，魏之營學。

魏太和十，始祀明堂，養老十朋堂。尉元三老，游明根五更。

魏立國子太學，四門小學。

魏景明四年，魏營國學。魏學太盛，燕齊趙魏間，教授者不可勝數。

梁天監之視學，魏大統之置學。

天監九年，梁主視學。發明：江左累朝，僅有此爾。

魏大統五年，大丞相泰置行臺學，朝治公務，晚就講習。書法：書泰置何？嘉泰也。

周保定之養老太學，齊武平之修文文館。

周保定三年，周主養老於太學，于謹三老，賜延年杖。書法：自漢明帝首行此禮，於是凡四君矣。名實稱者，其惟明帝乎？魏主髦、魏主宏、周主邕，皆於其名而已矣。

齊武平四年，置文林館。侍郎李德林、顔之推同判館事。書此何？譏也。齊政日亂，而汲汲於修文，抑末矣。

隋仁壽之廢學，唐武德之置學。

仁壽元年，廢太學及州縣學，改國子爲太學。書法：晋嘗罷太學生徒，曰：軍興故也。齊嘗罷國子學，曰：國哀故也。穆帝。隋方盛時，無故有此。識者有以知其不永也。

唐武德元年，置學校。發明：秦人焚書坑儒，至漢闢學校；隋人廢黜儒學，至唐置學校。《樂記》：『武王食三老五更於大學，天子袒而割牲。執醬而饋，執爵而酳。冕而總干，所以教諸侯之弟也。』《王制》：『無曠土，無游民。食節事時，民咸安其居，樂事勸功，尊君親上，然後興學。』王太子，王子群后之太子。卿大夫，元士之適子。國之俊造皆造焉，入學以齒。

《文王世子》：『凡語於郊者，必取賢斂才焉。郊，學之巾。或以德進，或以事舉，或以言揚。曲藝一曲之藝。皆誓之，以待又語。後次再語。三而一有一焉〔一〕，乃進其等，以其序，謂之郊人。遠之於成均，以及取爵於上尊也。』所以勞之也。

《揚子》：『辟雍以本之，校學以教之。』董仲舒曰：『夫不素養士，而欲求賢，譬猶不琢玉而求文采也。故養士，莫大乎太學。太學者，賢士之所關也，教化之本原也。』

〔一〕今按：三而一有一焉，《禮記·文王世子》原文作『三而一有焉』。

燕高泰見王猛曰：『昔魯僖公以泮宮發頌，齊宣王以稷下垂聲。』齊城西門側系水左右，有講堂舊址，蓋因側系水，故曰稷門。古側、稷音相近耳。虞喜曰：『齊有稷山，立館其下，以待遊士。』

思樂泮水，仁義之海。山谷《樂泮堂》。

國學

林駉：古之學校，養其心不養其身；後之學校，養其身不養其心。成周一書，纖悉備具。而學校養士之職，獨闕而不載。有樂舞以和平其血氣，有詩書以培養其見聞，有干戈射御以閑其禮儀。漢承秦滅學之後，學校未皇，武帝從仲舒之言，遂建太學。然晉灼謂西京無太學，三輔黃圖謂西京太學在長安西北七里。蓋黃圖所載皆武帝制度，是指武帝之時而言也，晉灼論漢初之制也。武帝建學之初，爲諸生學長安者，或至困厄而不自激厲，由郡國詣博士者，或無財用而時行賃作，廪犧猶未具也。元帝好儒，設員，用度充足，至是始備焉。武帝弟子之員僅至五十，昭帝所增之數亦止百人，養員猶未盛也。成帝太學弟子增至三千，至是始盛焉。然特養其身而已。博士徒取儀狀，果能如周人德行、道藝之選乎？太常雖與受業，果能如周人成均司樂之教乎？此養心之教猶闕也。光武中興，立五經博士之員，修太學籩豆之典。明帝乃流辟雍。辟雍湯湯，仰輪奐也。抑抑皇儀，孝友光明，何尊顯也。尊養更老，其意勤也；縉紳億萬，其文盛也。然特養其身而已。執經問難，果如周人春夏詩書之學乎？親行射禮，果如周人射御之習乎？此養心之教未聞也。然王咸舉幡，會者千餘，非西都興學之功與？林宗唱義，從者三萬，非東都設學之效與？唐有三館七學：曰弘文館，置於門下省。曰崇文館，置於東宫。皆以宰相領之。其生徒，以皇屬國戚、大臣子孫爲之。曰國子學，曰太學，亦以大臣子孫爲之。曰廣文館，曰四川館，以朝臣之子孫、庶人之俊秀者爲之。曰律學，曰書學，曰算學，以習其業者爲之。凡二千二百一十員，皆尚書省補授。太宗之時亦盛矣。未幾再傳，掃地殆盡。論堂之庭盡墾爲圃，三館之門復如論堂，學制果如是乎？舒元輿《記》。終朝之雨，流潦不停。既夕之天，列宿上羅。學制果如是乎？李觀《書》。國子博士，不免啼飢。廣文先生，猶嘆無氊。還祭酒者，謂散冗之地。爲助教者，躬犂鋤之事。蓋唐以科目取進士，以進士之科爲貴，則學校獨廢至此。然朱泚之變，世道已極。太學何蓄，毅然壁立。首唱大義，六館震驚。唐賴以不亡者，未必非兹人之力。藝祖立極之初，首幸監學，士風丕振，親贊孔顔，吾道有光。建隆以來，已有國子監釋奠行禮，而太學未有也。慶曆，從王拱辰之請，始假錫慶院爲之；熙寧，從鄧綰之請，始賜錫慶院創之。始太學惟有内舍，給食之員僅至二百，外舍未立爾。熙寧元年，從數以立外舍之員，蓋從諫官之請也。然來遊之愈多，内舍外舍僅至三百，上舍未立爾。未幾四年，遂置上舍百員，内舍倍之，而外舍則不限焉，蓋從中書之請也。由是冠帶濟濟，絃誦洋洋。然祖宗養士之意，不止是也。雅樂歌詩，養其耳也。講經問難，淑其心也。胡安定判國子監，合諸生於首善堂，雅樂歌詩，乙夜乃散。太祖幸國子監講書，淳化幸國子監講《堯典》《説命》。噫！得一程伊川置禮賢等齊以訓諸生，不患不知性理之學；得一胡安定置治道等齊以教後進，不患不知體用之學。

州縣學

《學記》：家有塾，黨有庠。術有序，國有學。見『教化』。

魏天安之郡學，梁天監之州學。

魏天安元年，初立郡學，置博士助教生員，從高允之請也。獻文帝。

梁武天監四年，置五經博士，立州郡學。雅好儒術，詔曰：『二漢登賢，莫非經術。魏晋浮蕩，儒教淪歇。』其置五經博士，廣開館宇。又選學士，往雲門山從何胤受業。又遣博士祭酒，巡州郡立學。書法：書，嘉尊經也。

仁壽廢州縣之學，武德置州縣之學。

書法：晉嘗罷遣太學生徒，曰軍興故也；齊嘗罷國子學，曰國哀故也。隋方盛時，無故有此。識者有以知其不廢也。

書法：自魏書立郡學，至梁武置州郡學，隋文帝有廢州縣學之書，於是復置州縣學而並立鄉學，鄉學立而庠序滿天下。及開元，令天下州縣里皆置學，則天下無無學之里矣。

龍山之館，宋氏之堂。

宋元嘉十五年，雷次中好學，隱廬山。徵爲散騎侍郎，不就。是歲徵至建康，爲開館鷄籠，使聚徒教授。鷄籠山在應天府，劉宋名籠山。

晉苻堅問博士經典，盧賣對曰：『太常韋逞母宋氏，得《周官音義》，就其家立講堂。置生員百二十人，隔絳紗幔受業。號宋氏宣文君。』

白鹿院，崇陽院。

興國二年，知江州周述言：『廬山白鹿院，學徒常數千百人，望賜九經。』詔從其請。

至道二年，賜崇陽書院額及印本九經。

岳麓書院，應天書院，茅山書院。

咸平四年，軍州守臣李允則奏，岳麓書院修廣舍宇，有書生六十餘人，所誦乞下國子監降韓文等書，從之。

祥符二年，應天府新建書院，詔以曹誠爲助教，并四書院額。比四院之外，又有茅山書院。《會要》。

《州縣學》：林駉。『思樂泮水，薄采其芹』，是《詩》也，君子知魯之興。『青青子衿，在城闕兮』，是《詩》也，君子知鄭之微。古所謂學，大抵於黨庠遂序之中。國學之設，不過公卿大夫之子弟。有州長以會其禮射，有鄉大夫以察其行藝。齒序之正，既有黨正；孝弟之書，又有族師。是故蜀有文翁，則儒化以成；閩有常袞，則貢士與内州等。宋朝之初，有四書院：曰白鹿洞，曰崇陽，曰岳麓，曰應天府。又有茅山書院，猶未建州學也。乾興初，孫奭守兖州。建學舍聚生徒，請太學助教爲講書，而餘鎮未置學也。奭曰：『伏見密州馬耆山講書，仍給田十頃以爲學粮。』從之。景祐中，詔藩鎮皆立學矣，而他州則勿听。寶元元年，因蔡齊之請，置潁州學。大郡始立學矣，而小郡則未置。慶曆四年，范仲淹言，學校本行實。宋祁言，莫若使士土着而教之學校，則學者修飭。於是詔諸路州郡，各令立學。學者二百人許，置縣學。於是州郡之不置學者鮮矣。而教授之置亦於是乎始。其初，委之漕司於幕職，州縣中舉之。或用兼官，或用士人，皆漕司主之，而未隸朝廷也。熙寧中詔諸路學官，並委中書門下選差，至是始屬於朝廷矣。元豊中，州府學官共五十二員，惟大郡有之，餘未盡有也。元祐初，詔齊、盧、宿、常等州各置，自是列郡争置教官矣。然辨舉職事，以副責任，則政和之請也。教官之職，切宜遴選，則紹興之命也。不撰樂語，不兼他職，其任專也；設科以試，通經而任，其選重也。今之州郡之學，學者之視郡庠猶傳舍，學官之視學者若浮萍。嘗咨之耆老，曰：『舍法行，而郡縣之學有實政；舍法廢，而郡縣之學皆具文。』或者乃曰：『是法也，行之於蔡氏，安得爲良法？』嗚呼！此非蔡氏法也，王宋諸公之遺制也。慶曆，宋祁王拱辰請士，皆士着而教之以學校，然後州縣察其履行而薦選之，於是詔天下皆立學。所謂舍法，蓋萌芽於此。元祐王岩叟乃謂，科舉之外，不當别開進取之名，於是乞罷三舍之法，開師弟不相見之禁。誠能行王宋之議，申慶曆之法，則家家稷契，人人皋夔。

幸學

行鄉飲，觀釋奠。

晋武幸辟雍，行鄉飲。

《隋·儒林序》：天子遵問道之儀，觀釋奠之禮。

東序，西郊。

《記》：適東序，釋奠於先聖。

《記》：養國老於東序。養庶老於吴庠，吴庠在國之西郊。

觀禮，見上。講經。

《唐·儒林序》：貞觀數臨幸，講論經義。

先建太學，造立黌舍。朱浮疏：車駕親臨。

大昕鼓徵，以警衆也，皮弁祭菜，示敬道也。《記》。

宏時雍之化，顯勉進之功。

樂正習舞。《月令》。

博士明經。《桓榮傳》。

圜橋億萬，明帝。踵堂八千。太宗。

行辟雍之禮，視太學之樂。

武王行辟雍之禮，觀者感化其德。

《記》：太學擇吉日大合樂，天子親往視之。

置學舍，宋太祖。講《周易》。太宗。

崇化厲賢，孝宗。賜服授官。高宗。

紹興，幸太學謁先聖，御崇化堂。命禮部郎秦熺執經，國子司業高閌講《易・泰卦》。賜諸生席於廡下，啜茶而退。遂幸養正、持身二齋，觀諸生肄業之所。賜閌三品服，熺與學官皆遷官。

覽《三禮圖》，講《大禹謨》。

真宗幸國子，謁先師，覽《三禮圖》。召祭酒邢昺，直講崔偓佺，講書《大禹謨》。

出王安石，進五先生。

理宗淳祐幸學，親贊聖賢。進五先生從祀，出王安石。

高宗曰：『學校人才所出，元祐中名臣最多，仁宗養育之有素也。』

三千璧水教自國中，萬里霓旌來從天上。橋門冠帶，共瞻天日之光；闕里詩書，親被聖賢之教。五學惟周爲盛，三雍自漢而興。豈特夏曰校，周曰庠，矢其文德；將使戎在西，狄在北，懷我好音。雲開東幄，降黄屋之親臨；鷺集西廱，望翠華而再拜。鏘環佩之和聲，叶英莖之雅奏。道尊學問，聞極高明。

《幸學》：林駉。古者以學爲維持風教之地，故視學爲常典；後世以學爲粉飾太平之具，故視學爲曠儀。三代卜禘而後視學，所以游其志也，未見其輕於禘也。士不變而視學，所以重其教也，未見其嫌於瀆也。春入學，秋頒學，一歲而再學，未見其煩且數也。後世漢明帝臨廱拜老，此先王大合樂之舉，而史筆紀之，以爲美談；唐太宗敬行釋奠，此先王春入學之常，而唐人嗟異，以爲偉觀。韓退之謂：『天子通祀，惟社稷與夫子。社稷壇祭，不若夫子用王者事。』太祖宋。元年正月幸監，二月又幸，四年四月又幸。故其贊先聖曰：『尼父挺生，河海摽異。祖丕堯舜，有德無位。』高宗宋。親謁聖祠，命講《周易》。故其贊先聖曰：『維時載雍，戢此武功。肅昭盛儀，海宇聿崇。』端拱幸國學，玩《易》之泰卦；淳化幸國學，講《書》之《堯典》。此太宗舉行之典也。景德二年，幸國子而覽書；景德明年，謁先聖以展拜。此真宗舉行之典也。淳熙之禮行，釋奠義，闡《中庸》，此孝宗親幸之禮也；嘉泰之詔命，司成紬，繹《周官》，此寧宗親幸之禮也。

入學

辟廱，見上。成均，《禮·春官》：大司樂，掌成均之法。國庠，黌宇，壅水，圓池，澤宮，璧池，璧沼，學省。圓池如璧，水實其中。

鼓篋踵堂，承師門道禮。東漢光武。

鼓篋踵堂，八千餘人。

紆侈袂闇闇，曳方履秩秩。

習學生業，唐代宗。增弟子員。《儒林序》。

八千人，見上。億萬計。明帝。

執經問難，明帝。鼓篋遜業。《記》。

入學鼓篋，遜其業也。

闇闇秩秩，見上。濟濟洋洋。明帝。

離經辨志，觀善相摩。《記》。

待次而入，加禮以勸。

宋神宗。遠方之人，待次而入者百餘人。

張泳、李畋、張逵。加禮以勸，兩川文風日進。

學政

《學政》：林駉。有學教，有學政。詩書薰染，禮樂和平，鼓舞於鳶飛之下者，教也；撿扼私心，防閑非習，折旋於蟻封之地者，政也。教者，所以長養之；政者，所以規正之。成均學政，專待國子，政也，而音樂導迪，使人有易直之心，非教乎？而政教之施，非大司樂之責而誰責？鄉黨禁令，專待秀民，政也，而屬於掌教，無非示道藝之美，非教乎？而政教之行，非地官之責而誰責？《鄉大夫》。國家宋。慶曆以來，建立學校，元豐宏之，南渡新之。安定胡先生之在湖學也，談經學以明理義，而學之教爲甚詳；補正録以明規矩，而學之政亦不廢。體用之學，封植人才；榱桷之詩，膾炙人口。今之司成所掌者，學教正樂，正之遺意。今之正録所糾者，規罰亦大胥、小胥之舊制。然師儒之於生徒，如浮萍之不相問〔一〕，博士月一詣齊，教導之意，第爲具文，而教安在哉？士之視規矩，如屋壁之陳迹，以師道自任，群謗蝟興，反退縮矣，而政安在哉？雖然，忠信仁義，是爲天爵，則教在我也。清議所

〔一〕今按：相問，林駉《古今源流至論·學政》原文作『相關』。

臨，嚴於簡書，則政在我也。

太學博士

魏太學置五經課試之法，置《春秋穀梁》博士。東晉置國子博士，又謂之太學博士。北齊國子寺有太學博士。隋罷國子，立太學博士。唐掌教文武五品以上及郡縣公子孫。宋朝建太學，從鄧綰請也。

温恭醞藉，桓榮。剖析疑滯。馬光。

號曰六儒，最於一時。隋馬光、張仲讓、孔龍、竇士榮、張買奴、劉祖仁。大業包愷等。

立義析要，陸德明。別義精博。王恭，貞觀。

五業並授，魏樂祇。七廟質疑。晋謝沉。

請置，鄭覃。講經賜帛。陸德明。

道德經術，孫明復。賢良方正。秦觀。

文學行義，胡瑗。雅樂歌詩。胡瑗。

通六經，吕大臨。著詩義。彭汝礪。

講乾卦，攬威福。講泰卦，推君臣。
孫明復，講乾卦，請攬威福。
馮元，講泰卦，推君臣。交感真宗，直龍圖閣。
宣宗講説命，偓佺説《尚書》。
孫奭賜緋服，崔偓佺真宗。
講《詩》明暢，權邦彦。講《書》甚精。崔頤正，賜五品服。
先養其心，繼述之義。
鄭季常言，養士先養其心。
陳瓘明繼述之義。
不有徽宗之幸學，誰知邦彦之講詩。
權邦彦。徽宗幸學，令講下武詩，言暢理明。
愛鄭虔才，置廣文館。
玄宗愛鄭虔才，置廣文館，爲廣文博士。日戒其屬，月礪其徒。旬省月試，時考歲貢。
杜：才名三十年，坐客寒無氈。
廣文先生官獨冷，太學博士飯不足。

四門博士。韓：博士，師屬也。

詞如大阿鋒，誰敢觸其鋏。介甫。葉心大詩。

太學正

北齊有録事員，隋一人，唐因之。宋位於成均，以帥學者，凡有職於成均，皆士之秀。

獻汴都賦，爲太學正。

周邦彦，神宗命爲太學正。

太學録

爲蘇軾深知，張耒。爲士林所推。傅良。

同僚避席，記事本末。

王之望談經，同僚避席。

袁樞輯《通鑑記事本末》。

以行規矩爲職，胡安國。日進諸生而誨。魏掞之。

請廢安石父子勿祀，追爵程氏兄弟從食。晦庵。

國子祭酒

周師氏以三德三行教國子。

漢置博士十四人，一人爲祭酒，謂之博士祭酒。胡廣曰：『官名祭酒，皆一位之元良。古者賓得主人饌，則老者一人舉酒祭地，故以祭酒爲名。此國子祭酒名所由始也。』

齊梁號國師，隋國子監，唐司成館、祭酒爲大司成。

《周禮》：諸子掌國子之倅，掌其戒令，與其教治，辨其等，正其位。

師氏大均、大司成、大師氏、司成館、祭酒堂。

佩蒼玉，晋佩水蒼玉。服朱衣。南齊何胤。

清淑潛敏，劉智。聰明威重。

漢武選聰明威重者，爲祭酒。

忠公亮直，唐劉。德望學識。唐元和敕。

當時名儒，楊綰。研學耆儒〔一〕。建元薛通、祥祥〔二〕。

儒宗學府，後周盧誕。爲華山賦。楊恭之。

儒重之官，一位之長。

敷陳義理，論難不屈。

隋元善，帝親臨釋奠，命講《孝經》，敷陳義理。上曰：『聞江陽之説，更起朕心，賜爵江陽縣公。』陽注：『隋帝令百僚就學，與注〔三〕講論，通儒碩學多萃焉。論難鋒起，皆不能屈。』

執經講説，刻石傳經。戴逵。

請崇太學，請給宅地。

蕭昕。代宗時請崇太學，以立教本。

晋袁瓌。喪亂之後，禮教陵遲，上疏請給其宅地，備其學徒。國學之名自瓌始。

引學官皆儒，陽嵩。舉曇濟自代。王備講《孝經》，末年，舉謝曇濟自代。

〔一〕今按：研學耆儒，據《十六國春秋》卷三十六，當爲『碩學耆儒』。《古今事文類聚》及《翰苑新書》皆誤。

〔二〕今按：薛通、祥祥：據《十六國春秋》卷三十六，當爲『蘇通，劉祥』。

〔三〕今按：注，當爲『汪』。汪即楊汪，隋朝人，曾任國子祭酒。

公心愛才，學行可師。

楊祭酒《項斯贈詩》：度度〔一〕見詩詩總好，及觀標格過於詩。平生不會藏人善，到處逢人説項斯。

唐賀德仁，從兄賀德基。語曰：『學行可師賀德基，文質彬彬賀德仁。』

三世爲國師，兄弟爲祭酒。

梁王承，祖儉，父暕。賀德仁、德基。

以宰臣兼祭酒。後唐天成。

老成有行誼，楊龜山。所薦皆大儒。呂公著王回等。

儒名三十年，請留數千人。

汪澥官以儒名者三十年。

鄭穆請老，太學生數千人請留，不報。以待制領祠，將行，學士皆爲詩，出汴東門外，三獻酒。

寶劍未砥，猶乏切玉之功；美箭闕羽，尚無衝石之勢。况才非會稽之竹，質謝昆吾之

〔一〕今按：度度，楊敬之原詩作『幾度』，詩的題目爲《贈項斯》。

金。劉秩。

教育有法，胡瑗。賢德爲師。陳襄奏，求賢德爲師長。

教胄之班，有道之選。李嵩。

庠均義重，振古所崇；師貴道尊，有來攸尚。匪曰蘭芷，疇變入室之情；不自朱藍，何遷素絲之質。

司業

煬帝置司業一人。《禮》曰：『樂正司業，父師司成，因以爲名。』唐置二人，龍朔小司成。本朝司業，祭酒之貳。

左師，右師。

刊定儀註，韋叔夏。手寫九朱熹經。張參年老。

竇公得師道，陽嶠爲善職。韓：《墓誌》。

斤斤法度，恂恂愷悌。竇公。

陽城簡孝秀，山惲誦蟋蟀。

郭山惲，景龍中，帝昵比近臣，及修文學士，詔編爲伎，乃誦《鹿鳴》《蟋蟀》，帝嘉其直。

諸生請留，陽城。 儒冠列燕。武公，韓文。

進退作則，言動是效。陽城。

孔氏三世，韓公祭酒。

孔穎達，子志，從子惠元。

韓公爲祭酒，國子監不寂寞。

司氏之位，樂正之官，宋制。 司國子之教。

不奏瑞芝，表進證義。

黄中。 芝草生武成廟，官吏陰畫以聞。 宰相召長貳詰之曰：『治世之瑞，抑而不奏，何耶？』公指其畫曰：『治世何用此爲？』

王大寶知袁州，《周易證義》《國風證義》表進司業。 賜五品服，兼説書。

監丞

隋三人，唐一人，掌判監事。

當文治之朝，奉成均之職。

掌出納之事，參庶事之務。宋錢穀。

進丞學省，上庠丞秩。

上書八千言，憂國愛民之心。張戒。

博士

班固曰：『六國時，博士掌通古今。』又曰：『博士，秦官，漢因之。』

武帝置五經博士，元始改五經師，後漢兼存。

魏晋宋齊，並不置。隋省大業置。唐二人。

介幘兩梁冠，服佩同祭酒。晋。

端委佩玉，服大夫冕。晋。

稱九經庫，谷那律。詞義風起。王頍。

發揚風雅，唐蓋文懿。考定通經。房昭遠。

言當世事，朱福。爲一時最。大業、徐文遠等。

朝士慶得人，權德輿。名重朝廷。楊萬里、乞留、張栻、韓玉。

典胄之選，參司胄子之教。宋。

昭素講《易》。王昭素。

李覺講泰卦，述天地感通、君臣相應之理。太宗甚悦。

治世莫若愛民，養身莫若寡欲。昭素云：『太祖書於屏。』

乞擇賢，願精選。

史浩乞擇賢，以繫天下之望。

楊徽之願精選博士。自叙。

李絳疏：『博士有倚席之譏。』

評事不讀律，博士不尋章。沈全交吟。

三年博士，冗不見治。韓，旁引。

鄒魯大儒，韋賢。當世通儒。董鈞。

江公詩宗，韓生易意。韓嬰。

治《尚書》，孔延年。對《論語》。張禹。

申公《詩》，魯申公。京氏《易》。京房。

《易》有施孟，《春秋》嚴顔。甘露。

小戴説《禮》，戴德。施讎論經。甘露。

匡衡解頤，朱雲折角。

語曰：『無説詩，匡鼎來。匡説詩，解人頤。』

朱雲授《易》，頗有師道。

五鹿充宗，爲梁丘易。

充宗乘貴辯口，諸儒莫能抗。雲抗首語曰：『五鹿岳岳，朱雲折其角。』

戴馮重席，殷亮賜席。

習京氏易，年十八，召試博士。語曰：『解經不窮戴侍中。』正朝義難有不通者，奪席以益通者，馮坐五十席。

殷亮，建武博士，諸儒論勝者，賜席至八九重。

儒林之官，四海淵源。漢成詔。

博士之官，天下宗師。朱浮書。

博士，道之淵藪。《魏志》。

出文闈。皮日休。

爲諸侯〔一〕之著龜，作後來之綿蕝。置博士之職，而著録之生若雲；開集雅之館，而款闕之學如市。《選》。博者，博通古今；士者，辨於然否。《漢官儀》。漸階群振鷺，入院誨螟蛉。儒庠恣遊息，聖籍飽商確。韓。

監簿

北齊置。隋一人。唐因之。掌印，勾撿監事。宋朝掌文簿勾考，查出入。好學嗜古，宋，韓維。刊定字書。郭忠恕。論事與時相不合。王庭珪。總領簿書，遊太學。劉賓客。

〔一〕今按：諸侯，皮日休《與成鈞博士書》原文作『諸生』。

正録

北齊有正録。隋一人。唐因之。宋朝大觀始置，從薛昂請也。

爾司糾正。宋。

分録學正。

書庫官

宋朝淳化，李至言：『監中印書，至掌錢物。止以印書錢物，所名稍爲近俗。乞爲書庫官。』從之。

入階局籍之華，與太學豪俊遊。許份子大。〔一〕

〔一〕今按：許份子大：許份，字子大，宋代人。曾任國子監書庫官。

學官

『解經不窮戴侍中』，此漢人之法也；見『博士』。『學行可師賀德基』。此唐人之語也。見『祭酒』。夫學校，教化之本。師儒，學校之責。師生〔一〕蓍龜，後來綿蕝。祭酒立於漢，司業監丞立於隋。監簿正録立於北齊。博士之官，西漢已有。而國子博士則始於晉也，太學博士則始於梁也，武學博士則始於宋也。宋朝國子監，有判其資賤〔二〕者爲同知，即祭酒司業之任。有直講八員，即博士之任。元豊，國子監有祭酒、司業、丞、簿、太學齋博士正録，並爲學官。然崇重風化，選用師儒。刻石傳經，儒林訂正。戴逵。華山有賦，士林傳布。楊恭之。德仁文質，時人歌之；賀德仁。盧誕儒宗，天下稱之。昌黎入國子而生徒相賀，楊汪講國學而通經莫屈。此祭酒之有人也。進退作則，言動是傚，陽城有之；嚴以得禮，扶善遏惡，竇公有之。手書九經，張參口誦《鹿鳴》，郭山惲。非通經歟？燕堂鼓琴，闕下唱

〔一〕今按：師生，林駉《古今源流至論·學官》原文作『諸生』。
〔二〕今按：賤，林駉《古今源流至論·學官》原文作『淺』。

義，非感德歟？司業武公少儀，陽城爲道州，何蕃請留。此司業之有人也。廣文先生才過屈宋，鄭虔。國子先生上窺姚姒。韓愈。論易折角，朱雲。講經重席，戴馮。何淹貫也；覽筆即下，房規遠。看書不寐，王元威。何敏動也！此非博士之有人乎？宋朝傅濰自學正至祭酒，官以儒名者三十餘年，其任之也專；鄭穆以待制兼祭酒，諸生請留者至三千餘人，其慕之也深。程顥，學海淵源，洛中師表，召判武學，何其幸也！陳瓘，學術醇正，元祐名臣，擢爲博士，何其慰學者之望也！然學官固諸生之望，祭酒又學官之唱。且『匪曰蘭芷，疇變入室；不自朱藍，何遷素絲』，非王儉辭祭酒之表乎？『寶劍未砥，猶乏切玉之功。美箭闕羽，尚無衝石』，尚無衝石之勢。非王延明辭祭酒之表乎？吕公著一爲祭酒，命駕親謁。王陶方任祭酒，亦遣博士詣。程頤請爲學正，而學者皆知性理之學；孟醇擢爲學正，而諸生始知有聘士之禮。司樂則掌成均之法，樂師則掌國學之政。周人以學校之職，屬典樂之官。蓋樂者，所以調和其血氣，涵養其心術。優遊漸漬，鼓舞動蕩。其入人也深。此先王作成人才之深旨。是故，舜之胄子教於后夔，商之學政屬於瞽宗。殷制，太學爲瞽宗。漢人，博士弟子受業太常。東都，學校自學校，太常自太常。宋朝胡安定之判國子監也，雅樂歌詩，乙夜乃散，奏鼓琴瑟之聲，洋洋乎外。歐公詩曰：『吴興先生富道德，誅誅弟子皆賢才。』荆公詩曰：『先收先生姑梁棟，以次收拾桷與榱。』

教授

文翁治蜀，起學成都市，招下縣子弟，以爲學官。漢武郡國皆立學校官，自文翁始。魏晋，郡國並有文學即博士助教之任。隋，州置博士。唐，府郡置經學士。宋初，有四書院。見『州縣學』。乾興，兖州守臣孫奭私建學舍，乞請太學助教楊光輔充本州講書。從之。慶曆，教授三年一任。熙寧，諸路學官並委中書門下，選差教授始命於朝廷矣。

師氏，文學。

《周禮》：諸侯以下，立教學之官，爲師氏。

鄧禹曰：『臣少嘗學問，可爲郡文學。』

經學師，州博士。

平原文學，鄭人鄉教。見縣學。

匡衡補平原文學。學者多衡，經明當世少雙。

端榘矱，肅衣冠。陸九齡，教授，興國。

正己率人，正身律物。

紹興，上曰：『爲教授者，須先正己，然後可以率人。』

胡安國，荆南教授，正身律物，明忠孝之大端。

選官教導，治本化源。

紹興，江西漕賈直清奏立縣學，上云云。

職教吴中，陳公輔。不交嬖倖。朱勔。

不撰書啓，不撰樂語。

政和，臣寮言：教授不撰書啓、簡牘、樂語之類，庶日力有餘，判舉事業，以副陛下責任師儒之意。

鄒浩調揚州潁昌教授，范純仁爲守，令撰樂語，辭不爲。純仁曰：『翰林亦作此。』浩曰：『翰林學士則可，祭酒司業則不可。』

諸生有所矜式，四方聞風而至。

其起視學教，使諸生有所矜式。《制》。

曾肇，鄭州教授，四方之士聞風而至。近臣言，宜居首善之地，對延和殿，兼國子直講。

學者從，學者法。

孔武仲教授所至，學者從之。揚州教授，信學者從。

范文正掌府學，訓督學者，皆有法度。

著文喻弟子，升堂訓諸生。徐積，楚州教授。

經義齋，治事齋。

胡瑗、湖學、歐王詩。見『學官』。

作新學碑，言當世務。

任諒，懷州教授。徽宗見其所作新學碑，曰：『文士也。』擢提舉夔路學事。

吕祉，鄧州教授，上封事，言當世之務。

晏殊薦王堯臣，見下。曾鞏薦陳師道。

元祐中，薦於朝，爲徐州教授。

爲直講，除校書。

晏殊留守南京，薦王堯臣爲府學教授，召爲國子直講。

曾肇，鄭州教授，對延和殿，除校書，兼國子直講。

對契上意，位在僉判。

施師點，臨安教授，陳文恭公當國列公姓名以進，賜對，深契上意。

崇寧教授，承務郎以上，在本州僉判上。

自：先生官獨冷，坐客寒無氊。

冗不見治，何以教人爲？韓。

旁：杏壇、槐市、槐新市密、杏古壇疏。王勃《銘》。

善待問者如撞鐘，叩之以小則小鳴，叩之以大則大鳴。《記》。

道之所存，師之所存也。韓。

《精》：教授之爲職，其可謂難矣。以天子之命，教其邦人。必有以率厲化服之，使躬問學，蹈榘矱。朱文公《漳州教授所記》。

使之知所以，明善修身之方，齊家及國之本。仝人《蘄州教授所記》。

日進諸生，告以聖賢斆學之意。仝人《福州州學經史閣記》。

坡《戲陳州教授子由》：宛丘先生長如丘，陳州學舍小如舟。頭雖長低氣不屈，冷官無事屋廬深。泮宫先生非俗儒，先生堂前三月苦。

廣文直舍官槐陰。兩官不辨一丘或『山』。費。山谷。

後山兩爲學官。自以俸薄，有八月十詩。端居廣文舍，君莫嘲廣文。仝人。

但願斯民均暖律，小儒不嘆廣文寒。益公。

不日經筵重坐席，暫時黌舍寒無氊。誠齋。

經師，師氏。冷官，郡博。郡文學，文學椽。

顯奉塗芝，榮司采藻。仰如泰山，久屬厭於名德；思樂泮水，行親炙於誨言。結束書囊，賦廣文之歸去；摩挲講席，待博士之來游。且莫頌屋荒蒼苔之賦，便當哦階翻紅藥之詩。朋來游夏，共推史子之諄諄；道出羲黄，詎羨諸公之衮衮。佩衿晨入，青青和嶼之雲；灯火夜陣，耿耿棲樓之月。聲摩殿前，皆三誦阿房之賦；禮羅幙下，願載歌泮水之詩。君子所樂三，在得英才而教育；天下達道五，正須師席之琢磨。士有所式，先生何恨於氈寒；道之將行，夫子豈容於席暖。

經筵侍讀

崇政殿西，延義閣門北，延英閣，皆講讀所。

唐開元三年，選儒學之士入内侍。十三年，改麗正書院爲集賢殿書院，置集賢院侍講學士、侍讀直學士。宋太宗始用著作佐郎吕文仲爲侍讀，真宗以楊徽之等爲翰林侍讀，班次翰林學士，設直盧於秘閣。唐送迎以師臣禮。

清謹介潔，正苦守操。

唐宋申錫，清謹介潔，不趨黨與。

開元中，王志愔薦白履忠，隱居讀書，正苦守操。

少而好學，撷爲要録。

唐徐岱，少而好學，侍讀兩宮。

唐鄭澣，稡經史，撷爲《要録》。

掖亭分講，經筵三事。

韋處厚，路隨。穆宗召入太掖亭，分講《毛詩·關雎》《尚書·洪範》。

伊川論經筵三事：一，輔養爲急。二，選老成。三，請令講官坐講。

條上十議，哲宗。不允致仕。吕公著。

畏天、愛民、修身、講學、任賢、納諫、薄斂、省刑、去奢、無逸。

皇祐中，郭勸致仕，帝以履行純謹，立身清約，不允。

忠厚孝弟，純茂老成。

劉摯上疏哲宗，願選忠厚孝弟、純茂老成以充進讀之任。以彦若而兼侍讀，令張昇而侍經筵。元祐初，宣仁皇后諭執政云：『陸佃、蔡卞皆少年，宜用老成端士。』以趙彦若兼侍讀。張昇年高，免進讀，仁宗止令侍經筵，以備顧問。

賜博學字，讀一傳參。

張錫，講書禁中，敷暢經旨，議論該洽，鬢髮皓然。仁宗賜以飛白書『博學』字。錫曰：『節欲者，治身之本；謹刑賞者，治國之本。』貴妃被幸，故諷之。

初無所職，侍立而已。宋綬、夏竦爲侍讀，始令日讀《唐書》一傳，參釋義理。

邢昺之講，堯俞之誦。

真宗命邢昺，令講《左氏春秋》。

傅堯俞，虎觀清閑之燕。誦說古今，以備顧問。

進二條，進五規。

蘇頌奏國朝典章，沿襲唐舊，乞詔史官，采録《唐書》，日進數事，以備便覽。詔經筵官，遇非講讀日，進唐故事二條。

鄭丙，淳熙中，取陸贄奏議切時者，反覆開陳。進司馬光《五規》、范祖禹《帝學》，資一覽。

宋綬之録，司馬之讀。

宋綬録唐謝偃《惟皇戒德賦》《孝經》《論語切要》、唐太宗《帝範》《開元政典》上之。

司馬光進讀《通鑑》，至蘇秦約從章，曰：『多華少實。此謂利口之覆邦家者也。』

反覆開道，暇日召問。

蘇軾，治亂之際，反覆開道。

太平興國，暇日召問。

呂文仲以經書，王著以筆法，葛端以字學。

丁度對，俊卿讀。

丁度侍讀，仁宗呼而不名。問以蓍龜占應事，對曰：『不若以古之治亂，爲蓍龜也。』仁宗示欹器曰：『欲臨天下以中正。』對曰：『臣亦願以中正事陛下。』著〔一〕《邇英聖覽》十卷，《龜鑑精義》十三卷，《慶曆兵録》五卷。

召對訪問，諮訪政事。

錢端禮起戚里，秉政駸駸。

陳俊卿進讀寶訓，極言本朝家法，外戚不預政，上首肯。

史浩之讀正心，史浩之讀正説。

史浩嘗讀《正心》篇，論黄帝無爲天下治。上曰：『所謂無爲者，豈燕安無所事之謂乎！』

〔一〕今按：著，當爲『著』。《古今事文類聚·遺集》卷三原文作『著』。

史浩進讀《三朝寶訓》，真宗正説事關治體，委曲援引。薦石斗文等五人再兼侍讀，薦薛叔似等十五人。

所得甚多，敢言愚直。

張九成論日食曰：『日食之變，本於惡氣之萌；惡氣之萌，本於惡念之起。』上曰：『朕於張九成所得尤多。』

陳襄薦温公而下三十三人，言鄭俠愚直敢言，發於忠義。

知徐州，知天雄。

吕溱以侍讀知徐州，仁宗賜燕資善堂，遣使諭曰：『此會特爲卿設，可盡醉也。』

張知白知天雄軍，侍讀學士外使始此。

不殺羊羔，必問螻宫。

邇英讀《三朝寶訓》，至『真宗賜汾陰日，見一羊自躑道左。問之，曰：「今日尚食，殺其羔。」真宗自是不殺羊羔。』學士韓維讀畢，奏：『此特真宗少善耳。推其心以及天下，則仁不可勝用也。』

伊川云：聞上在宫中，起行漱水，必問螻宫。語之曰：『有是乎？』上曰：『然。』先生曰：『願推此心以及四海，則幸甚。』

儒學之臣，入閣侍讀，所以質問疑義。始自開元，朕尤向之。《南豊制〔一〕》。

后山《寄侍讀蘇尚書詩》：遥知丹地開黄卷。

侍講

開元十三年，置侍講。宋咸平二年，邢昺爲侍講學士。景德四年，邢昺知曹州，學士外授始此。

稽古守正，學有師法。

鄭覃，稽古守正，帝尤重之。文宗。

韋處厚，學有師法，召入翰林。穆宗。

懷素勸講，張酺侍講。

馬懷素勸講禁中。

後漢張酺，每侍講，有救正之辭。

〔一〕今按：南豊制，當爲『元豐制』。引文出自《元豐類稿・侍讀制》。

玉瑩雅言，六經法言。

路隨《制》：祇事穆宗，侍經殿内。敷堯舜之大典，暢周孔之遺風。雅言玉瑩，奧義冰釋。

穆宗幼沖，韋處厚與路隨合六經，掇其秀要，題爲《六經法言》廿篇，冀助省覽。

抄撮六經、口宣十卷。

唐崔鄾爲學士，與高重抄撮六經嘉言要道，區分事類，凡十卷，名曰《諸經纂要》。上嘉之，賜錦二百匹。

唐文宗。王起侍講，時或僻字疑事，令中使口宣，即以榜子寫對。故著《口宣》十卷。

華光殿，太掖亭。

後漢靈帝選通《尚書》者楊賜侍講於華光殿中。

韋處厚、路隨。

西學上賢，玷侍臣之高選。坡。

露門勸講，賈昌朝《制》。金華經幄。周掌《制》。

色温氣和，范淳夫。閎深博約。范成大至能。

真侍講也，得三昧也。

楊龜山，真侍講也。
范淳夫。坡謂：言簡而當，無一冗字，無一長語。義理明白成文，乃得講師三昧也。
講《左氏》，講《春秋》。
賈昌侍講《春秋左氏》，至淫亂事，略而不説。仁宗曰：『六經載此以爲監戒，何必諱？』
紹興初，胡安國、康侯專講《春秋》。
覽《孟子》，進《三經》。
司馬康言：『《孟子》爲言最醇正，王道尤明白，所宜觀覽。』
范祖禹講《論語》畢，賜宴東宫。賜御書唐人詩。公表謝，又賦詩以獻。略《尚書》《論語》《孝經》要切之語，訓戒之言，得二百二十九事，名《三經要語》，進之。
語約義明，撮要復範。
吕公著，語約義明，當世之冠。
仁宗余靖疏：撮前經之樞要，復先王之軌範。簡而不煩，爲得其術。
録講箴以諷，寫無逸爲圖。
李焘，録趙師民《勸講箴》以諷。
范冲乞依仁宗邇英閣故事，寫《書・無逸》《孝經・天子》四章爲圖，設於講殿壁上。親御宸翰，寫成二圖。

論人君之學，論聖賢之學。

范純仁曰：『國之本在君，君之本在心。人君之學，當正心誠意。』

王岩叟曰：『聖賢之學，須在積累；積累之要，在專與勤。』

上金華箴，獻勸講箴。

馮元，明道五年，上金華箴，詔書寵之。

趙師民，因獻勸講箴。餘見下。

誠知治體，開列古今。

余靖所言，誠知治體。

范祖禹，前一夕正衣冠，及當講，開列古今，參之時事。

出知蔡州，錢象先。出知名府。張知白。

請坐講，延講誦。

舊例，坐講，仁宗立就御案，便於指示。神宗朝，王安石以爲，道之所存，禮亦加重，請復賜坐。元祐初，程頤請坐，不從。

趙元昊罷進講。趙師民陳十五事，八曰『延講誦』。因獻《勸講箴》。見上。

雙日講讀，不講日進故事。仁宗，蘇頌請。

宴於東宮，燕於書省。

元祐七年，賜宰執經筵官宴於東宮，親書唐人詩分賜之，以講《論語》終篇也。

紹興二十七年，燕於秘書省，以講《尚書》。

稱安國之仁義，賜公亮以章服。

嘉祐，楊安國在經筵二十七年，上稱仁義淳質，比崔遵度。

慶曆七年，御邇英閣，講《孝經》。賜曾公亮三品章服，此賜冀於他日。

將開延英之席，深陳治亂之要。

司馬光詔：今將開筵英之席。

呂正獻公：深陳治亂之要。仁宗。

侍言帝幕，勸講帷幄。

後漢楊秉。桓帝即位，以明《尚書》入勸講，拜大中大夫，以病乞退。黄瓊言：『秉侍諦幕，不宜外遷。』留拜光禄大夫。《漢·張酺傳》。

侍講華光殿，入講白虎觀。

後漢劉寬，召拜大中大夫，侍講華光殿，賜衣一襲。

賈逵與班固校秘書。

肅宗好古文《尚書》《左傳》。入講白虎觀、南宮雲臺。

定《五經》於虎觀，講《尚書》於東都。

丁鴻與諸儒定《五經》同異於白虎觀，論難最明。時人嘆曰：『殿中無雙丁孝公。』肅宗號曰：『殿中無雙丁孝公。』

肅宗。張酺屢有諫正，有史魚之風。張酺守東郡。肅宗幸東都，引酺及門生會庭中。先備弟子之儀，使講《尚書》；後修君臣之禮，賞賜殊特。

望西清之帷幄，久立彷徨；聽長樂之鼓鍾，恍如夢寐。詞賦成於鼓吹，典墳富於泉海。馬懷素《制》。

坐閣諸公半廊廟，時看黃色起天庭。上尊初罷早朝寒，茗椀仍霑講舌乾。繡裳畫衮雲垂地，不作成王剪桐戲。日高黃繖下西清，風動槐龍舞交翠。紅沙踏破青鞋底，却結絇絲侍禁庭。坡。

隆儒殿閣對橫經，咫尺清都雨露零。見許文星環北極，人間無路仰天庭。黃賀坡。

鵷閣行看迎太宰，象篚應記講庖人。周益公寄胡邦衡，在講筵講《周禮》至《庖人》而去。

説書

崇政殿説書。仁宗景祐元年，特置此職。秩卑資淺，則爲説書。崇寧中，初除説書三人。

論經筵之事，伊川。見『侍讀』。以師道自居。伊川。

必宿齊豫戒，問起居納誨。

伊川進講，必宿齊豫戒，潛思存誠。

伊川。四月，例以暑熱罷講。先生言：『輔導小主，不宜疏略。』乞令講官以六參日問起居納誨。

諫折柳，不啜茶。

伊川一日講罷，上戲折柳枝。進曰：『方春發生，不可無故摧挫。』

張茂則，嘗招講官啜茶觀畫。先生曰：『不啜茶，不觀畫。』不往。

天下治亂係宰相，君德成就在經筵。伊川奏。

呂希哲之論，賈昌朝之記。

吕希哲曰：『人主以修身爲本，修身以正心誠意爲主。心正意誠，天下自化。』

賈昌朝。仁宗多所質問，記録删潤以進。賜名《邇英延義》《二閣記注録》。

齋戒沐浴，日輪祇候。

尹焞必齋戒沐浴，冀感上意。

景祐，命賈昌朝等四人爲説書，日輪一員祇候。旁引：張禹在未央，漢成帝説《尚書》於金華殿中。

臺諫兼經筵

慶曆二年，仁宗以御史賈昌朝長於講説，特召之。

中興後，王賓爲御史，請開經筵，遂兼侍講。

紹興，呙羅諫議兼講讀。

慶元後，臺丞諫長，無不預經筵者。

修注兼經筵

自朱子發後，修注多兼侍講。
嘉定，黄伯庸自正言兼侍講。
渡江後，弈綸以右史兼説書。
林伯玉自侍御兼侍講，除起居郎。　鄧伯允自正言兼侍講。除起居舍人。
婁彦開開禧。　自言路徙奉常兼中書舍人。　朱仲文自司諫改奉常兼侍讀。

宫觀兼經筵

元豊，資政殿學士吕公著兼侍讀，提舉太乙宫，兼集禧觀公事。
元祐端明殿學士范鎮，提舉太乙宫，兼集禧觀公事。
寶文閣待制胡銓除提舉佑神觀兼侍讀。　虞允文奏：　胡銓早歲一節甚高，謂當闊略。
録其氣節，不宜令去朝。

虎門，氈厦，金華，翠幄，經幃，帝幄。

天闕疏恩，露門勸講。講明經訓，開廣帝心。恩涣綸闈，道尊經幄。疏恩龍墀，進侍虎觀。禁從回翔，素仰人中之傑；經幃登進，允爲帝者之師。聖德日新，方極緝熙之學；經筵地闢，首嚴講説之司。天官冠六卿，已著選掄之效；左史陳五典，尤資啓沃之衷。奥義微言，資養成於聖德；細氈廣夏，加禮重於師臣。立殿陛之上，而争是非，益新風采；輔緝熙之學，而顯德行，將廣見聞。紫宸優假，加聖意於就將；翠幄雍容，極儒紳之榮耀。王者之德意志慮，久煩潤色之工；帝學之緝熙光明，尤賴見聞之益。峻學士之班升華邃閣，極如臣之選進讀邇英。發揮奥義，究六藝之本原；密邇清光，聳一朝之風采。王人求多聞，益懋緝熙之學；賢者告善道，居多啓沃之忠。視玉堂之草，遠追三結五繼之書；説金華之書，盡洗諸子百家之陋。陞班月殿，極平生儒者之榮；勸講金華，如古者師臣之重。儼然上界官府之班，燁若層霄慶雲之瑞。如高宗之命一相，有時敏修來之言；若成王之進群臣，得日就緝熙之戒。文武之政布在方册，宜從講席以啓聞；堯舜之道陳於王前，當見治功之益偉。黜霸尊王之學，通今博古之才。令五日一至朝堂，實外倚潞公之任重；欲大遼毋開邊隙，恐再勞司馬之居中。堯舜汲汲，仲尼皇皇，所貴爲王者之事；虞夏渾渾，商書灝灝，直期續聖人之傳。於從容暇豫之時，有咨訪討論之益。視君如腹心，勉就月將之學；相王爲左右，寧觀辰告之猷。稽古之榮，不羡陳庭之車馬；不寐而喜，亟憑奏記於鱗鴻。

經筵 林駉

古者，自上而下皆勸學之賢。至後世，有定職矣。又其甚也，闕而不置爾。古者，由内而外皆講學之地。至後世，有定所矣。又其甚也，罷而不設爾。且前師後傅，左疑右丞，可與講論乎？曰：『未也。』噫！師氏之職，同與膳夫。《詩・雲漢》。閽宦之賤，得列小宰。《禮・天官》。廣延密勿，大臣納誨，可以講論乎？曰：『未也。』保氏諫慝，史官記［過］〔一〕，可與講論乎？曰：『未也。』虎門森嚴，以熾詔王，可以講論乎？曰：『未也。』噫！路門、寢門皆屬儒臣，内朝、外朝統於冢宰。宣帝甘露中，始詔儒臣講《五經》於石渠。經筵之所始乎此。漢。玄宗選儒學之士，入内侍讀，侍讀之名始乎此。唐。太祖置講席，太宗開經帷。宋。景祐則講於崇政，元祐則講於資善。或命直禁中，太宗。或直廬秘閣。真宗。聽政之餘，

〔一〕今按：過，原闕，據林駉《古今源流至論》卷九校補。

探賾簡編；真宗。視朝之暇，講論經藝。真宗。宫中消日，惟是觀書；元祐。禁中居常，亦有日課。紹興。以著作佐郎吕文仲爲侍讀，又爲翰林侍讀，實宋朝講官之始。太平興國。咸平，以楊徽之爲翰林侍讀，邢昺爲翰林侍講。景祐，以賈昌朝爲崇政殿説書，楊安國爲天章閣侍講。有爲翰林侍讀不帶學士者，馮元。有爲翰林侍講不加别名者。馬宗元、高若訥。有爲侍講侍讀外使者，邢昺知曹州，張知白知天雄軍。有爲著作佐郎兼侍講者。范純夫、司馬光。臺丞未有與經筵者，特與之，賈昌朝。僕射罕與經筵者，亦預之。賈昌朝。以太師而赴經筵，文彦博。以史官而侍經筵，賈黯。以處士而居經筵。王昭素、程伊川。是故，以水喻政，得之《小旻》，慶曆。烹鮮喻治，得之《匪風》。慶曆。講《詩·少旻》，帝曰：『以水喻政，有旨哉！』講《匪風》『誰能烹魚』，帝曰：『老子謂「治國若小烹鮮」〔一〕，義與此同。』薄征緩刑，『荒政』講之。至和，講《周禮·大荒》。修德承天，『視祲』論之。至和，講《周禮·視祲》。上承下施，蓋取諸『鼎』；亂極生治，蓋取諸『萃』。皇祐講鼎卦，楊安國曰：『上承下施。』孝宗講『萃』之上六曰：『亂極生治。』《説命》三篇，特誦三句；五子之歌，再誦

〔一〕今按：若小烹鮮，《老子》第六十章原文作『若烹小鮮』。

六句。淳化，孫奭講《説命》至『師不師古[一]，以克永世，非説攸聞』。范祖禹講『内作色荒，外作禽荒。甘酒嗜音，峻宇雕墻。有一於此，未或不亡』，再誦六句云：『願陛下留听。』論魯封疆，講鄭鑄刑。景德王旦《中庸》修身，天聖講。大學入德。元祐。取需卦燕樂之説，啓其君以宴遊；慶曆，林瑀。借豐亨豫大之説，諛其君以侈靡。蔡京。青苗弊法，假周人出息之事以自文；保甲苛令，託先王民兵之論以自售。王安石。《湯誥》勇智，黷武者竊之；《王制》柴望，封禪者假之。《新臺》一詩，或者不講；《春秋》一經，安石不進。慶曆。

翰林

鑾坡，鑾殿，金印，白麻。不用印。
内宴，班一品上。鼇禁，鼇宫，鼇島，綸闈。楊億。
視草北宫，北門學士。常衮《制》。
紅點書詔，菱汁拭紙。李德裕。

[一] 今按：師不師古，《尚書·説命》原文作『事不師古』。

翰林六絶，學士五題。李邕。學士入院，試制、書、劄、詩、賦。

遂建學士，俾專内命。唐。

矧惟翰墨之司，專掌絲綸之命。劉昫。

號爲内相，見於鑾殿。

給紫絲履，賜青團扇。

初選，試制、書、批、答。給青綺被、紫絲履。端午給青團扇、錦長襖子、黄盤雕錦。舊規，十月賜錦長襖子。國初以來，賜翠毛錦。太宗改賜黄盤雕錦。

撰著，文名。

拜免曰制，賞賜曰赦書，德音處分曰敕，御札曰詔，批答曰獎諭，賜外國曰蕃書，醮曰青詞，釋曰齊文，致語曰白詁，土木曰上梁文，宣賜曰日宣。祝文，碑文，神道碑，樂章，詩頌、春帖子。

進草，草麻潤筆。自唐有。

鄭譯自隆州復爵，李德作詔，高熲戲之曰：『筆頭乾。』

兩制詞臣，公朝精選。典司誥命，親近冕旒。雍熙敕。

北扉，槐廳。

北扉者，在浴堂之南，便於應召。

第三廳閣子，有一巨槐。

視草臺，摛文堂。

御書筆談榜以賜學士院。

敞金馬之直廬，賜玉堂之書字。

《金坡遺事》：太宗飛白書『玉堂之署』四字以賜焉。

清華之地，職親地近。

擬瀛洲之象，真人世之仙境。

東西壁延袤數丈，悉畫水以布之，擬瀛洲之象。

倏篁皓鶴，悉圖廊廡。奇花異木，羅植軒砌，真人世之仙境也。

深嚴之地，神仙之職。

參掌密命，詞臣清美。

太祖大事，多訪陶竇。

十月之對，紅錦之袍。

十月朔，賜對衣紅錦袍。

代錦袍之細花，下丞相之一等。

淳化，代以細花盤雕錦袍，下丞相一等。

初遷本院，賜宴内殿。給青綺綾被、青絲單帕、紫絲履、白布手巾。

宴上林春，召兩制臣。

太宗上林春曲宴，召兩制詞臣。

俯龍池，垂金鈎。

舉觴賦詩，翌日進詩。

悉回御毫，屬和以賜。

盛事有七賜：衣帶鞍馬，一也；賜新樣錦袍，二也；草麻利物，三也；賜法酒，四也；月俸給錢，五也；給隨從，六也；敕設供帳，七也。

陳彭年一條冰，學士院動鈴索。

學士院深嚴，必先動鈴索。五代以來，其制久廢。蘇易簡言，復置鈴索。

翰林承旨

唐始置翰林學士，無承旨。憲宗永貞元年，令鄭絪爲之。上所注意，莫不專對，居東第一閣。宋朝不常置，久次者一人充。

内庭之老，鄭絪。在學士上。後唐。

參天子密議，次於宰相。《六帖》。

獨承密命，尤難其選。德宗好文。

多識朝章，唐杜充穎。處事機密。唐韓偓。

鄭絪書四字，韓偓麻不草。

唐順宗。牛美人有異志，召鄭絪草立儲制。絪搦管便書『立嫡以長』四字，跪而上呈。乃立憲宗。

韓偓。宰相韋貽範母喪還位，偓當草制，曰：『腕可斷，麻不可草。安可以昧陋不肖之積，居九丞相亠名卿之後？』元稹《承旨院記》。

文章典雅，有三代之風。雖古訓誥，無以加也。張方平、宋神宗。

草詔求直言，人情大悦。韓淮、神宗。

朝廷典故，扈蒙裁定。

張詔、竇儀卒，朝廷典故，皆扈蒙裁定。太宗。

金坡玉堂，雜被絲綸之密；北廳東閣，獨稱年德之高。坡。

揭鷄竿，布大澤。

蘇志：乘輿奉郊廟，承旨乘廄馬。自浴殿由内朝以從。揭鷄竿，布大澤。得升丹鳳之西南隅。

宫燭燃窗，御詩刻石。

太宗淳化二年，夜幸玉堂。蘇易簡已寢，遽起，無燭具衣冠。宫嬪自窗格引燭照之。承旨閣子格上有火然，至今不更，以爲一盛事。

易簡獻《續翰林志》二卷。太宗賜御詩二章，又飛白書『玉堂之署』四字以賜焉。易簡願以詩刻石。帝爲真、草、行三體，命待詔刻石，以賜易簡。

賜上尊酒，賜大言賦。

十二月，易簡會學士觀飛白及三等書體。帝賜上尊酒，太官設饌，各賦七言詩。宰相參政，亦爲賦詩。易簡悉以上聞。

四年上草宋玉《大言賦》賜易簡。易簡擬宋玉作《大言賦》以獻。

太宗賜詩，易簡進戒。

太宗賜易簡詩：翰林承旨貴，清浄玉堂中。

易簡禁直以水試欹器。太宗曰：『非欹器耶？』易簡曰：『日中則昃，月滿則虧。器盈則覆，物盛則衰。願陛下持盈守成，念終如始。』

上到鼇峰最上頭，五鳳齊飛入翰林。

宋祁守益州，以承旨召，以詩寄相：『寧知不是神仙骨，上到鼇峰最上頭。』

太宗時，賈黄中、宋白、李至、吕蒙正、蘇易簡同時拜。扈蒙賜詩：『五鳳齊飛入翰林。』

翰林學士

唐學士之職，其禮尤寵，院在銀臺門内。乾封以後，號北門學士。玄宗初置翰林待詔。開元，始以翰林供奉改稱學士。别建學士院於翰林之南，又置東翰林院於金鑾殿之西。五代，晋天福詔，院事並歸中書。至開運，詔學士與中書分爲兩制。國朝判三銓，知太常禮院事。

北門學士，唐。東顯學士。唐敬宗喜爲歌詩，以備燕狎，劉棲楚薦熊望。

三俊，萬選。

唐李紳、李德裕、元稹。

張鷟文詞猶青銅錢。萬選萬中，號青錢學士。

賜食七寶牀，置之金鑾殿。李白。

不期頗牧在吾禁中。畢諴。

呼爲元才子，拜祠部郎中。

荆南監軍譚峻，奏連昌宫詞。

揮翰起草，思如泉注。詔下奉天，無不感激。帝解衣衣之。陸贄。

屬辭敏速，若射注然。

金鑾作賦，最先就，陸贄後無繼者，今得之。陸扆。

詞才敏速，筆無點竄。杜讓。

捉筆遽成，辭皆元切。唐劉瑑。

梁祖問及裴延岭。學士姚垍曰：『號下水船。』梁祖曰：『卿便是上水船。』

李絳正諫，張垍多知。

李絳以正諫爲己任，次君臣成敗爲連屏。

張珀博涉經史，多知典故。

召入禁中，論次新書。

元万頃等，上元中。

召對玉堂，柳公權。繼燭見跋。宫人以蠟淚揉紙繼之。

方寢大寒，覆以纈袍。

韋綬方寢，德宗幸院。時大寒，以妃蜀纈袍覆而去。

父子並命，兄弟對掌。

德宗趙驎、宗儒。

唐趙光逢、光裔。

兄弟相繼，座主同任。

唐于休烈二子。

李瀚侍宴，衣紫緋，與座主和凝同任。

除省郎而充學士，馮道。爲州吏而爲翰林。王叔文。

有宰相器者，貯之内庭。釋筆硯而操化權。

山池曲宴，與學士和詩。

十月大寒，宫嬪呵筆。李白。

姚崇爲學士，李琪爲學士。

開元七月十五日，苦雨泥濘，令侍御者擡步輦召學士。時姚崇爲學士。

李琪臨流摘水華〔一〕，試草制詞，朱梁時果爲學士。

謂之登瀛洲，謂之小三昧。

唐太宗十八學士，謂之登瀛洲。

學士下直，出門相謔，謂之小三昧。出銀臺門，謂之大三昧。言去纏縛，就解縛。

晝直者，當中書制；夜直者，當内制。天福中。

荷浄蓬池鱠，天寒郢水醪。李白。

唐學士初賜食，悉是蓬池鱠。

夏至頒冰酒，酒和冰而飲。蓋禁中郢水酒坊。

夢掌抽草，必爲學士。

〔一〕今按：水華，當爲『木葉』。據《古今事文類聚新集》卷二十原文校改。

僞蜀章夤遜夢掌中抽草。占者曰：『必爲學士。』果然。

作《明河篇》，衣宮禁袍。

宋之問。天后曰：『有口過耳。』

李白浪迹江湖，作《明河篇》。

陳彭年，人才也。宋咸平。

綦宻禮，真學士也。所撰詔命，得王言之體。

不意頗、牧復在吾禁中。李迪。

非徒翰墨之選，坡。乃是將相之儲。王旦有宰相器。

號爲楊劉。楊億、劉筠。

好翰林學士也。王荆公、神宗。

進《皇朝文鑑序》。上曰：『真匠手也。』

周益公作《選德殿記》，御書白居易《七德舞》賜之。

既除手足之親，已失輔車之勢。

趙保告詔，太宗御筆批後云：『依此詔本極好。』

賜趙保忠詔：不斷繼遷，潛疑光嗣。存狗兔之三穴，持首鼠之兩端。錢若水。

真宗時晁宗慤，一夕草除將相五制。

真宗稱晁迥爲長者，得代言之體。

舉筆不忘規諫，真侍從之臣也。

歐陽修：春帖子，仁宗嘆。

真宗與王禹偁論文，曰：『闢諫諍之路，彰爲詔命。施之四方，延利萬世。王者之文也。至於雕纖之文，豈足軫慮。』

王淮：學士之職，清切貴重。深嚴之地，當以宿儒處。

典誥命三十年，李昉。在翰林七八年。蘇易簡。

宋何白贈蘇易簡：昔日曾爲尺木階，今朝真是青雲友。易簡登科，何白主文。後七年，宋爲承旨，蘇繼入。

歐陽修、王禹玉，南省主文。十六年同爲學士。

喜君新賜黄金帶，顧我今爲白髮翁。

朱衣一人，玉堂二字。

故事，院吏朱衣雙引。李昉以太宗在南衙，朱衣一人前引，去其一。

紹興三十年五月，書『玉堂』二大字賜周麟之。

自今佩魚，雙日下直。

神宗曰：『職清地近，而官儀未寵，自今宜佩魚。』佩魚自蒲宗孟始。

雙日晚下直。

司馬光辭以不能四六。上曰：『如兩漢制詔可也。』内侍置光懷中，不得已受。

太宗詩曰：『君臣千載會。』易簡答曰：『忠孝一生心。』

真宗與楊億詩：『善保興居調飲食，副予前席待名賢。』自。

李程性懶，八磚學士。

北所前階有花磚道，冬中以日影及五磚爲入直候。李程性懶，常過八磚，呼爲『八磚學士』。

元和六學〔一〕，五相一漁翁。白。

三神山上，曾陪鶴駕之游；六學士中，獨著漁翁之嘆。王禹偁。

虚忝甘泉之從臣，終作若敖之餓鬼。楊億《乞郡》。

學士院，雙鵲棲海棠上，或鳴噪，必有宣詔之事。因謂之靈鵲。晁公詩：『都聞靈鵲心

〔一〕今按：元和六學：白居易《李留守相公見過，池上泛舟，舉酒話及翰林舊事，以獻之》原詩作『同時六學士』。

應喜。』

步行學士，自永叔輩始。

郭贄。太宗曰：『朕命掌誥，制書一出，人或哂之。蓋其素乏時望，朕亦爲之靦顔。』范杲致書宰相，求入翰林。獻《玉堂記》，請備其職。上惡其躁，竟不使居内。

直學士院

唐制，官序未至而他官權攝者，爲直官。唐五代有學士院，而無權直。宋開寶，李昉、盧多遜兼直學士院，直院之名始此。張澹權直翰林，權直之名始此。紹興後，或稱學士院，或稱翰林。

批十八字，賜十字。

劉鱗之，高宗朝撰張循王碑文。天筆批十八字曰：『誌銘叙事詳盡，造語簡要。批閱數四，但有嘆嘉。』

汪藻草高麗答詔，不許入貢。『壞晋館以納車，庶無後悔；閉玉門而謝質，匪用前規。』

[高]〔一〕麗人謝表至，上以所御白團扇親書『紫誥仍兼綰，黄麻似六經』十字以賜。

文氣嚴重，咨儀灑落。

事皆草創，院無几案。朱勝非常憑敗鼓草詔，文氣嚴重如平時。

周麟之咨儀灑落，望之者意神仙中人。

江南文士，本官學士。

江南文士張垍等四人，李昉在盧多遜下。太祖問故，宰相曰：『昉以本官直學士，未即直拜。』

《精》：中厩之馬代其勞；内厨之膳給其食。白。

人物之選，儒墨之榮。蘇志。

發揮大猷，藻繪上命。韋執誼。

晨趨瑣闥，夕宿嚴闈。上。

恩之厚也，職之重也。上。

〔一〕今按：高，據上文『高麗』校補。

凌玉清，遡紫霄。李肇。

職任之清切，曹局之嚴凝。禮遇優渥，賜與繁縟。《金坡遺事》。

玉署之設，密邇紫闈。每夜漏既上，宫鑰並入。有大號令，大除拜，邊境急奏，惟天子與學士知之。居是職，豈不貴重乎！上。

王安石制：文王有四友。孔子曰：『自吾得回，門人益親。亦有四友焉。』惟予之翰墨先生，文章議論以輔不逮者，蓋爲先後左右之臣矣。左右先後以道義輔予，豈特專文章視草而已。

劉禹錫《韋處厚記》：發德音，褒耆老。福生人，論功臣。沛然如時雨，穆然如景風。

命相之册和而莊，命將之語昭而毅。

詩。晨趨紫禁中，夕待金門詔。李白。

青綸輝映輕前古，丹地深嚴隔世塵。賈黄中。

日上花塼簾捲後，柳遮鈴索雨晴初。錢若水。

詔出芝泥封去潤，朝回蓮燭賜來香。楊徽之。

六鼇雲海冠蓬萊，玉署深嚴枕斗魁。楊文公。

白居易《答馬侍御》：『謬入金門侍玉除，煩君問我意何如。蟠木詎堪明主用，籠禽徒與故人疏。苑花似雪同隨輦，宮月如眉伴直廬。淺薄求賢思自代，嵇康莫寄絶交書。』

銀花懸苑榜，風撼引神鈴。李德裕。

衣惹御香拖瑞錦，筆宣皇澤灑春霖。李昉燕詩。

視草北來唐學士，擁旌西去漢將軍。盧質節制河中。

何處春深好，春深學士家。鳳書裁五色，馬鬣剪三花。白。

白麻紅燭夜，清漏紫薇天。温庭筠。

紫殿承恩歲，金鑾入直年。人歸三島路，日過五花塼。韓偓。

杜：贈翰林，張垍。悦子。

翰林逼華蓋，鯨力破滄溟。天上張公子，宮中漢客星。張鷟比。

賦詩拾翠殿，佐酒望雲亭。紫誥仍兼綰，黄麻似六經。内分金帶赤，恩與荔枝青。金荔枝帶。

無復隨高鳳，空餘泣聚螢。我無謫仙句，待詔沉香亭。坡。

紫薇芒動詞初出，紅蠟香殘誥未封。温庭筠。

故人飛上金鑾殿，玉堂揮翰手如飛。玉堂晝捲文書盡，鈴索不摇鍾漏永。分光御燭星辰爛，拜賜宮壺雨露香。坡。

人間風日不到處，天上玉堂森寶書。想見東坡曰居士，揮毫百斛寫明珠。黄。

玉堂、綸閣、鑾坡、鸞殿、鼇局、鳳掖。

肅膺鳳掞，進職鼇扉。顯膺芝掞，峻陟鸞坡。綵綸獨掌，更無他學士之除；簪紱一辭，咸賀老先生之遇。天子不見賈誼，久勞宣室之思；内相今得敬輿，再睹興元之詔。大哉王言，將鼓天下之動；儼然人望，方極儒臣之榮。馹騎載馳，星漢下靈槎之便；鼇扉趣召，翰林逼華蓋之居。滿一歲而爲真，式稽漢制；候五磚而入直，增煥唐儀。綸閣對紫，薇僉曰二佛之出世；翰林逼華，蓋粲然五色之成文。喜光群工，光生四户。翻階紅藥，歸院金蓮。驚人妙語，曾聞御柳之飛花；滿地清陰，第想垣梧之依竹。七寶牀中，不覺踵謫仙之榮遇；八磚道上，豈徒擠學士之前聞？言語文章，若相如之擅漢；詔令典策，如宣唐之在唐。撰詔草若涌泉，惟陸相始當於機務；發德音如時雨，必韋公乃福於生人。吉甫美周，相如諭蜀。紅藥翻時，風動判花之筆；金蓮照處，人歸視草之臺。形容王度，神化麗乎丹青；粉澤典章，盛美允乎天地。王言之有七制，是亦假途；冢宰之正百工，即聞當路。

《翰苑》：林駉。玉堂賜篆，景仰彌文，寶帶黄金，敬佩新渥。東坡《謝翰林表》。西漢以來，代言委諸尚書，未有是官爾。魏晋以後，代言委諸中書，未有是官爾。翰林建職，其自唐始。貞觀間，時召學士草制，而名號則未聞焉。乾封間，始號北門學士，而他號則未聞焉。開元初，始選朝官入居翰林供奉別旨，而定名則未聞焉。迨至二十六年，而翰林學士之名定矣。宋朝翰林雖掌内制，而學士或領外制。其文書，皆知制誥主之。有承旨、有學士、有直院、有權直院。承旨以久次居之，學士以外制除之，直院以資淺者充之，權直以他官暫行之。嗟夫！水遶瀛洲，花圍周廡，外喧既寂，内務靡華，清之極也；西聯金鑾，北瞻銅鏤，晨趨瑣闥，夕宿嚴衛，密之至也；備待顧問，卞疑釋非，發演絲綸，攄古援今，任之重也。自非天才技萃，已德邁倫，未有不忝厥職爾。李白嘗爲翰林供俸矣，應制摛辭，奴僕力士，未幾神遊八極，不可羈絆。張垍嘗爲翰林學士矣，侍詩侑酒，勢逼華蓋，未幾儀仝之詔不下，國忠之謗卒受。然求如正諫自任，閹宦知惧，李絳。草詔一下，士卒感泣者，陸贄。能有幾人哉？宋朝，紫詔白麻流布中外，金坡玉堂選遴才德。以尚書而爲翰林，是下遷也，而太祖曰：『深嚴之地，當以宿儒處之。』據平資而除翰林，非超遷也，而太宗曰：『學士之職，非可以他官比之。』和幪以文得寵，可用也，而眸子不正，竟不居以近侍；范果獻記求進，可用也，而躁競可厭，終不除以内制。太祖。蘇易簡、張洎皆興國間之翰林矣，『清淨玉堂中』之詩，太宗特示易簡。詩見上。豈非洎之德行不及文學，蘇之忠孝形諸歌咏歟？詩見上。楊億、晏殊，皆景德中之翰林矣，『前席待名賢』之詩，真宗特賜楊億。真宗賜楊億詩。『承明近侍究偶玄，苦學勞心疾已痊。善保興居調飲食，副予前席待名賢。』豈非億能不草册后之制，殊甘奉相謂之詔歟？真宗議册皇后，欲得楊億草制。使丁謂諭旨曰：『不憂不富貴。』億曰：『此富貴，非所願也。』

天禧三年，丁謂復相。召學士劉筠草復相制。筠不奉詔，更召晏殊。殊遇筠，側面而過，蓋有所愧也。賜以錦袍，見上。錫以金盞。神宗賜王珪神盤龍金盞。設以紫花之座。神宗賜王珪。榮以金蓮之燭。哲宗送蘇軾。或不覺前席，英宗、張方平。或命坐賜茶。哲宗、蘇軾。或待舊臣以賓友，太宗。或見宰相以客禮。易簡孫。雍容禁坡，回翔仙境。參决國論，發揮天語。是故條畫兵數，稱爲頗牧，有李文定焉。迪。兼有文學，可比董揚，有司馬公焉。光。有文章典雅者，張方平。有文行兼著者。趙安仁。唐之翰林，妄爲弄詞艷曲，我朝歐陽公，宫帖亦不忘規諫之意。唐之内制不聞封還，我朝劉筠亦不草丁謂之制。子瞻堂堂，如山如河，此魯直贊誦東坡也。

秘書省　秘書監

銅印、黑綬。進賢兩梁冠，佩水蒼玉。

周内史掌四方之志、三皇五帝之書。漢圖籍所在，有石渠、石室，延閣廣内貯之於内府。又有御史中丞居殿中，掌蘭臺秘省，及麒麟、天禄二閣，藏之於内禁。桓帝始置秘書監，掌圖書古今文字，屬太常。掌圖書秘記，故曰『秘書』。晋并入中書，惠帝别置秘書監。自是秘書之府居外。

蘭臺、芸局、蓬觀、麟閣，漢。麟臺，唐。延閣、華省、仙省、秘府、内閣、策府、東觀、東壁、星主文籍。石室、群玉山、蓬萊殿。唐。

修書學士，唐。假直秘書。李邕讀書未遍。

職爲近密，王肅《表》。考核古今。晋詔。

五絶，瑞石。省内有落星石。

薛少保畫鶴，郎餘令畫鳳，賀監草書。唐韓公武挾彈中鶴一眼。

西京秘書省前有星隕石，隋移少監。王邵作《瑞石頌》。

體業淹和，器用詳盡。顔師古。

文質彬彬，思義通博。晋荀崧。

撰《皇覽》，魏玉象。次草書。晋荀勗撰《次汲郡家中竹書》。

校定秘籍，魏徵。讎校四部。任昉。

讚述符命，庾峻。整治書籍。荀勉。

刊奇正字，顔師古。參預趙政。魏徵。

規諷得失，商略古今。虞世南。

論議持正，仝人。諫作艶詩。太宗作詩。

劉向父子，世典史籍。馬融通博，三入東觀。華嵩表。

木天，穹隆高敞。蓬島。

大蓬倣唐瀛洲藏書之府。建炎。

才氣秀異，張舜民。介然不動。王質。

一見偉然，歐陽修。文名冠天下。真宗。

秘閣二字，太宗賜。圖畫之府。

飛白『秘閣』二字。李至。自。

真宗勞楊徽之曰：『圖書之府，清凈無事，可以養性也。』

雅有文學，賜以章服。

元豐王益柔，孝宗幸秘書省，御製一首，賜宰臣史浩以下。

秘書監陳騤，小監鄭丙，賜紫章服。

唐：望雖清雅，實非要劇，權貴子弟，不好此職。自。

元祐皆有滯留之嘆，蘇子由除户部侍郎。旁。

晁無咎曰：『不離核。』如果之粘核。

張文潛曰：『勝汝枝頭乾。』東北有果，每熟不摘，便槁。

四明狂客，賀知章。白頭老監。張齊賢。

崔群筮《易》，遇乾之畜，除秘書監。芸局見天下之圖，十八學士登瀛洲。

道家蓬萊山，《群玉》所謂『策府』。

紹興語曰：『寧登瀛，不爲卿。寧抱槧，不爲監。』以登臺閣爲顯官，不以官之遲速爲榮滞。

當太微帝宇之左，擬道家蓬萊之山。

太常不常卿，秘書不是監。以其清重，不與他官比。

芸香之職。

綠編方委閣，素簡日盈軒。沈約。

秘書何寂寂，無乃羈英豪。李白。

朱子寄、胡文定、劉恭父。

先生去上芸香閣，閣老新峩豸角冠。留取幽人卧空谷，一川風月要人看。

又：祖餞衣冠滿道周，此行誰與話端由。心知不作功名計，只爲蒼生未敢休。送胡文定。

杜：學蔚醇儒姿，文包舊史善。蘇源明秘著。

杜：移官蓬閣後。

少監

煬帝置一人，後改爲令。唐二人。宋初記録官。元豊實有職事。

醇儒，蘇源明學蔚醇儒。澹雅。王紹宗，性澹雅。

濟南伏生，復在於兹日；關西宋。孔子，故顯於當今。蕭得言年老，請致仕。太宗不許諾。

刊正奇書，顔師古。刊是圖籍。韋繩。

父子並命，趙驊崇儒。兄弟繼職。王珣瑨。

豈惟典領圖籍，爲縉紳之榮；庶以收集賢才，增朝廷之重。宋。

説臺閣典章，曾幾。修五朝大典。汪大猷。

道山鄰日月，清樾深牖户。同舍多望郎，閑官無窘步。少監岩壑姿，宿昔郎廟具。

上帝群玉府，道家蓬萊山。儒林數耆舊，少監髮新斑。山谷。

丞

魏武置令及丞一人，典尚書奏事。齊梁尤重。

龍朔蘭臺大夫。鹿車。

清官，第一員。

梁劉孝綽：第一官當與第一人。

學行當今無比。隋姚察。

昂昂若鶴在鷄群。嵇紹。

雅有文才，嵇紹。博學有才。魏薛夏。

上《許都賦》，何禎。奏《文賦》。嚴苞。

天水薛夏，司文天閣。

魏薛夏，字宣聲，天水人。帝云：『天水薛宣聲。』見遇如此。

褚淵，司文天閣。

職近日月。

職任清華。

郎

後漢馬融爲秘書郎。

蘭臺郎，麟臺郎。

圖籍之府。

車服簡素，蕭惠開。 澹於榮利。 都正。

五歲見奇，魏鍾會。 十五對策。 王承。

博通經籍，馬融。 專精學問。 晉司馬彪。

奏三元頌，製千字詩。

岑文本元日奏籍三元頌。

宋袁。 陳後主召入禁中，使爲《月賦》《芝草》《嘉蓮》二頌。

掌四部，甲、乙、丙、丁。 登三閣。

職清質美，不附秦檜。 宋。

自以所見不博，求爲秘書郎。左思，自。

秘書有限故有競，朝請無限故無競。吾欲處汝無競之地。宋王敬弘《與子恢之書》。

持三寸筆，入芸香之閣。《精》。

解巾以司讎校，決科而登館殿。

杜詩：騏驎滯玉除。李秘書，如騏驎之留在玉除。

蓬萊漢閣連。

南極一星朝北斗。南極星喻秘書。

幸秘省

膏暉下矚，光汗牛充棟之書；天藻昭垂，誇駟馬柏梁之詠。東觀書林，久徯漢儀之睹；西崑册府，載瞻周馭之臨。虎觀鼎新，復仰木天之壯；蜺旌順動，有光金匱之藏。天臨華省，增金匱石室之光華；風肅書林，煥玉軸牙籤之藻繪。編珠拱極，憲東壁之經星；群玉名山，峙西崑之册府。鸞輿親降，睹萬乘之温顔；書籍增輝，重一時之盛典。歌從臣之頌，敢揚厲於鴻休；近天子之光，請具宣於德意。

校書郎

漢之蘭臺，後漢東觀，皆藏書之室。讎校其中，故有校書之職。重其職，故稱東觀。爲老氏藏室，道家蓬萊山。魏始置秘書校書郎。

神清韻遠，孔李翊。敏悟絶人，白居易。幼敏屬文。楊炯。

學無不通，徐岱。研精苦學。段成式。

上《廣德頌》，馬融。作《神雀頌》。賈逵。

典校，蓬山。論考。虎觀，白虎觀。

詔東觀，畫彪象。

高彪校書東觀。後遷内黄令，帝敕同僚祖送，上東門，詔東觀畫彪象。

陳公輔無所附麗，陳俊卿不詣執政。

陳公輔。蔡卿當國，無所附麗。

陳俊卿非公事不詣執政。

張闡論禁衛單寡，汪澈論立國二道。文武。

上車不落即著作，起居何如即校書。梁時無學術，故諺云。

把椎侍御使，腕脱校書郎。

武后時官濫，謡云：『文雅顯於朝廷，傅毅作《顯宗頌》。國器聳壑昂霄。房玄齡、高孝基云。旁。』

藜杖下觀。曰：『我是太乙之精，聞卯金之姓博學，故下觀。』

臺有蘭兮閣有芸。白，《精》。

頻分温媪之疑，仍惧魯魚之謬。久披緗帙，粗定鉛黄。地惟蘭省，職在芸閣。白。

地惟司典，職在校文。

并入紅蘭省，遍觀白玉規。元酬白。

十九授校書，二十聲輝赫。杜送李。

漬墨竄舊史，才子富文華。

磨丹註前經，校讎天禄閣。韓。

擁書天禄閣，奇字校偏旁。介甫。

我觀李校書，超邁有古風。山谷。

正字

漢桓帝置秘書監，掌圖書文字。其後，監、令掌圖籍之記。今之正字，蓋令、監之遺職。

名播天下，蕭穎士。海内文宗。陳子昂。

武后召見金華殿。唐興，文章承徐庾餘風，子昂始變雅正，初爲感遇詩。

耀卿弱冠，唐拜正字。通玄童舉。唐吴神童正字。

召入楼中，劉晏神童召入楼中。供奉仗内。魏元忠。

守道安恬，洪遵。安恬静默。范祖禹，《宋》。

不附荆公，祖禹。奏篇見稱。周益公、高宗。

對策見奇，詩賦文采。廖正一，蘇軾奇之。

晏殊十三，面試詩賦。真宗疑其宿構，明日再試，文采愈美。除正字，令於龍圖閣讀書。

詩賦立成，文字生知。

楊億，童子召對，試詩賦五篇，下筆立成。太宗以爲正字。制曰：『方在髫齡，不煩師訓。精爽神助，文字生知。』

亥之與豕，魯之與魚；涇渭難分，淄澠莫卞。

續史云：『三豕渡河。』子夏曰：『己亥渡河。』校之，果然。

又，簡牘磨滅，以陶爲陰，以魚爲魯。

辨門閏之非，察陶陰之謬。

《左傳》杜預註：『據長曆，此年無閏，當爲門。』

亥豕有差，魯魚爲弊。

城南晁正字，國老無等雙。

扶老趨嚴詔，徐行及聖時。端能幾字正，敢恨十年遲。益畏金根謬，寧辭温媪譏。向來憂思斷，不盡鹿門期。后山。

著作郎

漢名儒碩學，入直東觀，撰述國史，謂之著作郎。魏始置著作郎，隸中書省，又置佐著作郎。宋齊以來，謂之著作佐郎，司文郎。

史閣有史才。謝沉。

文詞爲冠。晋孫綽。

上《明堂賦》，唐劉允濟。作《應難篇》。晋張瞻。

造《乘輿箴》，潘尼。作《劍閣銘》。張載。

李充四部，束晳十志。

晋人典籍混亂，分作四部。

造《晋書》及《十志》。

裒次經史，蕭德言。五葉著作。晋咸亨。

執簡東觀，直筆東觀。魏收。

談遷接武，彪固踵迹。《應亨表》。

老儒有宿望，楊龜山。文汪洋澹泊。顧義自守，泊如也。《宋》。

皆一時選，非蘇軾不可。

林希大著《豊稷》《小稷》。神宗曰：『非蘇軾不可。』

旁習舊聞，漢楊彪。參定禮儀。張衡參定漢家禮儀。旁。

承明金馬，著作之庭。《選》《精》。

藝不傳古，乏懷鉛之念；學謝專家，慚夢腸之術。

謬勒斷蛇之符，預刊冰河之業。

珥筆史觀，記言文府。

書笏，珥彤。記言事於《仙室長序》。王元。

地居華省，職在修文。白。

論撰之地，才史是居。

鳳凰將九子，何言孏母。

何承天年老，諸佐郎年少。荀伯子嘲之，呼爲孏母。承天曰：『鳳凰將九子，當云何言孏母。』

領著作於秘丘，入著秘句。

杜詩：曉就芸香閣。

著作佐郎

蓬山、芸館、芸臺、蓬省、道山、册府、東觀、中秘、麟臺、麟閣。

學行清修。晉朱鳳。

聲姿清亮。吳盧。

爲文華婉。崔融。

文學清選。王義方。

作《南郊賦》，郭璞獻賦，拜郎。　撰西觀書。束皙草創《三帝記》，遷郎。

賦權喜詩，唐杜審言。　作濛汜賦。晉張載孟陽。

蘭臺佐撰、秘丘譔佐、領佐史筵、佐修書之筵。

妙柬上心，晉躋中秘。西垣出命，東觀升華。渙頒龍渥，晉長麟臺。聯班内府，宅職中臺。蓬萊道山。自是神仙之宅；金匱石室，肆發天地之藏。帝眷愈隆，亞六聯之妙選，官儀益重，總三館之清流。曲臺清選，雖禮儀待人而行；册府英游，實公輔儲材之地。飽萬卷之書，姑借塗於清貫；登群玉之府，即平步於禁途。華岳天晶，宜作清明之選；蓬萊雲氣，果生步武之間。三丞爲天下之清官，秘府尤稱於第一；四庫備人間之典籍，英遊獨秉於小雙。光登東壁之二星，喜洽金閨之諸彦。淳化裁儀中秘，嘗煩於舊弼；元豊更制大蓬，特畀於從臣。矧是三塗之選，今皆六察之基。天將大任，道可前知。在漢數典，校之劉向；至唐推寓，直之李邕。迺於風日不到之處，更閱平生未見之書。鏘韶鈞而蔚虎鳳，邁漢九流；充棟宇而汗馬牛，過唐四庫。

館閣 林駉

『聲華當健筆，灑落富清製』，此非杜甫秘監之詩乎？『義苑手秘寶，文堂耳驚霆』，此非韓愈校書之詩乎？嗟夫！東壁騰輝，太乙秉藜，天所應也；蓬萊仙境，瀛洲清選，人所羨也。自漢，石渠石室、延閣、廣内、貯之外府、蘭臺秘書、麒麟天禄、藏之内禁，此杜佑之説也。然《三輔故事》『石渠之閣在未央殿北，以藏秘書』，《七略》亦謂『内有延閣，廣内秘室之府』。故天禄爲大夫校書之所，石渠爲諸儒講經之地。蘭臺石室，則在殿中，爲史官著述之居。至後漢，圖書入於東觀，《秘記》。漢之圖書皆藏於内也。夫内禁密勿，秘殿森嚴，漢儒出入，議論商確。夫揚雄校讎，思爲劇秦；何劉歆集議，甘心事莽！晋人置秘書監，並統著作局，掌三閣圖書，而秘書之府始居於外。隋人寫秘閣之書，分爲三品，於觀文殿東西廊貯之，而秘閣之書始藏於外。唐之藏書，尤非一所。曰弘文館，置於門下省；曰崇文館，置於東宫。因漢蘭臺而以秘書省爲蘭臺，因漢麟閣又改秘書省爲麟臺。比於在外藏之。開元五年，於乾元殿東廊寫四庫書以充内庫，十三年置集賢書院，書籍充溢，無所不備。比於在內藏之。夫史館之籍，許通禁中。學士之選，號登瀛洲。夫敬宗修史，第成門户；何欽明談經，甘舞八風！宋朝，奎星應治，文風振古。舊館湫隘，纔蔽風雨。太宗別建三館，輪奐壯麗，昭文館、史館、集賢院。至端拱則建秘閣，景德則廣西庫，祥符則設六閣。藏書萬餘卷，平蜀得一萬三千卷，平江南得二萬餘卷。復得朱載獻千二百二十八卷。祥符經典閣爲卷三千七百六十二，子書閣爲卷萬三百六十三，文集閣爲卷八千三十一，天文閣有二千五百六十四卷，圖書閣有一千四百二十一軸。景祐以來，詔求亡書，益州進士，郭友。進四百卷。秘閣之書，至是充棟。太宗以宋鎬直史館，而館職之官尚未備也。淳化命呂祐之直昭文，和𡼖直集賢，趙鄰幾直史館，杜鎬直秘閣，而編校之官尚未置也。嘉祐以蔡抗陳襄充秘閣，陳繹充館閣校勘，而三等之官備矣。所任之人，又何如哉？年方十餘，清節自許，何幼有得也？楊億。年至七十，篤學不已，何老不衰也？居館九年，處之自如，何恬退也？曾鞏。在館十年，不少干澤，何堅操也？司馬公文章學術，當代尊仰，自直講爲校勘，當也。張橫渠道德仁義，關中師表，特薦爲校書，宜也。范景仁之遷直閣，龐公薦之，以不汲汲於進取爾；劉器之之充館職，温公薦之，以不交通於當路爾。雖然，錫之宴會以歡其心，淳化。寵之犀帶以華其躬，端拱、王禹偁。親製御詩以美其事，親書秘閣以榮其居。處以子弟，魯宗道力拒之，恐膏粱之習而溷清華之選；校以道書，范祖禹深闢之，恐異端之説而玷六經之書。天聖，執政多任子於館職。王欽臣等乞道士陳景元校黄道本書。夫王安石當國，闒茸躁進之士得以濫厠儒流；何蔡京竊政俗冗，乳臭之夫叨竊閣名！

殿學士

觀文殿，資政殿，端明殿。

書殿之職，號爲清優。

因延恩之别殿，觀前代之秘文。榜以嘉名，置諸禁職。且爲訪道之所，以延稽古之臣。備經術之咨詢，廣政機之延訪。

改觀文詔。

惟延恩之寶殿，乃集瑞之秘庭。矧先聖齊心之地，資冲人覽古之懷。仍建崇儒之秘，且爲備文之榮。觀文，煬帝殿名。歐陽云：『理宜避之。』

增秩秋曹，兼榮月殿。楊億《代表》。

進書殿之寵名，頒真宫之優秩。秘殿宏開，皇墳允集。著作禁庭，特異深嚴之選。崇儒之班，寵名儒之賢。

天成，馮道。趙鳳制擢自玉堂，升於紫殿。常親顧問，每預論思。位既兼於深嚴，禮合加於優異。端明之職。蓋自五代時。通班右府，侍立殿中。備顧問，寵儒臣者也。汪應辰制。

特拜，纔兩人。程戡、王素是也。

閣職

龍圖閣、天章閣、寶文閣、顯謨閣、徽猷閣、敷文閣、焕章閣、華文閣、寶謨閣、寶章閣、集英殿、右文殿。

內閣深嚴，凝嚴之職。

書闕三點，豈如一言。

蔣之奇爲淮漕，求字於徐守信。徐書『龍』字，而闕三點。蔣曰：『何書之不全也？』曰：『他日當爲足此。』是歲寒計稱旨，除龍圖閣直學士。及回，持前字見徐。徐索筆爲作三點。未幾，遂進老龍。

孔道輔論廢后事，天下聳聞其風采。近臣獻詩千首，執政請爲龍圖學士。上曰：『千首詩，豈如孔道輔一言？』乃拜學士。

龍圖老子，著聞威德。

范仲淹以龍圖學士帥邠、延、涇、慶四路，威德著聞，以龍圖老子稱之，元昊亦以此呼之。

群玉天中開册府，神龜温洛薦圖書。楊億。

册府藏書在紫微，退朝稽古助論思。仝人。

延閣秘藏，學士貴班。

延閣，侍從之職。内閣，應對之職。

開酒親封，調藥撫慰。

真宗開尊酒，親封賜杜鎬。鎬素不飲，飲之，疾。上親至閣下，手調藥撫慰。

河圖，美職。

河圖，廣内之職。

延閣侍從之職，内閣應對之職。

天聖詔：榜以天章之美，冠於策府之名。

詔曰：欽惟聖考，睿發宸文。百篇森布於寶函，三襲肇興於華閣。肆予纂紹之始，務闡師儒之隆。遂延勸講之臣，欽佇論思之益。掩玉府藏書之盛，延金門待詔之才。宜令廣侍從之員，抑亦副遹追之念。

詔曰：真宗躬上哲之資，據大寧之會，受翠嫣之瑞録，發谷口之瑨源。勒銘喬封，奠玉方澤。凡經禮樂之制，纘成辰象之篇。爰即禁途，肇新層閣。榜以天章之號，焕乎册府之華。宜擇雅才，俾參近署。

詔曰：祖宗咸有制作，焕乎簡編。河漢昭回，奎壁相映。乃規層宇，邃在西清。憲上帝藏書之府，彰累朝稽古之盛。並揭嘉名，以登俊望。俾服凝嚴之職，因爲咨訪之地。

詔曰：孝宗睿闡聖圖，粹昭王度。經緯天地，道存灝噩之書；鼓舞風雷，仁蕩温純之命。寓之琬琰，焕若丹青。太微三光之庭，丕闡鳳巢之勢；上帝群玉之府，邃通龍紀之聯。華協堯章之焕，文明舜哲之明。式遵邦憲，寵陟儒英。

除餘，靖制。承平日久，人才衆多。欲侈朝廷得賢之光，乃新殿閣九等之制。褒延兹始，遠近所觀。論撰集英，首以命汝。

司馬光《賀范鎮直秘閣》：延閣屹中天，積書雲漢連。神宗重其選，國士比爲仙。太。玉檻勾陳上，丹墀北斗邊。帝容瞻日月，神翰照星躔。

書殿、鑾殿、秘殿、紫殿、義閣、寶儲、寶宇、禁閣、道山、册府、蓬山、芸閣。

懋堂外臺，外班中秘。寶儲進直，璽命謝留。報政潛藩，茂著承宣之效；陞華延閣，深高侍從之班。諭蜀良勞，勉徇假留之願；登瀛固寵，况加直拜之榮。學士。

激西江之水，已驗澄清；貫東壁之星，有光臨照。簡於楓陛之知，華以蓬山之直。學士象八節，不過一歲之小留；刺史入三公，便在五雲之多過。仍魚皃之開國，峻龍馬之負圖。咨岳牧於詞人，教明南國；號瀛州之學士，職冠西清。

考校 林駉

古者以德行考士，而士心正。後世以文藝考士，而士習壞。嗟夫！舉孝廉者濁如泥，舉隱逸者索高價。蓋古今人才一也。成周人才出於學，戰國人才出於客。漢之人才出於吏，唐之人才出於科舉。噫！何代不生才，何才不資世？且進士之科莫盛於唐，考士之法莫病於唐。張九齡之峭直剛方，吸嘘雲雨；顔平原之忠肝義膽，對越神明。陸宣公之論諫仁義，裴晋公之明哲保身。此莫盛於唐也。昌黎名儒，三至禮部；何蕃義士，終身不第。此猶可也。齊皞以貴而不得舉，王參元以富而不得舉，是畏嫌而自私也。錢徽典舉，而私擢李宗閔之親；奚達珣典舉，而陰取楊國忠之子。是徇情而自私也。此莫病於唐也。宋朝，宋白典春官而蘇王蘇易簡、王禹偁。中選，程羽掌貢舉而張寇張咏、寇準。聯名。方平司文賦尚典要，歐公持衡文變渾雅。王介甫以私學取天下士，至有以『稚』爲『雅』之弊；呂惠卿以己意取策問，當時皆詘前朝何當世。向非元佑諸公出而正之，則黄茅白葦之習殆何如耶？東坡謂王介甫欲以天下爲黄茅白葦。然考校之術，不可過於任法，不可過於任情。任法矯也，任情私也。『過眼終迷日五色』，非主司自嘆之詩乎？坡遺李廌。『落却親情賣至公』，非主司被嘲之詩乎？陳彭年有親戚爲所黜。此任法之弊也。主司冬烘，錯認顔標。主司以顔標爲顔魯公之後，非是。賦詩曰：『主司頭腦大冬烘，錯認顔標作魯公。』典舉徇情，私擢鄉人。李昉知貢舉，私擢鄉人武濟川。上不悦，遂覆試。〔一〕此任情之弊也。若李迪，落韻本有聲也，雖黜迪而取迪。景德二年，李迪賦落韻，賈邊論『當仁不讓於師，以師爲衆』。王旦取迪而黜邊。如是而廢法，何惡乎？王復能賦，素知名也，遂私復而取復。永叔爲試官，如是而徇情，可厭乎？或曰：『彩霓之韻未誤而黜，刑賞之論見疑而降。』范景文用彩霓字，主文不知作平聲。坡論：歐陽疑門生曾南豐，降第二。此非行業之不精？君子則曰：『寧求諸己，不求諸人也。』或

〔一〕今按：林駉《古今源流至論續集》卷十：『上以進士武濟川材質最陋，絀去。濟川乃學士李昉鄉人。』

曰：『火山軍之名，得之夢寐。王俊民之謡，已播城市。』主司夢火山軍得名，歐公所取乃劉輝。主文曰：『城市間已説「王俊民狀元」。拆號，果王俊民。此又物理之素定。君子則曰：『寧求諸我，不求諸人也。』尚崑體以逐時好，阿新法以取高第，歐陽唱爲古文，變西崑體。不惟有司耻之，愚亦耻之。宋祁甲科，兄郊次之，以文而取也。然進郊而退祁，蓋弟不可以先兄。天聖太后。沈文通第一，馮京次之，以文而校也。然升京而降文通，蓋貴胄不可以先寒畯。仁宗。上之人未嘗定以文藝也。大名鄉薦，欲首選張公詠也，公辭之，而推張覃。萊州發解，欲首薦蔡公齊也，公辭之，而推史防。下之人，未嘗校以文藝也。

科舉部　校文主司

手持文柄，高低寰海。《摭言》。

士患經術之不明，毋患有司之不公。

一日聲名遍天下，滿城桃李屬春官。劉賓客賀王魏公詩。

卞戰場文，賦日五色。

李華作《戰場文》，陽爲古書。蕭穎士曰：『君加精便能至矣。』

李程貞元中試《日五色賦》，其破題曰：『德動天鑒，祥開日華。』楊於陵曰：『須作狀元。』翌日，無名。於陵謁主文。主文嘆賞，擢爲狀元。

求奇才，黜浮艷。

太和，禮部侍郎崔郾試進士。吴武陵爲太學博士，謂郾曰：『君方求奇才。』因出袖中書讀之，乃杜牧《阿房宫》詞。請以第一人處之，郾未對。武陵勃然曰：『宜以賦見還。』郾曰：『如教。』

貞觀，考功員外郎王師旦知貢舉，時冀州進士王公瑾、張昌齡聲振京邑。師旦考其文策，全下。太宗怪問之，對曰：『體性輕薄，文章浮艷，必不成令器。』後如其言。

輕主司，重司空。

開元，考功員郎李昂主俊秀科。昂性急，昂外舅薦李權。昂怒，召權，庭數庭之〔二〕，斥權章句之疵。權曰：『執事詩「耳臨清渭洗，心向白雲閑」。今天子春秋鼎盛，不揖遜於下，而洗耳何哉？』朝廷以郎官權輕，自是改用禮部侍郎。

王文正公凝典絳州，時司空圖应舉。及知舉日，司空捷列第十四人。同年訝其姓名甚

〔二〕今按：庭數庭之，據《古今事文類聚前集》卷二十五及《堯山堂外紀》卷二十四，當爲『庭數之』，衍一『庭』字。

暗，所應太速。瑯琊同召一榜開筵，宣言曰：『某叨奉文柄，今年榜帖，全爲司空而已。』由是聲名益振，後爲御史。盧公詩：『氏族司空貴，宫班御史雄。老夫如且在，未可嘆途窮。』

選士得俊，懷金擺袖。

孫逖爲考工員外郎，選貢士，多得俊才。

韋執誼從祖夏卿爲吏部侍郎，執誼爲學士，受財爲人求科第，出懷中金，納夏卿袖。夏卿擺袖，引身去。

劉蕡下第，陸氏荒莊。

劉蕡對策抵宦官。考官馮宿畏宦官，不敢取。李郃曰：『劉蕡下第，我輩登科，能無厚顔？』

崔群知舉，其妻勸令求田。群曰：『予有美莊三十，放榜三十人是也。』妻曰：『君非陸贄門生乎？君掌文柄，約其子簡札不令就試。如以君爲良田，則陸氏一莊荒矣。』

楊私鄉人，歐變文體。

楊大年爲翰林學士，適禮部試天下士。一日，會鄉堂待試者。大年曰：『丕休哉！』知貢舉，凡程文之用『丕休哉』，皆中選。

嘉祐中，士人劉幾驟爲險怪之語。歐陽公主文，有一人論曰：『天地軋，萬物茁，聖人發。』公曰：『劉幾也。』以大朱筆横抹之。後數年，公爲御試考官。是時，試《堯舜性仁賦》。人有曰：『故得静而延年，獨高五帝之壽；動而有勇，形爲四罪之誅。』擢爲第一，乃劉輝。人曰：『此劉幾也。』公愕然。因欲成就其名。

考官失察，舉子懷甓。

建炎初，戎務擾擾。適當廷對，未暇臨軒。姑令有司試策一道，不經御覽。潭州何烈不知所因，只依常式，於卷子内稱臣及聖問。浮溪爲考官，坐不舉覧，撰奉祠謝表曰：『謂子路使門人爲臣，雖誠悖理；而徐邈云酒中有聖，初亦何心？』

謝汝解國學，舉子黜落甚衆，群言沸擾，懷甓伺出。太宗問曰：『何官？』騶導雄偉，都人斂避。左右曰：『惟臺省知雜。』遂授知雜，以避擲甓。

傳衣鉢，謝衣鉢。

禪家傳法，謂之『傳衣鉢』。

唐狀元以下往謝主司，謂之『謝衣鉢』。

范質詩：從此廟堂沃故事，登庸衣鉢亦相傳。

鄭董侍郎主文，誤以顔標爲顔魯公。後賦詩曰：『主司頭腦太冬烘，錯認顔標作魯公。』見上。

裴令公主文。劉虛白獻一絶曰：『二十年前此夜中，一般灯燭一般風。不知歲月能多少，猶着麻衣待至公。』

歐陽詩：『焚香荅進士，撤幕待至公。』禮部貢院試進士，設香案於階前，試官舉人對拜，列坐設位，供帳茶湯。至於試院學究，則撤幕，亦無茶湯，渴則飲宴〔一〕。蓋防氈幕中藏文字。歐陽詩云。

賦詩被謗，作詩謝恩。

至和嘉祐，文尚奇澀。歐陽公欲革其弊，梅聖俞作參詳官。歐：『無譁戰士啣枚勇，下筆春蠶食葉多。』聖俞：『萬蟻戰酣春晝永，五星明處夜堂深。』時劉輝不預，且言以五星比，而待我曹爲蠶蟻。論頗洶洶，因造醜語。自是禮闈不復作詩。

馮當世秋試，主司綴之榜末。鄂倅、南宫誠大不平，遂至魁選。明年，廷試第一。除荆南，倅、誠還長沙。倅詩賀曰〔二〕：『常思鵬海隔飛翻，曾得天風送羽翰。恩比丘山何以戴，心同金石欲移難。經年空嘆音書絶，千里相思道義寬。每向江陵訪遺迹，邑人猶指縣題

〔一〕　今按：渴則飲宴，『宴』，當爲『硯水』。《夢溪筆談》卷一原文作『渴則飲硯水』。
〔二〕　今按：倅詩賀曰，《古今事文類聚》前集卷二十五作『當世以詩賀曰』。

看。』《江陽縣額，誠所書》。

親朋賣至公，朱衣一點頭。

陳彭年有親戚爲所黜，作詩云：『落却親朋賣至公。』見上。

歐公知貢舉，常覺一朱衣點頭，其文入格。有句云：『惟願朱衣一點頭。』

黄魯直詩，王介甫詩。

少年迷翰墨，無異蟲𧑄木。談天用一律，佔畢厭重複。吏部提英鑑，片善蒙采録。

剖珠得珠難，揚沙見金少。

棘圍深鎖武成宫，談天進士雕虚空。熙豐間，高談性命。

《夜讀試卷呈君實、景仁》：介甫。篝灯時見語驚人，更覺揮毫捷有神。學問比來多可喜，文章非特巧争新。蕉中得鹿初疑夢，牖下窺龍稍眩真。邂逅兩賢時所服，坐令枯朽得相因。

座主門生

傳衣付鉢，沆瀣一氣。

范質即和凝門生。和爲相，封魯公，終太傅。范亦封魯公，終太傅，實爲傳衣付鉢，而得心印也。

杜審權知舉，放盧處權。戲曰：『座主審權，門生處權。』

崔沆放崔瀣。談者稱：『座主門生，沆瀣一氣。』

楊震門生，裴皞門生。

楊震門生詣闕訟震，詔除震二子爲郎。

五代晋相桑維翰。裴皞門生嘗謁皞，不迎不送。曰：『皞見維翰於中書，則庶僚也；維翰見皞於私館，則門生也。何迎送之有？』

門生遍天下，雲母隔其間。

《袁紹傳》：袁氏樹恩四世，門生遍天下。

鄭弘爲太尉，舉將第五倫爲司空，班次在下。每朝正朔，弘曲躬以卑。帝問知故，遂置雲母屏風分隔其間。

李翰留詩，裴皞作詩。

李翰、和凝，榜及第。凝作相，翰爲承旨。適當批詔次日於玉堂，輒聞和相舊閣，悉取圖書器玩。留詩曰：『座主登庸歸鳳閣，門生批詔主鼇頭。玉堂舊閣多珍玩，可作西齋潤筆不？』

五代馮裔孫，裴皞門生也。裔孫知舉，引新進士謁謝皞。皞作詩曰：『門生門下見門生。』

操刈楚之柄，集權公之門。

柳：使操刈楚之柄。號門生而不知恩之所自者，非人也。

鸞鳳杞梓舉，集權公之門。權德輿。

杜詩：天老書題目，春官驗討論。謬和三賦在，難述二公恩。

胡安定之掌成均，始識體用之正；歐陽公之司禮部，痛排險怪之非。屈己禮賢，奚啻三握髮三吐哺之遜？以身覆物，豈惟一舉手一投足之恩？誦先生進學之規，願爲籍輩；聽吾榜得人之語，愧在盧前。過眼無五色之可取，點頭有一字以爲褒。

科舉

《禮記·射義》：諸侯歲貢士於天子，天子試之於射宮。

古之取士，今之舉士。

古之取士，考素行之原，詢鄉曲之譽。厚樸爲先，雕文爲後。

今之舉士，驅馳府寺之庭，出入王公之道。

陳篇希恩，奏記誓報。

故俗號『舉人』，皆稱『覓舉』。唐薛登。

操數寸之管，書盈尺之紙。韓。

周取士制。

《地官》：大司徒之職，以鄉三物教萬民而賓興之。鄉大夫之職，各掌其鄉之政教禁令。正月之吉，受教法於司徒。退而頒之於其鄉吏，考其德行，察其道藝。三年大比，考德行、道藝，興賢能。鄉老鄉大夫率其吏，以禮賓之。厥明，鄉老、鄉大夫、群吏獻賢能之書於王，王再拜受，登於天府。

《王制》：命鄉論秀才，升之司徒，曰選士。司徒論選士之秀者升之學，曰俊士。升司徒者不征於鄉，升於學者不征於司徒，曰造士。

漢取士制。

漢高詔曰：『其有稱明德者，御史中執法群守，必身勸爲之駕，遣詣丞相府。』

武帝詔曰：『召吏人，有明當世之務、習先聖之術者，縣次續食，令與計偕。』有司議曰：『郡不舉士，一則黜爵，再則黜地，三則黜爵削地。』

射策，對策。

射謂爲難問疑義，書於策，量其大小，署爲甲乙之科，不使彰顯射者，隨其所得而釋之。對者顯問以政事經義，觀其所對文詞，定高下。

北齊取士。

北齊選舉，多沿後魏之制。皇帝坐朝堂中楹，濫劣者飲墨，墨水一升。文理孟浪者，奪席脱容刀。《通典》。

大興年之九品，咸和年之九流。

晋元帝大興三年，後趙定九品，舉六科，張賓領選定九品。命公卿及州郡歲舉秀才，至孝廉、賢良、直言、武勇之士各一人。

成帝咸和二年，後趙始定九流，立秀孝試經之制。

甘露年之科，大業年之科。

秦甘露三年，秦舉四科。堅命牧、伯、守、宰，各舉孝弟、廉直、文學、政事，得人者賞之，非其人者罪之。内外之官，率皆稱職。

隋煬帝大業元年，始舉進士科。書法：後世進士之科始此。

唐取士制。

貢舉之科，有秀才，有明經，有進士，有明法，有書，有算。每歲仲冬，郡縣館監課試其成者。長史會屬僚，設賓主，俎豆用少牢，管絃行鄉飲酒禮，歌《鹿鳴》詩。既餞與計偕，謂之鄉貢。搜索衣服，譏訶出入。《通典》。

總章劉曉之疏，開元楊瑒之奏。

總章二年，劉曉疏曰：『禮部取士，專用文章爲甲乙。故天下之士，皆捨德行，而趨文藝，有朝登甲科而夕陷刑辟者。雖日誦萬言，何關理體？文成七步，未足化人。取士以德行爲先，文藝爲末，則多士雷奔，四方風動矣。』

開元十七年，限明經進士及第，每歲毋過百人。國子祭酒楊瑒奏：『流外出身，每歲二十餘人。明經進士，不能居其什一。則是服勤道業之士不如胥吏之得仕也。』杜佑《通典》：隋置九典，品各有從。自四品以下，每品分上下。自太師始焉，謂之流內。唐又置九品，自諸衛録事及五省令史始焉，謂之流外。道謂所蹈履，業謂所隸業。胥：給徭役者。吏：掌書者。書法：書限，何譏也？於是諸色入仕，無所裁損，獨限明經進士。故書譏之。

置玄學博士，立明經進士。

廿五年正月，置玄學博士，每歲依明經舉。二月立明經問義，進士試經法。敕曰：『進士以聲韻爲學，多昧古今。明經以帖誦爲功，罕窮旨趣。自今明經問大義十條，對時務策三首。進士試大經十帖。唐以《左傳》爲大經。發明：前十七年，書『明經進士歲限百人』，今比年二月，書『立明經進士』，是蓋狹其塗，嚴其制，以沮止之，僅免罷黜云爾。至所謂玄學者，前未之聞，乃特置博士官。又令每歲依明經舉，則當時好尚，曉然可知。比事觀之，義自見矣。

李林甫，楊國忠。

李林甫領吏部尚書，選事悉委宋遥、苗進卿。以中丞張綺得幸於上，擢其子爽爲首。禄山言於上，上召入，面試之。爽手持試紙，終日不成一字。時人謂之『曳白』。三人皆坐貶。又云即『拖白』是也。

天寶六載，令士通一藝以上皆詣京師。林甫恐草野之士斥其奸惡，建言：舉人卑賤，恐有俚言污濁聖德。乃令群縣精加試練，送省覆試，具名聞奏。既而至者皆試以詩賦論，遂無一人及第者。林甫乃以『野無遺賢』上表稱賀。書法。其書之何？甚玄宗之暗也。

楊國忠子暄舉明經，荒陋不及格。禮部侍郎達奚珣遨國忠馬，白之，畏國忠遣其子，然亦不敢落也。國忠怒曰：『我子何患不富貴，乃令鼠輩相賣？』策馬不顧而去。珣惧，遂置暄上策。

殿試之始，糊名之始。

則天永昌元年，策問貢舉人於洛城殿前，殿試自此始。武人〔一〕以吏部選人多不實，乃令試日自糊其名，暗考以定等第。

進士之科，孝廉之科。

始隋，盛唐。雖位極人臣，不由進士者，不以爲美，謂之『白衣卿相。』廣德元年，代宗。禮部侍郎楊綰疏曰：『古之選士，必取行實。自隋煬始置進士科，猶試策而已。至高宗，考功員外郎劉思立始奏進士加雜文，明經加帖括。公卿以此待士，長老以此訓子。欲其反淳樸，崇廉讓，何可得也？請置孝廉科，望與明經進士並停。』或以爲明經進士，行之已久，不可遽改，事遂不行。書法：事竟不行矣，何以書？是綰議也。

孝弟力田童子科，賢良方正直言試。

二年，罷孝弟力田童子科。楊綰奏：『孝弟力田無實狀，童子科皆僥倖。』悉罷之。

元和三年，策試賢良方正直言極諫。舉人牛僧孺、皇甫湜、李宗閔皆陳時政之失。考官楊於陵、韋貫之署爲上第。李林甫泣訴於上，言湜王涯之甥也。涯與裴垍覆策而不自

〔一〕今按：武人，當爲『武后』。『武后』即武則天。

言。罷垍，貶貫之，涯、於陵、僧孺等久之不調。書法：賢良方正，直言極諫，何譏也？不惟久不使調，又因以罪考官，吉甫於是爲不弘矣。唐末黨禍起於此。

大曆年之舉，太和年之策。

大曆十四年，沈既濟上選舉議曰：『選舉之法三科，曰：德也，才也，勞也。然安行徐言，非德也。麗藻芳翰，非才也。累牘積苦，非勞也。今乃以此求天下之士，固未盡矣。』

文宗太和二年，劉蕡下第，不得仕於朝。終於使府御史。書法：書親策何？譏也。是故文帝策士而得晁錯，則書『親』。武帝策士而得公孫弘，則書『親』。文宗策士而失劉蕡，則書『親』。

七年詩賦之停，八年詩賦之試。

七年停進士試詩賦，患文士不通經術。

八年，進士復試詩賦。

長慶元年之重試。長慶三年之覆敕。

穆宗長慶元年，錢徽知舉，放進士鄭朗等三十三人。段文昌言其不公。詔王起、白居易重試，駁放盧公亮等十人，貶徽江州刺史。

三年正月，禮部侍郎王起奏：請今年進士堪及第者，本司考試訖，其詩賦，先進中書門下。詳覆敕，却下本司，然後放榜。

唐制三鼓爲限，宋朝白晝率用。

禮部試舉人，唐制以三鼓爲限。宋朝率用白晝，不許然燭。國朝事實。

顯德四年，賢良等科。

周顯德四年，設賢良、經學、吏理等科。書法：善之也。五季之世，僅有此爾。

推原，事始。

帝御講武殿御試。殿試，自開寶六年徐士廉伐鼓訟不公始。賜詩，自興國二年呂蒙正榜始。賜宴，自呂蒙榜始。分甲次，自興國八年王世則榜始。賜袍笏，及第日賜袍笏，自祥符中姚曄榜始。唱名，自雍熙二年梁顥榜始。封彌謄録覆考編排，皆始於祥符、景德間。

賜同進士出身，自王世則榜始。

隔截進士，學究秀才。

陳彭年任翰林學士。起呈其狀，曰科場條貫。王旦投於地，曰：『内翰做官幾日，便隔截天下進士！』

王荆公改科舉，暮年曰：『本欲變學究爲秀才，不謂變秀才爲學究。』蓋舉子專誦王氏經義，而不解義。正如學究誦註疏耳。

公著知貢舉，以策試進士。

呂公著知貢舉，密奏曰：『天子策士，而用詩賦，非舉賢求治之意。今來庭試，乞出自宸衷，惟以詔策咨訪治道。』自是，上臨軒，始以策試進士。

不患相妨，惟患奪志。

伊川曰：或謂科舉事業奪人之功，是不然。一月之中，十日爲舉業，餘日足可爲學。然人不志於此，必志於彼。故科舉之事，不患相妨，惟患奪志。《外志》。

非罷詩賦之不善，乃主經義之不善。

晦庵曰：『雍熙罷詩賦，而不以爲是者，非罷詩賦之不善，乃專主王氏經義之不善也。』

含吐一腹文，八音兼五色。主文有崔李，郁文爲朝德。青銅鏡必明，馬異送。朱絲繩必直。皇甫湜。

《省試夜》：白蓮千朵照廊明，一片承明雅頌聲。更報第三條燭盡，文昌風景寫難成。薛能。

《題都堂壁》：褒衣博帶滿塵埃，獨上都堂納卷回。蓬巷幾時聞吉語，棘籬何日免重來。三條燭盡鍾初動，九轉丹成鼎未開。殘月漸低人擾擾，不知誰是謫仙才。韋承矩。

槐花黃，舉子忙。長安舉子，六月後落第者不出京，謂之過夏。借淨坊廟院作文章，曰夏課。語曰：『槐花黄，舉子忙。』

翁承贊詩：雨中妝點望中黄，自引蟬聲送夕陽。憶得當年隨計吏，馬蹄終日爲君忙。

八叉手而八韻成，救數人而士行缺。温庭筠工於小賦。

《科舉》：林駉，宋人。進士之選，其自隋始乎？曰：非隋也，周也。《王制》謂：大樂正論造士之秀以告於王，而升之司馬曰進士。此其始也。特設科較藝，始於隋爾。賢良之貢，必加拜受拜云者，想其恭敬，而不敢慢也。三物之教，必曰『賓興、賓云』者，想其禮待，而不敢忽也。由漢以來，勸爲之駕。至唐，楊綰投牒自進。『三十老明經，五十少進士』，此唐人之謡也。『楚香禮進士，撤幕待經生』，此宋朝之詩也。春官之試，始未有也。自玄宗以考功望輕，移試禮部。殿前之試，始未有也。自武后以對策爲緩，親試殿前。設衛棘圍，始未有也。自唐楊俊始開三行試。進士試以詩賦策論，自唐始也。我朝因之。至熙寧，復加經義之制。臨軒試以詩賦，自唐始也。我朝興國加試以論，至熙寧，始定策試之制。糊名之制，行於淳化，而諸州之糊名，則自明道始。易名之制，立於祥符，而諸州之易書，則自景祐始。傳義有禁昉於雍熙，文字往復。匿服有禁昉於天熙〔一〕。郭禛冒緦麻喪。慶曆則有冒貢

〔一〕今按：天熙，當爲『天禧』。天禧，宋真宗趙恒年號。

之禁，祥符則有挾書之禁。封印卷首，因温仲舒之言而行。嚴禁秉燭，因戚綸之言而行。舉人與舊未有避親別頭也，祥符張士遜請行之。舊未有隨侍別頭也，景祐賈昌朝請行之。舉人與試官有親嫌者，皆移試別頭。有合避親及隨侍遠地，於是諸路始有別頭試。廷試取士，或取之多，或取之少，而與廷試者不黜，則始自嘉祐之三年；舉士歲數，或一歲一舉，或四年一舉，或間歲一舉，或纍歲不舉，而三年一舉，則始自治平之四年。自梁顥等唱名，於是有唱名及第之典；自王世則等錫宴，於是有錫宴瓊林之禮。懷州發解，素已銓次；歐陽修。大名舉子，自相推先。張詠請以張覃爲先。李迪有聲，禮部不黜；王曾首薦，復冠春官。齊賢受知先朝，擢自下第；蔡齊偉有儀狀，擢舉首選。韓琦唱名，太史奏瑞。楊寘賜第，公卿皆賀。慶曆。不特此耳。狀元及第，不在温袍；王曾。禮部第一，不肯自陳。范鎮。東坡反遺李薦，歐公誤取劉輝，余公靖易名他州以取解，王公洙願保匿服而不易。余靖，韶州人，本名希古，犯臀罪，易名靖取他州解。

發舉天府，登名鄉塾。

殷周鄉塾貢士，兩漢州郡薦才。

魏又置中正，止求其文，不取其理，不察孝廉，惟論章句。《北史·劉景安傳》。

撤棘、踏槐。

五代和凝知舉，撤棘開門，而肅然無譁。

諺曰：『槐花黄，舉子忙。』

鵠袍，鶚薦。

隋唐，应舉人皆以白袍。公卿稱之。又曰：『白袍子紛紛，試日引入院中，謂銀袍鵠立。』

孔融薦禰衡曰：『鷙鳥纍百，不如一鶚。』

詔吏民，與計偕。《武帝記》。

由州縣曰鄉貢。唐制。

白紙新糊，舉人以白紙新糊子。朱衣暗點。

鄭昌圖詩：新糊舉子，其白如銀，出試入試，千春萬春。

興賢，《禮》。取士。梅福。

詢鄉曲之藝，獻賢能之書。見上。

始置進士科，隋。遣詣相國府。見上。

鹿鳴，蟻戰，鶚翥，鼇頭，雁塔，鵬程。

鵾鵬擊水，雕鶚在天。杜：雕鶚在秋天。

龍虎榜，步蟾宫。

博求俊乂，革去浮華。

太宗淳化，李尚敏速，一刻數詩，一日十則。

陳靖上疏：請糊名，革弊惡。

險怪成風。歐。

以文行爲首。咸平。

戒徇私，真宗。請糊名。見上。

豪傑之士由科目而進，龜山。經術之樸勝浮誕之工。東坡。

盛時選士貢闈開，罄宇聞風獻藝來，心似權衡求實效，勿教蓬蓽有遺才。《真宗御製》。

折桂一枝先許我，穿楊三葉盡驚人。白。

詔下諸郡國，歲貢鄉曲英。韓。

環立鵠袍，萬爲盈數。横飛鶚表，三占高名。耿淡月於寒廊，嘘長風於圍棘。孰窺丹鼎，送上青冥。踏槐校藝，雖有慚祖逖之先；撤棘徹名，偶不在孫山之外。所幸識虞翻之吞三，其敢占杜牧之第五。風飛雷厲，地闢天開；漢札十行，唐文一變。游庠序者，嶄嶄而露頭角；處岩穴者，于于而振衣冠。吟高軒過，羅胸何有於星芒；説古戰場，過眼終迷於日色。雲中秋静，已横雕鶚之飛；浪裏春融，佇逐鵾鵬之化。麻鞋見天子，錦衣歸故鄉。秋風生桂，已新雙鶚之飛騰；春浪翻桃，行逐一龍之變化。雷雨起山南，九地已驚於龍蟄；日月明殿上，一聲遂唱於鴻臚。

制科

漢武詔：賢良明於古今王事之體，受策察問。咸以書對，著之於篇。

漢制，子大夫褎然爲舉首。

擢董仲舒，擢晁錯。

舉賢良文學士，仲舒以賢良對。

晁錯習申商刑名於張恢，舉賢良文學，錯在選中。

擢公孫弘，治申商。

太常奏弘第居下，天子擢爲第一。

建元中，衛綰奏：所舉賢良，或治申商、韓非、蘇秦、張儀之言，亂國政，皆罷。奏可。

桂林一枝，獨爲第一。

泰始中，郤詵遷雍州刺史，武帝於東堂會送，問曰：『自以爲何如？』對曰：『臣奉賢良策對，爲天下第一，猶桂林之一枝，崑山之片玉。』帝笑。侍中奏免詵官，帝曰：『與之戲耳。』

張束之進士擢第，以賢良召，同時對策者千餘人。束之獨爲第一。

吳育第三等，司馬入四等。

宋興二年，御試第科舉人。無登等，惟吳育第三等，餘皆四等。

嘉祐六年，蘇轍第四等。轍語切直。司馬光考入第三等，范鎮欲降等，胡宿欲黜之。上曰：『求直言而以直棄之，天下其謂我何？』收入四等。

謝啓：兩朝之間，相繼者父子；錢希白，子高。十年之內，並進者弟兄。蘇軾，弟轍。

十年二第，屢玷於主司，一門四人，無慚於祖烈。希白從孫葆，謝啓。

夢入魏帝廟，夢讀楊阜傳。

吳文肅公奎將舉賢良，夢入魏帝廟，升殿問群臣優劣。帝曰：『韓延壽爲最。』是夕，書吏楊開夢公讀《楊阜傳》，告公。公覽二傳。及試，《韓延壽楊阜孰優論》，中首選。

掇示孟子註，不讀孟子書。

張咸應茂科，過夔州。守曰：『四科優劣之差，見於何書？』張無以對。守曰：『載《孟子註》。』因掇示之。張道中漫思索著論，至都閣試文論，以此爲首題，更不注思，而就第一。李泰伯不讀《孟子》，以爲孔子尊王，《孟子》教諸侯爲王。嘗試制科，不得其一。曰：『必《孟子註疏》也。』擲筆而出。人視之，果然。終不中第。

殿上衮衣明日月，階前旗影動龍蛇。縱横禮樂三千字，獨對丹墀日未斜。夏疏對策，庭下老宦者曰：『閲人多矣。賢良他日必貴。』以吴綾手巾乞詩云云。

古木陰森白玉堂，長年來此試文章。日斜奏罷長楊賦，閑拂塵埃看畫圖。王仲至欽臣，仁宗時名儒，試畢，就壁間題字。

介甫爲考官，改奏賦。

宏詞科

唐設博學宏詞科。宋初，立博學拔萃科。紹聖，立服勤詞學科。大觀，改詞學兼茂科。紹興，改博學宏詞科。

韓愈云：『禮部以博學宏詞進者，人尤謂之才。乃類於俳優者之辭，顔忸怩而心不寧。

時稱内相，功號中興。

陸贄中宏詞科。在奉天，時稱内相。

杜黄裳中宏詞科。

特立風采，温厚文辭。

崔咸，宏詞科，遷御史。崔元翰，宏詞科，知制誥，有典誥風。

罷文場之寵，致回紇之慚。

鄭絪，詞科。德宗還自興元，别置六統軍以處功臣。除則用白麻，竇文場恃功諷宰相，進擬如統軍比。絪奏曰：『天子封建，或用宰相，以白麻書制。今以命中尉，不識陛下寵文場耶？』帝悟，罷統軍，用白麻。

蕭昕，詞科。持節吊回紇。回紇恃功，責昕曰：『中國市馬，奈何不歸我直？』昕曰：『僕固懷恩，我之叛臣耳。孰與失信者？』回紇大慚。

可謂奇才，柳。無愧古風。蘇頲。

忠孝可嘉，議論不下。

洪遵适，詞科洪皓子。上曰：『皓忠孝之報。』

崔琳，詞科，議論不下人。

試雜文，神宗。兼博學。大觀紹興。爲十二體，分三日試。詔、誥、表、章、箴、頌、賦、銘、赦、檄、露布、戒諭。舉筆輒諫，揮翰如飛。歐陽修，詞科知制誥。仁宗見春帖字，嘆曰：『舉筆輒不忘規諫。』楊億，七歲屬文，十一授秘書省正字。後召知制誥，揮翰如飛。文學自售，克敵弓銘。楊龜山云：試宏詞，乃是以文學自售。古人爲己，似不如此。洪景伯應博學宏詞，以克敵弓銘爲題，洪不知所出。巡鋪老卒曰：『我本韓太尉世充之部曲。從軍日，見舊樣，有人以神臂弓獻太尉。太尉令如其制度製以進，御賜名克敵。』洪盡用其語。首云：『紹興戊午，五月大將』云云。主文驚喜，遂中詞目，若有神助焉。此蓋熙寧中西人李宏中創造，因内侍張若水獻裕陵者。

宏詞 黄履翁

唐人嘗行是科矣，而韓昌黎謂『古之豪傑必慚是選』；宋朝亦行是科矣，而楊龜山謂

『古人得己似不如此』。宋初有宏詞拔萃科，有服勤詞學科。其目有記序箴銘，有表章露布，有檄書誡頌。大觀四年，則以紹聖爲未備，而改爲詞學兼茂；紹興二年，則以大觀爲未備，而改爲博學宏詞。其除去檄書而增入制誥者，大觀之法也；其再復檄書而演爲六題者，紹興之法也。且論諫仁義，其篇數百；陸贄。搜次成敗，其種五十。李絳。策勳淮蔡，强藩屏氣；裴度。收功兩河，唐室中興。杜黄裳。文場弄權，深摧其鋒；鄭絪，見上。回紇恃功，力沮其氣。蕭昕。典司文衡，無卑弱氣；掌直制誥，有典誥風。高錯。噫！得人如唐之數子，亦何有於昌黎『必慚是選』之説哉？論事不及己之私，則有丁度；事君不發人之私，則有李熙靖。祥符。程琳則不屈於繼明，譚世勣則不附於蔡京。祥符。段少連之伏閣於明道，二年。晁諫之上書於元符。噫！得人如宋朝之諸公，亦何有於龜山『古人得己』之論哉？或者又曰：『王涯、劉禹錫，本博學宏詞也，而阿附匪人，君子羞之；秦檜，本詞學兼茂也，而奸謀誤國，後世憾焉。』嗟夫！舉秀才，不知書。舉孝廉，濁如泥。自古皆不免有此。然不可以一鬣而譏百冠也。夫穿貫古今，網羅散失，其學如此，而後謂之博；閎中肆外，矢口成章，其詞如此，而後謂之宏。是必思若涌泉如蘇頲，氣備中和如許景先，援準古誼如解事舍人，文章顯名如燕許手筆。齊翰、蘇頲、張説。然後可以展詔誥必敷奏機卞，如新豊布衣；馬周。通達國體，如洛陽年少。賈誼。以論議，則郎顗之於災異；以薦賢，則孔融之稱一鶚。然後可以爲章表。揚清激濁，褒善貶惡，莫大乎誡〔一〕；運機幕府，奏捷武功，莫大乎露布；條陳利害，警肅邇遐，莫大乎檄書。托當時之事實，垂銘鏤以無窮，莫如銘；補衮職之將闕，防幾微於未然，莫如箴。翼乎［如］〔二〕鴻毛遇順風，沛乎如巨魚縱大壑，斯可以言頌；襟三江而帶五湖，控蠻荆而引甌越，斯可以言記。

法科　特科

常選，常科。唐取士之科。

秀才，明經，俊士，進士。明法，明字，明算。摅遊夏淵源之藴，發卿雲黼黻之詞。兩文如披玉藻夙欽黄絹之工，詞科若摘頷髭載破青錢之選。

束帛加璧迎魯申公，年八十餘爲中大夫。

漢獻詔曰：『今儒，童子入學，白首空歸。其依科罷者，聽爲太子舍人。』長安謡曰：

〔一〕今按：莫大乎誡，黄履翁《古今源流至論别集》卷六原文作『莫大乎誥誡』。

〔二〕今按：據黄履翁《古今源流至論别集》卷六原文校補『如』字。

『頭白皓然，食不充粮，裹衣褰裳，當還故鄉，聖主憫念，悉用補郎，捨是布衣，被服玄黄。』

至和間，富公當國，立一舉三十年推恩之法，蓋公與河南進士段希元、魏升平同場屋，不欲私之，故爲天下立制。《聞見録》。

徐遹，特奏名狀元。《瓊林宴罷》：『白髮青衫晚得官，瓊林頓覺酒腸寬。平康夜過無人問，留得宫花醒後看。』

及第

投刺謂之鄉貢，得第謂之前進士。籍而入選謂之春官，不捷而醉飽謂之打毷氉。李肇。

登第歡宴謂之燒尾。説者云：『虎化爲尾，惟尾不化，須燒乃化。』又：『新羊入群抵觸，燒尾乃定。』又：『魚爲龍時，必雷燒尾乃化。』《聞見録》。

魚化百尋，鵬搏萬里。

《交州記》：龍門，水百尋，大魚登此化龍不得過，曝腮點額，血流水丹。在絳州。

鵬搏扶摇羊角而上者九萬里。《莊子》。

杜詩：蛟龍得雲雨，雕鶚在秋天。

禮闈曾擢桂。斫却月中桂。李。

恩袍草色動，仙籍桂香浮。

夏侯勝曰：『士病不明經術，經術苟明，取青紫如拾地芥耳。』

深攙蓆帽，密映氈車。紫陌尋春，便隔同年之面；青雲得路，可知異日之心。

唐進士會燕曲江，崔彖請暇不赴，乃以雕幰載妓遊觀。爲團司所發，崔沆爲主，罰録事，云云。

淡墨題榜，宴後題塔。

《摭言》：進士榜粘黄紙四張，以淡墨氈筆，書『禮部貢院』四字粘於榜首。李肇。

唐進士，神龍以來，杏園宴後，皆於慈恩寺塔題名。他時有將相，則朱書之。

佛在世時，有比丘見雁飛，曰：『此雁可食。』佛曰：『雁王也，不可食。』乃營塔。

泥金書帖，一第溷子。

《盧氏雜記》：唐進士及第，以泥金書帖附家書中，報登科之喜。至文宗朝，罷此議。

元結舉進士，禮部侍郎楊俊見其文，曰：『一第溷子耳。』有司得子是賴，果擢上第。

探花、榜花。

唐進士杏園會，謂之探花宴。以小俊二人爲探花使，謂之探花郎。

《南部新書》：唐大中以來，禮部放榜，有姓氏稀僻者，號曰『榜花』。

東塗西抹，南院東墻。

薛逢戹於官。值新進士綴行而出，見逢行，曰：『避新郎君。』逢囅然曰：『莫貧相，阿婆三五少年時，也曾東塗西抹來。』

唐南院放榜。南院東墻別築一堵，高丈餘。自北院將榜，南院張之。

名經戴頂，牙娘批頰。

張綽，柬之孫。舉進士不第，捧《登科記》頂上戴之，曰：『此千佛名經也。』

唐妓牙娘，姓〔一〕輕率。夏侯澤爲牙娘批頰，同年皆駭。

二十五年，擢第春官。韓。

因弟撻兄，由是得第。

李景莊每黜，母撻景讓。

袁州舉人，沅江出鼈。

盧肇赴舉，先達曰：『袁州出舉人耶？』答曰：『袁州舉人，猶沅江出鼈，甲九肋者稀。』

〔一〕今按：姓，當爲『性』。孫棨《北里志》原文作『性』。

櫻桃宴，月灯宴。

宴名有九，五曰櫻桃，六曰月灯。

昔日聲名喧洛下，只今詩句滿江南。孟賓于擢第詩。

報道是龍君不信。果然奪得錦標歸。

黄肇、黄頗皆宜春人。同舉，郡守獨餞頗。明年，肇狀元及第，賦詩云云。太守大慚。

三十浮名每年皆有，九重知己曠代所無。

唐劉業特賜及第，韋岫賀之，云云。

一榜通判，三等第策。

張齊賢赴廷試，帝欲居上甲，有司置丙科。有旨一榜，盡除京官通判。

東坡第策入三等。

日下五色，頭上一花。

韓魏公唱第，太史奏：日下五色雲見，左右皆賀。

温公不喜華靡，二十忝科，聞喜宴，獨不簪花。同年曰：『君賜也。』乃簪一花。

熟讀《左傳》，熟讀《樂記》。

《澠水燕談》：艾穎赴鄉舉，遇一村儒，曰：『登第矣。』授一書曰：『乃《左傳》第十也。』

曰：『宜熟讀，取富貴。』後四十年，亦有人因此書登甲科。然年禄俱不及君。艾諷誦，李愚知舉。試《鑄鼎象物賦》，一揮而就，愚擢甲科。後以户部侍郎，七十八薨。後四十年，祥符五年，御試此題，徐奭狀元。四十爲學士卒。

《倦遊録》：張客省退夫應舉，因醉乘驢過市，誤觸倒雜賣擔子，視擔中有《樂疏》一册，以五十金市之。初不携文，止閲《樂記疏》。無何，省試出『黄鍾爲樂之末節論』。明年，擢甲科。

殿試無黜，兄弟同登。

宋朝進士，過省赴殿試，尚有黜者，遠方寒士赴河死。仁宗惻然，自此殿試無黜。

曾子固兄弟四人同登。

鼠御試卷，夢見文卷。

杜鎬登第時，將試前夕，見大鼠御卷，乃《孝經正義》。果《正義》中出題三道。

孫貫舉進士，過長安，夢登塔，見持一大文卷者。問之云：『來年春榜有孫貫否？』曰：『否，惟第三人有孫抃。』既悟，改抃，果然。

食禄之家覆試，唱名之次稱謝。

陶穀子邴登第，上曰：『穀不能訓子。』詔食禄之家，皆令覆試。

故事，進士唱名，有子弟者，唱名之次，降階稱謝。建炎初，楊中立以侍讀侍立，其子遹唱名，中立降階稱謝。時遹年五十餘，中立年七十餘。

自取儒科，再擢科第。

李昉之子七歲能屬文，耻以父任得官，獨由鄉舉。既第進士，授『校書郎』。

元厚之舉進士，殿試被黜。復舉進士，中第。

狀頭給騶，喜宴賜詩。

蔡齊舉進士，冠甲科。真宗語：『金吾給騶從。』狀頭給騶從始此。

太宗好文，每進士及第，賜聞喜宴御製詩，遂爲故事。

爲報鄉閭親戚道，如今席帽已離身。

宋初士子襲唐故事，曳袍垂帶，出則席帽自隨。李巽纍舉不第，鄉人曰：『李秀才不知甚時席帽離身。』及第，遺鄉人，云云。

封禪汾陰連歲榜，狀元俱是狀元兒。魏野賀詩。

真宗東封，放梁固以下及第。固，狀元梁顥子。祀后土，放張［師］德以下及第。師德，狀元張[去]華子〔一〕。

威顔咫尺瞻中扆，名姓傳呼下九天。宫筆旋題黄甲子，禁門已簇杏花韉。蔡持正。

雲龍山下試春衣，放鶴亭前送夕暉。一色杏花三十里，新郎君去馬如飛。東坡《送蜀人張師厚赴殿試》。

《胡大夫武舉〔二〕》：『人間文武能雙捷，天下安危待一論。』楊巨源。

竇禹鈞五子：儀、儼、侃、偁、僖，登科，馮道詩：『靈椿一枝老，丹桂五枝芳。』

楊汝士鎮東川。其子及第，命妓開燕，與綾一端。『郎春得意正青春〔三〕，蜀國將軍又不貧。一曲高歌綾一曲〔四〕，兩頭娘子拜夫人。』

張師錫《八十喜子登第》：御榜今朝至，見名心始安。爾能俱中第，吾可遂休官。賀客留連飲，家書反覆看。世科雖不繼，得慰二親難。

慈恩塔下題名處，十七人中最少年。樂天，時年二十七。

〔一〕今按：此條補『師』『去』二字。宋真宗時，父子先後中狀元的，是張去華和兒子張師德。

〔二〕今按：胡大夫武舉，楊巨源原詩標題爲《重送武大夫赴振武》。

〔三〕今按：郎春得意正青春，《全唐詩》卷四百八十四楊汝士《賀筵占贈營妓》原詩作『郎君得意及青春』。

〔四〕今按：曲，《全唐詩》卷四百八十四楊汝士《賀筵占贈營妓》原詩作『匹』。

桂折一枝先語我，楊穿三葉盡驚人。』仝人，簡兄弟。

元和天子丙申年，三十三人同得仙，袍似爛銀銀似錦，相將白日上青天。

李源公榜，皆取寒素。『寒儒逢景運，報德合如何？』仁宗賜進士。

唐荆州人不成名，號曰『天荒』。劉蜕及第，號『破天荒』。

坡《贈瓊州進士姜唐佐》：『滄海何曾斷地脉，白袍端合破天荒。』唐佐見潁濱，坡已下世，相持出涕，足成詩：『生長茅間有異芳，風流稷下古諸姜。適從瓊管魚龍窟，秀出羊管翰墨場。滄海何曾斷地脉，白袍端合破天荒。錦衣他日千人看，始信東坡眼目長。』

仁宗朝賜進士：恩袍藍色動，仙籍桂香浮。

李廷臣，有一夷人，獻錦臂條，上織成一聯，易以千金，藏爲珍寶。

有眼不堪看鄭獬，回頭猶喜得陳傳。周師厚、鄭獬榜壓陳傳。

舉頭雖不窺王十，伸脚猶能踏李三。王十用第一，李三錫居尾。

名登郄詵第，身着老萊衣。稱意人皆羨，還家馬若飛。岑參。

自：平生謾説古戰場，坡。過眼終迷日五色。見上。

主司頭腦大冬烘，錯認顔標作魯公。見上。

放此風漢，荒矣陸莊。

劉蕡，楊嗣復門生也。中尉仇士良曰：『奈何以國家科第，放此風漢？』嗣復懼，答曰：『與蕡及第時，猶未風耳。』

崔群妻曰：『如以君爲良田，則陸氏一莊荒矣。』見上。

乞兒還有大通年，六十三人籠仗全。薛庶准前騎瘦馬，范酇依舊蓋香氈。

唐太和八年進士，多貧士無名子。

榜頭陳橘皮，年多者居上。喬舜知舉，皆以舉數升降。

新登甲乙科。姚合。

一日看盡長安花。孟郊。

青雲隨步登華榻，紅雪飄香入杏園。王禹偁。

騏驥有種，早聞二子之奇；龍虎標名，嵬占十用之列。文傳京國，雅聞江夏之無雙；業紹廣川，果拾漢庭之第一。馬名千里，軒昂御榻之前；鼇戴三山，縹緲仙蓬之上。僉謂劉蕡空臆之言，出於董子潛心之業。才名四十年，久暗埋於珠璧；禮樂三千字，果呈露於琅玕。抱名山之璞，經三獻而始明；看長安之花，果一日而得意。菑川之學春秋，意居第一；天下之稱江夏，信是無雙。

下第

二試於吏部，一既得之，而又黜於中書。韓。

忤下考工第，奏賦入明光。忤逆也。杜詩。

氣味如中酒，情懷似别人。唐詩。

天官奏，文星暗。

《朝野僉載》：天官奏云：『文星暗，科場當有事。』後經三科盡覆試。

失韻坦率，一生無成。

宋齊老於科場，嘗試賦，輒失韻。拊膺曰：『又坦率矣。』由是著名。後禮部上甲乙名。德宗問曰：『宋五得無坦率否？』

馮藻應二十五舉，姻親勸令罷舉求官。藻曰：『一生無成，譬如更應五舉。』

飲酒自若，不見顔色。

魯直得洪州解頭，赴省試不與，飲酒自若，不少見於顔色。

杜詩：不得同晁錯，吁嗟後郄詵。

從姪勤落職：只今年纔十六七，射策君門期第一。舊穿楊葉真自知，暫蹶霜蹄未爲失。

石曼卿：一生不得文章力，欲上青天未有因。

東坡：千金敝帚誰人買？半額蛾眉世所捐。顧我自爲都瓱𥈠，憐君欲鬥小嬋妍。

唐進士科甚重老死無限。『太宗皇帝真長策，賺得英雄盡白頭。』

章孝標歸燕詩，獻庾承宣侍郎曰：『積纍危巢泥已落，今年故向社前歸。連雲大厦無棲處，更傍誰家門户飛。』唐元和中下第，爲詩刺試官。

孟郊下第：『棄置復棄置，情如刀劍傷。』再下第：『兩度長安陌，空將淚見花。』登第詩：『昔日齷齪足不嗟，今朝曠蕩恩無涯。春風得意馬蹄疾，一日看盡長安花。』

姚合贈崔約下第：『春風下第時稱屈，秋卷呈親自東歸。』

狀元

北斗，魁爲首，杓爲末。《天文志》。

一朝居豪傑之先，兩人然後知其貴。坡。

三年而奉詔策，固南宫進士之所同涇。一舉而冠儒科，蓋東閣郎君之未有藻。

二人手搏，殿前狀元。

太祖朝，王嗣宗、趙昌言争狀元於殿前。乃命二人手搏，約勝者與之。趙昌言髮秃，王嗣宗歐其幞頭，墜地，趨前曰：『臣勝矣。』上笑，以嗣宗爲狀元。

大狀元，小狀元。

咸平元年，孫何、孫僅皆汝州人，以大狀元、小狀元呼之。

大許，小許。

嘉祐八年許將，治平四年許世英。時謂大許、小許。

孫何、孫僅兄弟馳名。王黄州覽僅文，書其後曰：『明年再就堯階試，應被人呼小狀元。』果第一。黄州詩曰：『病中何事忽開顔？記得時稱小狀元。』

粉壁每題龍虎榜，錦標終屬鶺鴒原。

小宋當魁，大宋不失。

宋祁兄弟。異僧相曰：『小宋當魁，大宋亦不失甲科。』後十年，僧大驚，曰：『公豐神特異，豈活數萬命者乎？』曰：『北堂有蟻穴，爲雨所浸。編竹爲橋以渡。』僧曰：『必是也。』小宋合當首魁，公終不出其下。比唱第，小宋大魁。章獻太后謂：『弟不可以先兄。』

命大宋爲第一，小宋爲第十。

竟如素志，一渴睡漢。

胡旦嘗曰：『明年春色裹，領取一行歸。』果魁天下。

胡旦嘗曰：『應舉不作狀元，仕官不爲宰相，乃虚生也。』隨計之秋，坐中聞雁，曰：『明年春色裹，領取一行歸。』果魁天下。

呂蒙正未第時，薄遊一縣。胡旦隨其父宰是邑，遇呂甚薄。客曰：『呂公能詩。』胡問警句，客曰：『挑盡寒灯不成夢。』胡曰：『一渴睡漢耳。』呂明年中甲第，寄聲於胡曰：『渴睡漢狀元及第矣。』胡曰：『待我明年第一人及第，輸君一籌。』次榜亦中首選。

喫着不盡，科第幸忝。

《東軒筆録》：王曾青州發解，南省廷試皆冠。劉子爲學士戲曰：『狀元試三場，一生喫着不盡。』答曰：『平生之志不在温飽。』

《吴會漫録》：王曾狀元還青州故郡。府帥聞其歸，乃命父老唱樂，迎於近郊。公易服乘小駒由他門入謁守曰：『不才幸忝科第，敢煩太守父老致迓？』

唱名第一，傳呼狀元。

《魏公家語》：天聖五年，仁宗試進士。魏公名在第二，時唱名第一甲。太史奏曰：五色雲見。

《東齋遺事》：真宗臨軒策士。夜夢殿下有菜一苗甚盛，與殿基相高。及擢第一卷，乃蔡齊。詔金吾給衛士七人清道，出入則兩對引謁。傳呼狀元始於此。

兩世狀元，三世探花。

梁固，顥子。梁師德，華子〔一〕。

《揮麈録》：李昭遘子，杲卿子士廉，皆十八歲登甲科，俱爲狀元郎。

語以不欺，願得忠孝。

《聞見録》：賈黯以狀元歸鄧州，范文正爲守。黯曰：『願受教。』文正曰：『「不欺」二字，可終身行之。』

塵史神宗，慎於選士。

皇祐五年，廷試進士，考定前一日，取首選卷焚香祝之曰：『願得忠孝狀元。』洎唱名，乃鄭内相獬也。謝啓云：『何以副上心忠孝之求？』

小年大魁，先衣新衣。

《李文正談録》：王溥二十六狀元，三十二拜相，三十六司空，四十二罷相，猶在具

〔一〕今按：梁師德，華子：當爲『張師德，去華子』。宋張去華與其子張師德爲真宗朝父子狀元。

慶下。

《邵氏後録》：王拱辰與歐陽公同年進士，文忠鋭意魁天下。明日當唱名，備新衣一襲。拱辰先衣以入，文忠怪焉。拱辰笑曰：『爲狀元者，當衣此衣。』唱名果第一。

以文頒示。

蔡嶷文饒，崇寧五年，廷試第一。上以御寶封試卷，付國子監頒示四方。

馮京鄉選廷對，俱策名第一。張堯佐倚外戚，欲妻以女，京力辭之。

夢人斫頭，夢人剃髭。

《青箱雜記》：相國劉沆，天聖中省試。一夕，夢被人斫落頭。鄉人釋之曰：『狀元不到十二郎做，公第行只得第二人。』公詰之，曰：『斫却頭，留項在裏。』蓋南音，呼沆爲項也。後果第二人及第。

《皇朝類苑》：李文定公迪美髭髯。御試前一日，夢被人剃削俱盡。解者曰：『必爲狀元。緣今歲省元是劉滋，已替滋矣，非狀元而何？』果狀元及第。

夢登雲梯，夢火山軍。見上。

莆田鄭僑惠叔，乾道己丑春，省試中選，未廷對。夢空中一梯，遂登之。仰望，則有大石，忽升石上。起而爲第一。其次曰『石起宗』。

好是五更殘酒醒，耳邊聞唤狀元聲。鄭谷。

『銀釭斜背解明璫，小語低聲唤玉郎。從此不知蘭麝貴，夜來新惹桂枝香。』裴思謙狀元以紅箋作名紙，謁平康里諸妓，因宿里中。有詩云云。

『昔年曾去玉京遊，第一仙人許狀頭。今日已成秦晋約，果教鸞鳳下妝楼。』李翺牧江淮郡，進士盧儲投卷來謁。長女及笄，見文，謂小青衣曰：『此人必爲狀元。』來年，果狀元。纔過殿試，徑成佳姻。詩云云。

『風雷昨夜破枯株，借問天工有意無？莫是往龍蹤迹困，放開頭角入天衢。』黄冕仲有魁天下之志。元豐四年，南劍州譙門一柱忽爲迅雷所擊，冕仲占成四句云云，次年爲第一。

『皇朝四十五龍首，身到黄扉止四人。』宋朝狀頭入相，吕蒙正、王曾、李迪、宋庠。石楊休詩云云。《西清詩話》。

王沂公、李文定公連榜取魁。文定鎮并門，公均逸本鄉。寄詩曰：『錦標得隽曾相繼，金鼎調元亦荐更。并上兒童公再見，會稽幢紱我偏榮。』《歸田録》。

吕蒙正、温公肅。

一友人讀書龍門山，誓不作狀元不仕。及唱第，蒙正爲狀元，温公中甲第。其友人拂衣歸隱。蒙正贈詩曰：『昔作儒生謁貢衣，今提相印出黄扉。九重鵷鷺醉中别，萬里烟霄達後歸。鄰叟盡垂新白髮，故人猶着舊麻衣。洛陽謾訑多才子，自嘆遷逢似我稀。』《青箱雜記》。

夏文莊公守安陸，宋莒公兄弟年少，命作《落花詩》。莒公曰：『漢皋佩冷臨江失，金谷樓危到地香。』子京曰：『將飛更作回風舞，已落猶成半面妝。』文莊曰：『咏落花而不言落。大宋須狀元，作宰相，小宋非所及，亦須登嚴近。』如其言。

元豐八年，禮部貢院火。翟曼、陳之方、馬希孟死。其後別試，焦蹈爲魁。諺曰：『不因南省火，安得狀元焦。』

梁灝八十二，雍熙二年，狀元及弟。謝啓云：『白首窮經，少伏生之八歲；青雲得路，多太公之二年。』後終秘書，卒年九十餘。陳正敏《遁齋閑覽》。

明經 黄履翁

『三十老明經，五十少進士』，此唐人之謠也。『焚香禮進士，撤幕待經生』，此宋朝之詩也。仁宗時。蓋唐人之試明經者，但取絶句。宋朝之試明經者，專取記誦。明於理體，爲鄉所稱。如唐人之詔。高祖。經學優深，可以爲師，如宋朝之科。太宗。亦何遜於進士哉？唐之設科有五經，有二經，有學究。一經有三禮，有三傳，此選舉之條也。宋之設科有三禮，有三經，有二經，有經學優深，有經明行修，此科舉之目也。及觀唐制，詔三家傳《儀禮》出身者，不任散官。其崇尚之意甚隆矣。又觀宋朝，嘗試經明行修舉人，以經義精奥至上，煩御筆親選，考官以授其義。其選取之意尤厚矣。是故顔、孔之訓五經，顔師古、孔穎達。德明之著音義，陸德明。治《易》則康子元，議《禮》則元行冲，談《春秋》則蓋文達。舉《周禮》則定郊祀者，褚無量也；舉《詩》禮以對祈穀祀者，王仲丘也。他如狄仁傑、許孟容、徐有功，皆挺然於明經之舉。則明經何負於唐哉？崔頤正則以明經進士，孔維則以九經及第。太宗。聶崇義、薛顔舉於三禮之選，張師德、張觀出於經明行修之科。卞析經疑，講明《易》卦，則如馮元之擢五經。先列註疏，後斷己意，則如劉道元之應大義。則明經何嫌於宋哉？愚之所憾者，唐人外有尊經之名，不知尊聖人之道。聖經雜於釋老，故高祖釋奠，浮屠惠乘、道士劉進喜得與徐文達、陸德明同講。高宗已數召李元植與方士浮屠講經，甚至明經一科，且雜試以老子之學。人主好尚如此，則士之通經無怪其所學之不純矣。祝欽明之五經掃地，元微之之阿附匪人。所學安在耶？若宋朝以經學立民極，以吾道扶世教，是以經學一唱，靡然化之。經義名齊，學者雲集，有如胡安定。經術傳授，學者數百，有如蔡端明、蔡襄。孫明復唱於平陽，石守道振於兖州，濂溪講於舂陵，二程鳴於伊洛，張子明於關中。以性命道德爲依據，以仁義禮樂爲宗主。

同年

列名慈恩寺，謂題塔。大燕曲江亭。謂曲江會。

一雙前進士，兩個阿孩兒。

黄台符年十六，孫讀年十七，同年。

劉涣棄官歸廬山，歐陽修同年作《廬山高》以美之。

吾州同年友，粲君琴上堂。坡。

收科天陛頓同時，白首相驩事亦稀。介甫。

追講舊遊犀麈脱，交酬新唱彩箋飛。

同芳晋堂桂，共聽禹門雷。趙抃。

聯步趨丹陛，岑參。携手升玉階。傅長吴。

與君登科如隔辰，弊袍霜葉空殘緑。坡。

德宗曰：『人於同年有情乎？』李絳曰：『偶同科第，於情何有？若其果才，兄弟子姓，猶將用之，况同年乎？』李絳相德宗，元義方言其私同年許季同故。

劉禹錫《送張盥詩序》：『向所謂同年友，當其盛時，連轡舉鑣，豆絶九衢，若屏風然。今來落落。如晨星之落落。』

同年三李，得人最多。

元祐中李亮以文鳴，李伯時善丹青，李元中字畫工，俱不顯。

張詠曰：『吾同年得人，謹重雅量，無如李文靖；深沉有德，無如王公；面折廷争，無如寇公。當方面寄，則詠不敢辭。』

因緣三紀異，契分四般同。

李摯、李敏同姓、同歲、同門、同年。

唐王鐸、楊收，皆薛逢同年。收作詩〔一〕，逢詩曰：『須知金印朝天客，同是沙堤避路人。』收怒。鐸作相，逢詩曰：『昨日鴻毛萬鈞重，今朝山岳一毫輕。』鐸怒。

向敏中秉鈞，寇準守長安。準詩：『歲寒惟有公兼我，白首猶持將相權。』敏中詩：『細

〔一〕今按：詩，當爲『相』。《舊唐書》卷一百四十：『楊收作相，逢有詩云：「須知金印朝天客，同是沙堤避路人。威鳳偶時皆瑞聖，潛龍無水謾通神。」收聞，大銜之。』

思淳化持衡者，得到於今更有誰？』

丁晋公爲饒倅，同年白積爲判官，假緡五環。晋公曰：『五百青蚨兩家缺，赤洪崖打白洪崖。』人以爲朱崖之行兆此。

《司空昉贈鄧洵美》：『憶昔詞場共着鞭，當時鶯谷喜同遷。關河契濶三千里，音信稀疏二十年。』

陳儀、竇儼會飲樞第，乘醉夜歸。諺曰：『陳三更，竇半夜。』

王欽若以故相來守杭州，錢塘一老尉，蒼頭華髮，乃同年生。惻然哀之。封章於朝詔，特改京秩官。謝詩曰：『當年同試大明宫，文字雖同名不同。我作尉曹君作相，東風元没兩般風。』

春風桂籍，叙契好於年家；夜雨簾花，赴襟期於官舍。對硯中龍蛇之影，遥識璇魁；接天邊鴻雁之行，偶聯金榜。回首上林，敢記遷鶯之舊；棲身大厦，惟深駕燕之私。於同年亦有情乎？願追騏驥；恐先生自此升矣；不顧蟾蜍。老夫無能爲矣，愧不如人；同年固有情乎？願無隔面。蘇章之按屬部，雖以公不以私；李絳之篤同年，乃所願非所望。

士風 林駉

諛佞成風，漢道不西，清虚相習，晋其東矣。宋朝，『好事盡輸純與宜，謾勞煩舌涌如泉』，此太宗戒欺誕之詩也。『臣下但當守公法，馳騖苟進何可取』，此真宗疾紛更〔一〕之詩也。李昉子弟並從罷黜，懲攘奪也；雍熙二年，李昉之子宗、諤，吕蒙正之弟蒙亨舉進士，皆入等。上曰：『勢家與孤寒並進，謂朕有私。』皆罷之。温叟子孫特加甄録，戒貪墨也。劉温叟，太宗賜以錢五百千。貯於別墅。明年重午，遺以角黍，使至，見前所送錢。温叟薨，太宗録其後。曰：『使名節者知所激勸。』胡宿白首，不忍欺君，詳議不敢得也；嘉祐元年，胡宿知審刑院，評識官闕。判院者當擇人。宿與同列得二人。一人監税，河北以水灾虧課。同列曰：『虧小失不足白上。』宿至上前白之。同列曰：『詳議與得人，公欲白上。緣食不得，奈何？』公曰：『得與不得，一詳議官爾。宿今白首矣，不忍絲髮欺君。』寇公初進，不可欺君，科第不足計也。寇忠愍年方十九，舉進士。時太宗取人，多問其年。或教公

〔一〕今按：紛更，林駉《古今源流至論前集》卷八原文作『奔競』。

增其年，公曰：『吾初進取，可欺君耶？』不預宴集，館閣盛德；晏公（殊）曰：『非不宴遊，直以貧故，無餙辭也。』天下無事，大夫宴集。貧不能出，家居講習。一日選東宮官，忽中批，除殊。既受命，上面諭除授之意。『臣非不樂遊宴，直以貧，無可爲。』私入市肆，宮僚失德。宗道魯。曰：『飲酒，常情。欺君，大罪。無妄語也。』易服，飲仁和肆。仁宗急召。使曰：『當以何事對？』公曰：『但以實告。』曰：『然則當得罪。』曰：『飲酒，人之常情，欺君，臣之大罪。』真宗問：『何故私入酒家？』公曰：『臣貧無器皿，酒肆具備。適有親客，遂欲之飲。』真宗曰：『卿爲宮臣，恐爲御史所弾。』然自此奇公。年方强仕，請解機務，急流勇退人也；至道三年，錢若水以母老請解機務。真宗。年未知命，表求掛冠，知止求退人也。咸平四年，韓見素。父任執政，不就廷試，非韓維之安於静退乎？他日之遷，監學正以旌擢之。父億。禮部第一，不肯自進，非范景仁之恬於進取乎？他日之除秘閣，正以激勸之。故事，唱第過三人，則禮部第一人越次抗聲自陳，因擢置上第。鎮不肯自言，至第七十九人，乃出拜。張公詠之試大名也，將以張公首薦，而公推張覃爲第一；詠以同郡張覃素有文行。蔡公齊之試萊州也，將以蔡公首薦，而公推史防爲第一。齊薦里人史防，已居其次。畢文簡之除相，可喜也，畢士安。曰：『臣以駑朽，請薦相才。』推寇準。杜祈公之去相，甚欝也，曰：『某以非才，久妨賢路。』杜衍。有官鼎鼐，無地楼臺，萊公之儉德也；魏野贈詩：『有官居鼎鼐，無地起樓臺。』馬諳舊路，軀放長江，趙公之清德也。初知成都，一軀一鶴，其再任也，屏去之。張公祐詩：『馬諳舊路行猶滑，軀放長江不再來。』歸自南海，不載一物，何廉耶？余靖，廣西安撫。歸自西蜀，僅有數卷，何薄耶？沈倫，水陸運使。授以翰林，力辭不已。授以館職，固辭不就。温公、荆公之推遜，一也。然議者以温公爲是，而荆公爲非。議法不合，請歸西洛；用法未便，投老鍾山。温公、荆公之恬退，一也。然議者以温公爲得，而荆公爲失。温公之不事生産，荆公之不自奉養，均之爲清廉也。議者亦以温公爲直清，荆公爲詐清。温公平生以誠，嘗語之劉安世。安石詐人，我仁宗已心薄之。賞花釣魚，宴食釣餌。

志士 士烈壯

杜詩：骨驚畏曩哲，鬢變黑髮變。負人境。常畏不及古之賢臣，虚老而死。

韓賦：『余悲不及古之人兮，伊時勢而則然。』

《禮記》：升之學，曰俊士。升之司徒，曰造士。升之司馬，曰選士。〔一〕

《論》：子貢問曰：『何如斯可謂之士矣？』子曰：『行己有耻，使於四方，不辱君命，可謂士矣。』

《孟》：王子墊問曰：『士何事？』孟子曰：『尚志。』曰：『何謂尚志？』曰：『仁義而已矣，殺一無罪，非仁也。非其有而取之，非義也。居惡在？仁是也。路惡在？義是也。居仁由義，大人之事備矣。』

漢帝武。曰：『燕趙固多奇士。』

皮日休自戲曰『醉士』。《酒箴序》。

《左傳》：有三士，足以上人。

山谷：四士能匡國。

子方曰：『夫士貧賤者，言不用，行不合，則納履而去。安往而不得貧賤哉？』

《新序》：齊桓公見卜臣稷，一日三至，不得見也。桓公曰：『士之傲爵禄者，固輕其主。其主傲霸王者，亦輕其士。縱夫子傲爵禄，吾庸敢傲霸王乎？』五往，而後得見。桓公

〔一〕 今按：此條與原文有出入。《禮記・王制》：『升之司徒，曰選士。』『升諸司馬，曰進士。』

所以九合諸侯，一匡天下，遇士於是也。

晋平公遊於河而樂，曰：『安得賢士與之樂此也？』船人盍胥跪而對曰：『主君亦不好士耳。夫珠出於江海，玉出於崑山，無足而至者，猶主君之好也。士有足而不至者，蓋主君無好士之意耳。無患乎無士也。』

《韓詩外傳》：鳳皇之初起也，翾翾十步，[藩籬]〔一〕之雀喔咿而笑之。及其升於高，一詘一信，展而雲間。藩木之雀，超然自知不及遠矣。士褐衣緼着，未嘗完也。藜藿之食，未嘗飽也。世俗之士即以爲羞耳。及其出則安百議，用則延民命，世俗之士，超然自知不及遠矣。

杜詩：全蜀多名士，嚴家聚德星。

薇蕨餓首陽，粟馬資歷聘。賤子欲適逆，疑誤此二柄。夷齊之處，蘇張之出。

嗟彼苦寒士，素於圓鑿方。

高馬勿捶面，長魚無損鱗，辱馬馬毛焦，困魚魚有神。君看磊落士，不肯易輕。其身。

盧欽：上士多淪没，而遠海吝，中士有聲位而近禍殃。

〔一〕今按：此處有脱文，據《韓詩外傳》卷九補『藩籬』二字。

子張見哀公，七日而哀公不禮。託僕夫而去，曰：『臣聞君好士，故百舍重趼，不敢休息以見君，七日而君不禮。君之好士也，有似叶公子高之好龍也。叶公子高好龍，鈎以寫龍，鑿以寫龍。屋室雕文以寫龍。於是真龍聞而下之，窺頭於牖，拖飛〔一〕於堂。叶公見之，棄而還走。是叶公非好龍也，好夫似龍而非龍者也。今臣聞君好士以見君，七日不禮。君非好士也，好夫似士而非士者也。』《新序》。

李：壯士憤，雄風生。烈士擊玉壺，壯心惜暮年。

良馬白日足，壯士中夜心。〔二〕《古詩》。

壯節初題柱。聞子心甚壯。自古幽人泣，流年壯士悲。壯士恥爲儒。壯士血相視。

志士惜白日。雄劍鳴開匣。

〔一〕今按：拖飛：《新序》原文作『拖尾』。

〔二〕今按：此處與原詩句有出入。賈島《古意》詩原句是：『志士終夜心，良馬白日足。』

儒

楊子：通天地人曰『儒』。

朱子曰：『儒，學者之稱。』

《論》：子謂子夏曰：『汝爲君子儒，無爲小人儒。』

程子曰：『君子儒爲己，小人儒爲人。』

腐儒。《王幼學集覽》：腐者爛敗貌，但能守陳腐之見，不達時宜。

楊子：或問叔孫通，曰：『槧人也。』牘。

秦昭王問孫卿曰：『儒無益於人之國。』孫卿曰：『儒者法先王，隆禮義。人主用之，則進在本朝。置而不用，則退編百姓。儒者在本朝則美政，在下位則美俗。儒之爲人下，如是矣。』王曰：『然則其爲人上何如？』對曰：『其爲人也廣大矣。志意正乎内，禮節修乎朝。法則度量正乎官，忠信愛利刑乎下，通於四海。則天下之外，應之而懷之。故近者歌謳而樂之，遠者謁走而趨之。四海之内若一家，通達之屬，莫不服從。爲人下也，如彼爲人上也。如此，何爲其無益人之國乎？』《新序》。

《禮記·儒行》：魯哀公問孔子曰：『夫子之服，其儒服與？』孔子曰：『丘少居魯，衣逢掖之衣。長居宋，冠章甫之冠。丘聞之也，君子之學也博，其服也鄉。丘不知儒服。』哀公曰：『敢問儒行。』孔子對曰：『遽數之，不能終其物。悉數之，乃留。更僕未可終也。』哀公命席。孔子侍曰：『儒有席上之珍以待聘，强學以待問，懷忠信以待舉，力行以待取。其自立有如此者。儒有衣冠，中動作慎，大讓如慢，小讓如僞。大則如威，小則如愧。其難進而易退也。粥粥柔弱。若無能也，其容有如此者。儒有居處齊難，坐起恭敬，言必先信，行必中正。道塗不爭險易之利，冬夏不爭陰陽之和。愛其死以有待也，養其身以有爲也，其備豫有如此者。儒有不寶金玉，忠信以爲寶；不祈土地，立義以爲土地；不祈多積，多文以爲富；難得而易禄也，易禄而難畜也。非時不見，不亦難得乎？非義不合，不亦難畜乎？先勞而後禄，不亦易禄乎？其近人有如此者。未始遠人自異。儒有委之以貨財，淹之以樂好，見利不虧其義；劫之以石，沮之以兵，見死不更其守；鷙鳥攫搏，不程勇者；不量其勇而後往。引重鼎，不程其力；往者不悔，來者不豫；過言不再，流言不極；不斷其威，不習其謀。其特立有如此者。儒有可親而不可劫也，可近而不可迫也，可殺而不可辱也。其居處不淫，其飲食不溽。厚。其過失可微辨而不可面數也。其剛毅有如此者。儒有忠信以爲甲胄，禮義以爲甲櫓，戴仁而行，飽〔一〕義而處。雖有暴政，不更其所，其自立有如此者。儒有一畝之宫，環堵之室，蓽門圭竇，蓬户瓮牖，易衣而出，並日而食。上答之，不敢以疑，上不答，不敢以諂，其仕有如此者。儒有今人與居，古人與稽。今世行之，後世以爲楷。適不逢世，上不援，下不推，讒諂之民，有比黨而危者。身可危也，志不可奪也，雖危，起居竟申其志。猶將不忘百姓之病也。其憂思有如此者。儒有博學而不窮，篤行而不倦，幽居而不淫，上通而不困；禮之以和爲貴，忠信之美，優游之法。慕賢而容衆，毁方而瓦合。其寬裕有如此者。儒有内稱不避親，内舉不避怨。程功積事，推賢而進達之，不望其報。君得其志，苟利國家，不求富貴。其舉援能有如此者。儒有聞善以相告也，見善以相示也，爵禄相先也，患難相死也，久相待也，遠相致也，其任舉有如此者。儒有澡身而浴德，陳言而伏，静而正之，上不知也，粗而翹之，又不急爲也。明告之也。不臨深而爲高，不加小而爲多。世治不輕，世亂不沮。同不與，異不非。其特立獨行有如此者。儒有上不臣天子，下不仕諸侯，慎静而尚寬，强毅以與人，博學以知服。近文章，砥礪廉隅。雖分國，如錙銖，不臣不仕。其規爲有如此者。儒有合志同方，營道同術，並立則樂，相下不厭。久不相見，聞流言

〔一〕今按：飽，《禮記・儒行》作『抱』。

不信。其行本方，同而進，不同而退。其交友有如此者。温良者，仁之本也；敬慎者，仁之地也；寬裕者，仁之作也；遜接者，仁之能也；禮節者，仁之貌也；言談者，仁之文也；歌樂者，仁之和也；分散者，仁之施也。儒皆兼此而有之，猶且不敢言仁也。其尊讓有如此者。儒有不隕穫於貧賤，不充詘於富貴，不慁辱。君王，不累繫。長上，不閔病。有司，故曰儒。今衆人之命儒曰妄，常以儒相訴病。』孔子至舍，哀公館之。聞此言也，言加信，行加義。終没吾世，不敢以儒爲戲。

彼大儒者，調一天下者也。無置錐之地，而王公不能與争名矣；用百里之地，則千里國不能與之争勝矣；箠笞暴國，一齊天下，莫之能傾，是大儒之勳。其言有類，其行有禮，其舉事無悔，其持撿應變曲當。與時遷徙，與世偃仰，千舉萬變，其道一也。逢衣博帶，略法先王，而足亂世。術謬學雜，真〔一〕衣冠言行爲己，同於世俗，而不知其惡也。言談議説，已無異於世墨，而不知分，是俗儒者也。法先王，一制度，言行有大法，而明不能濟法教之所不及、聞見之所未知。知之爲知之，不知爲不知。内不自誣，外不誣人，以是尊賢敬法，而不敢怠傲焉，是雅儒者也。法先王，依禮義，以淺持博，以一行萬。苟有仁義之類，雖有

〔一〕今按：真，據《韓詩外傳》，當爲『其』。

鳥獸若別白黑，奇物變怪，所未嘗聞見，卒然起一方，則舉統類而應之，無所疑。援法而度之，奄然如合符節，是大儒者也。故用俗儒，則萬世之國存；用雅儒，則千里之國安；用大儒，則百里之國久。』《韓詩外傳》。

儒者，儒也。儒之爲言無也，不易之術也。千舉萬變，其道不窮，六經是也。若夫君臣之義、父子之親、夫婦之別、朋友之序，此儒者之所謹守，日切磋而不捨也。上同。

杜詩：壯心耻爲儒。世儒多汩没。乾坤一腐儒。世已疏儒素。滎陽冠衆儒。多病休儒服。諸儒引服虔。儒術誠難起。儒術於我何有哉？

隆儒 林駉

漢立博士，人心尊經；文帝。唐召學士，天下崇文。太宗。夫禮義之所以興，分守之所以立，紀綱之所以張，耕鑿之所以安者，非儒之功耶？爲天地立心，爲生民立極，爲斯道明正統，爲萬世開太平者，非儒之功耶？吾儒之功，與天地並，其可不加崇重之誠乎？自博士之漢置官也，孔壁簡編，家傳人誦。太常弟子，文學彬彬。師儒講論於石渠之閣，宣帝。冠帶雜遝於橋門之所。明帝。異時桐江高風，扶漢鼎之危；北海清議，誅奸雄之心。孔融。自學士之召用也，唐。踵堂授經，濟濟八千。金鑾玉堂，招集名勝。開元。以科第待非常之才，以進士爲龍虎之榜。異時，名儒事業出於科目之中，朱泚叛。書生正色屹然六館之唱。何蕃唱義六館。世更五季，吾道荆榛。天開我宋，五星應奎。太祖之贊文宣曰：『尼父挺生，河海挺異。』太宗之贊文宣曰：『肅昭威仪，海宇聿崇。』昭回之光，炳耀河漢。褒贊之文，千古不磨，是故《儒行》一篇親賜孫何，淳化三年。《崇儒》一論親示王旦。祥符二年。召康節以秘書，以道義可重也；熙宗二年。賜伊川以道講〔一〕，以經術可尊也。仁宗。玉堂四字，以寵翰林重詞翰也；淳化二年。秘閣二字，以寵秘書重經籍也。淳化二年。師儒之當，敬則錫以章服，賜以宴會；慶曆七年。進士之當，褒則宴以瓊林，給以騶從。太平興國二年。石經嵯峨，屹立胄監；淳熙四年。法駕雍容，親幸秘書。淳熙五年。霜降水涸，涯涘乃見。歲寒凛凛，始知松柏。新興之興，黄茅白葦。然有直抵時政而甘居在下者，范鎮。有不阿主司而力排新法者。錢景諶。學禁之嚴，儒道幾墜。然有執贄事學而不恤禁錮者，馬伸從伊川。有讀策問而不應進士舉者。尹焞事伊川。靖康之事，儒道如綫。然學校之士、草茅之儒，寧死鋒鏑而不忍負吾國，寧守節義而不肯辱虞庭。

〔一〕今按：賜伊川以道講，林駉《古今源流至論·後集》卷八原文作『賜伊川以座講而不爲傲』。

儒吏

林駉

古者以仁義爲儒，以教化爲吏，而儒與吏爲一；後世以章句爲儒，以法律爲吏，而儒與吏爲二。

嗟夫！周官九兩，曰道與治。孔門四科。文學政事。

臯陶、伊傅。雍容於廟堂之上，而君民相忘於道化之中；寂寥於都俞之盛，而天下交通於泰和之治。

周召毛畢。以帝王制作，施於邦國都鄙之間；以孝弟睦姻，書於比閭族黨之民。假《春秋》以濟飢，託《論語》以文性者，往往以詩書爲發蒙。上尊管晏，下煽申商者，又甚於功利之場。公孫弘、張禹、晁錯、弘羊、張湯、杜周。儒術餘吏，以濟時也，如多詐何？惠文從士，以振治也，如太刻何？是時也，視腐儒爲敗事，酈食其。視《尚書》爲樸學，而儒之教泯。武帝。指申韓爲家事，景帝。指雜霸爲帝道，而吏之實壞。宣帝。儒道與天地並。上之扶天經，立人紀；次之定社稷，安國家。儒而非真，曾俗吏之不若。異端横流，吾道如綫，大造幾不立矣。吾孟子奮力而排之，我是以有仁義之道。秦火既熾，孔壁不傳。大造復不立矣。吾董氏首尊孔氏，我是以有六經之教。奸雄竊睨，染指漢鼎。大造又不立矣，陳元方、鄭康成之徒，聲大義於一隅，我是以有孔孟之澤。文不喪天，道未墜地。以讀書勉大臣，以文吏代鎮將，以士人治刑獄，以儒人典藩方。趙普，一代勳臣也，所學《論語》；盧多遜，當代名儒也，博學强記。三司錢穀之任，我祖宗必德望儒臣，如陳恕、寇準之倫。京尹繁劇之任，我祖宗必賢明德望，如杜衍、包拯之流。東坡之有聲杭郡，南豊之六秉川麾。龜山先生巋然靈光之獨存，此吾道之一伸也；晦庵先生屹然泰山之具瞻，此吾道之再興也。